파이썬
데브옵스
프로그래밍

2/e

파이썬으로 하는 인프라 자동화

파이썬 데브옵스 프로그래밍 2/e

모셰 자드카 지음   이승윤 옮김

i!i
에이콘

 에이콘출판의 기틀을 마련하신 故 정완재 선생님 (1935-2004)

내가 가장 좋아하는 두 프로젝트인 A와 N을 위해...

모셰 자드카^{Moshe Zadka}

1998년부터 리눅스 커뮤니티에 참여해왔다. 1999년부터 파이썬을 사용했으며, 파이썬 인터프리터에도 기여했다. 데브옵스/사이트 신뢰성 엔지니어라는 직무가 생기기 전부터 관련된 일을 해왔으며, 소프트웨어 신뢰성과 재현 가능한 빌드 등에 관심이 많다. 직원이 적게는 3명뿐인 회사부터 많게는 수만 명인 회사에서 일했으며, 주로 소프트웨어와 시스템 관리가 결합된 일을 했다.

기술 감수자 소개

마틴 브리스토^{Martyn Bristow}

영국의 소프트웨어 개발자다. 연구자로서 파이썬을 접했지만 지금은 데이터 분석, 테스트 자동화와 데브옵스 등 파이썬을 광범위하게 사용하고 있다. 현재 데이터 분석 웹 앱을 개발 중이다. 깃허브 계정은 @martynbristow다.

먼저 아내인 제니퍼 자드카^{Jennifer Zadka}에게 감사드린다.

배우는 방법을 가르쳐 준 부모님 야코프 자드카^{Yaacov Zadka}, 프니나 자드카^{Pnina Zadka}에게도 감사드린다.

글쓰기를 가르쳐 준 야엘 카숀^{Yael Karshon}에게도 감사드린다.

영감을 주고 격려를 해준 마흐무드 하셰미^{Mahmoud Hashemi}에게도 감사드린다.

함께해준 마크 윌리엄스^{Mark Williams}에게도 감사를 표한다.

파이썬과 프로그래밍, 인성을 가르쳐준 글리프 레프코위츠^{Glyph Lefkowitz}에게도 감사드린다.

성장을 지원해준 브레넌 처치^{Brennon Church}와 안드레아 로스^{Andrea Ross}에게도 감사드린다.

옮긴이 소개

이승윤(leemage@naver.com)

81년생 컴퓨터 키드로, 초등학생 시절 만난 컴퓨터의 매력에 빠져 아직까지 헤어나지 못하고 있다. 컴퓨터 공학을 전공하고 IBK 시스템과 현대오토에버에서 개발자와 프로젝트 관리자를 오가며 15년간 일했다. 금융 도메인을 주로 다뤘으며 데이터 과학과 인프라에도 욕심이 있다. 지금은 SSAFY(삼성청년SW아카데미)에서 프로젝트 컨설턴트로 일하며 교육생의 프로젝트를 지도하고 있다.

데브옵스^{DevOps}라는 단어를 듣기 시작한 지도 10년은 된 것 같다. 처음에는 기존의 시스템 엔지니어나 어드민^{Administrator} 직군과 비슷한 것 같았다. 하지만 조직 문화와 기술이 발전하며 직군의 정의가 명확해졌다. 지금은 빌드와 배포, 운영에 이르기까지 소프트웨어 라이프사이클에 있어 중요한 직무로 받아들여지고 있다. 데브옵스는 서비스의 목적이 되는 애플리케이션을 직접 개발하지는 않는다. 하지만 개발 팀의 생산성에는 큰 영향을 미친다. 개발과 운영에 수반되는 각종 업무를 자동화하고 개선하는 역할을 하며, 이 과정에서 다양한 도구를 다루고 종종 프로그래밍해야 할 때도 있다.

파이썬은 데이터 과학 등 여러 분야에서 활용될 뿐만 아니라 데브옵스에 있어서도 큰 강점을 가진 프로그래밍 언어다. 파이썬은 데브옵스라는 말이 생기기 전부터 이식성 높은 고급 스크립트 언어로, 많은 자동화 업무를 지원해왔다. 작게는 파일과 입출력을 처리하는 스크립트부터 도구와 도구, 컴퓨터와 사용자, 언어와 언어를 연결하는 역할로 발전해왔다. 배우기 쉬운 특징과 강력한 생태계라는 파이썬의 강점이 이곳에서도 빛을 발했다.

시대는 시스템 엔지니어, 어드민에서 데브옵스로 옮겨왔지만 기존의 지식은 지금도 유효하다. 운영체제와 애플리케이션의 사이에서 오랜 경험을 쌓아온 저자는 조금은 낯선 영역으로 우리를 안내한다. 그동안 데브옵스의 도구를 소개하는 책은 많이 있었다. 하지만 이 책은 도구의 사용법을 넘어 파이썬을 활용해 도구를 확장하고, 그 과정에서 생기는 문제와 해결 방법을 설명한다. 프로그래밍의 기본인 텍스트 조작부터 인프라 자동화의 핵심 도구인 앤서블, 도커와 쿠버네티스 등을 다룬다. 기존 도구에 만족하지 않고 개선하고자 한다면 분명이 책이 도움이 될 것이다.

끝으로 번역 과정에서 도움을 주신 분들께 감사의 말씀을 드린다. 우선 번역자로 가는 길을 안내해주신 SSAFY의 김성준 컨설턴트 님께 감사의 말씀을 드린다. 이제 더는 뵐 수 없지만 초보 번역자에게 선뜻 기회를 주신 에이콘출판사 권성준 사장님께 깊은 감사를 드린다. 긴 작업 기간 동안 고민을 들어주고 애써주신 에이콘출판사의 여러분께도 감사드린다. 끝으로 물심양면으로 지지해준 아내 주영선에게 감사드린다.

문의
한국어판에 관한 질문은 이 책의 옮긴이나 에이콘출판사 편집 팀(editor@acornpub.co.kr)으로 문의할 수 있고, 정오표는 에이콘출판사의 도서정보 페이지(http://acornpub.co.kr/book/network-automation-go)에서 찾아볼 수 있다.

차례

파이썬은 아메바^{Amoeba} 운영체제를 자동화하기 위한 언어로 시작됐다. 일반적인 유닉스 셸은 운영체제에 의존성이 있기 때문에 자동화에 알맞지 않았다. 아메바 OS는 이제 유물이 됐다. 하지만 파이썬은 데브옵스 작업의 핵심인 운영 자동화에 여전히 사용되고 있다.

새벽에 장애 알림을 받고 잘못 작동하는 프로그램을 수정하는 것이 업무의 중요한 부분이라면 그만큼 이해하기 쉽고 읽기 좋은 코드를 만드는 것이 필수적이다.

파이썬은 운영체제의 범용 언어라고 할 수 있는 C, C++와 결합하기 좋으면서도 메모리 안전성을 제공하므로 자동화 계층에서 문제가 생기는 일이 적다.

처음에는 아니었지만 파이썬은 현재 인기 높은 언어 중 하나다. 파이썬 경험이 있는 사람을 찾기도 쉽고 학습을 위한 자료 또한 쉽게 구할 수 있다.

이 책은 운영 자동화를 위해 파이썬을 어떻게 활용하는지 다룬다.

이 책을 최대한 활용하려면 파이썬에 어느 정도 익숙해야 한다. 파이썬을 처음 접한다면 공식 파이썬 튜토리얼(https://docs.python.org)을 비롯해 인터넷에 좋은 자료가 많으므로 활용하기 바란다. 또한 리눅스와 같은 유닉스 계열 운영체제와 커맨드라인 인터페이스^{CLI, Command Line Interface} 사용에 어느 정도 익숙해야 한다.

파이썬 설치

파이썬을 사용하려면 설치를 먼저 해야 한다. 맥OS, 리눅스 등의 운영체제에는 파이썬이 미리 설치돼 있는 경우도 있다. 이런 버전의 파이썬을 시스템 파이썬 이라고 부르지만, 파이썬으로 개발을 하려는 사람에게는 적당치 않다.

미리 설치된 파이썬은 보통 오래된 관행을 따르는 경우가 많다. 운영체제 벤더 는 종종 파이썬을 이상한 방식으로 수정한다. 예를 들어 데비안^{Debian} 배포판은 venv[1]나 ensurepip[2] 같은 모듈이 빠져 있기도 하다. 맥OS 파이썬은 네이티브 SSL 라이브러리가 아닌 맥에서 수정한 버전으로 연결돼 있다. 이러한 이유로, 특히 FAQ나 웹의 리소스를 정상적으로 활용하려면 파이썬을 새로 설치하는 것이 낫다.

1장에서는 파이썬을 설치하는 몇 가지 방법을 소개하고 각각의 장단점을 알아 본다.

---

1. 파이썬을 위한 가상 환경을 제공하는 모듈은 https://docs.python.org/ko/3/library/venv.html을 참고하길 바란다. – 옮긴이
2. pip 설치를 지원하는 부트스트랩 모듈은 https://docs.python.org/ko/3/library/ensurepip.html을 참고하길 바란다. – 옮긴이

1.1 운영체제 패키지

대부분의 운영체제에서는 바로 설치할 수 있는 패키지를 찾을 수 있다. 가장 유명한 것은 deadsnakes PPA^{Personal Package Archives}다. 이름의 **dead**는 패키지가 빌드 돼 있다는 것을 의미한다(이 은유에서 소스코드는 alive다). 패키지는 우분투^{Ubuntu} 리눅스를 타깃으로 빌드됐으며 아직 지원 중인 버전이라면 대부분 사용할 수 있다. 이 패키지 저장소는 다음 명령으로 간단히 추가할 수 있다.

```
$ sudo add-apt-repository ppa:deadsnakes/ppa
$ sudo apt update
```

맥OS에서는 서드파티^{third-party} 패키지 관리자인 홈브류^{Homebrew}가 최신의 파이썬 패키지를 제공한다. 홈브류를 소개하는 것은 이 책의 범위를 벗어난다. 홈브류 는 롤링 릴리스^{rolling release}를 하므로 파이썬의 버전은 수시로 업그레이드된다. 이는 최신의 파이썬을 설치하기에는 좋은 방법이지만 도구를 안정적으로 배포 하기에는 부적합할 수 있다.

또한 일상적인 개발 용도로도 단점이 있다. 새로운 릴리스의 파이썬으로 금세 업그레이드되기 때문이다. 이로 인해 개발 환경이 쉽게 경고도 없이 망가질 수 있다. 종종 코드가 더 이상 작동하지 않기도 한다. 새로운 버전의 파이썬을 신중히 검토하더라도 모든 패키지가 그런 것은 아니기 때문이다. 홈브류는 일 회성 작업을 위해 잘 빌드된 최신의 파이썬 인터프리터가 필요할 때 적합하다. 데이터 분석을 위해 빨리 스크립트를 만들어야 할 때, API를 자동화할 때와 같 은 상황이 홈브류 파이썬을 사용하기 좋은 경우다.

마지막으로 윈도우라면 Python.org에서 여러 가지 버전의 파이썬 인스톨러를 다운로드해 설치할 수 있다.

1.2 pyenv 사용

pyenv(https://github.com/pyenv/pyenv)는 로컬에 개발 용도로 파이썬을 설치할 때 최고의 투자수익률ROI, Return On Investment을 제공할 수 있다. 초기 설치는 조금 미묘한 부분이 있긴 하지만 pyenv는 여러 버전의 파이썬을 필요한 만큼 설치할 수 있게 해준다. 또한 설치된 파이썬을 사용자 단위로 또는 디렉터리 단위로 작동하게 만들 수 있다.

pyenv를 설치하는 방법은 운영체제마다 다르다. 맥OS에서는 홈브류를 이용하는 것이 가장 쉬운 방법이다. 이 경우 새 버전의 파이썬을 설치하려면 pyenv를 업그레이드해야 할 수 있다.

리눅스나 FeeBSD 같은 유닉스 기반의 운영체제에서는 curl과 bash 명령을 쓰는 것이 가장 쉬운 방법이다.

```
PROJECT=https://github.com/pyenv/pyenv-installer \
THE_PATH=raw/master/bin/pyenv-installer \
curl -L $PROJECT/$THE_PATH | bash
```

물론 이 방법은 보안상의 이슈[3]가 따라오지만 셸 스크립트를 다운로드하고 실행하기 전에 먼저 검사를 하거나 버전을 특정해서 깃git으로 체크아웃하는 방법으로 보완할 수 있다.

```
$ git clone https://github.com/pyenv/pyenv-installer
$ cd pyenv-installer
$ bash pyenv-installer
```

아쉽게도 pyenv는 윈도우를 지원하지 않는다.[4]

---

3. 외부에서 다운로드한 셸 스크립트를 바로 실행하는 것은 위험할 수 있다. – 옮긴이
4. pyenv에서는 윈도우를 공식 지원하지 않는다. 대안으로 pyenv-win을 사용할 수 있다. – 옮긴이

pyenv를 설치하면 사용 중인 셸과 통합하는 것이 유용하다. 셸 초기화 파일(예를 들어 .bash_profile 파일)에 다음의 구문을 입력하면 된다.

```
export PATH="~/.pyenv/bin:$PATH"
eval "$(pyenv init -)"
eval "$(pyenv virtualenv-init -)"
```

이것으로 셸에서 pyenv로 명령을 전달할 수 있다.

pyenv는 설치된installed 파이썬과 사용 가능한available 파이썬을 구분한다. 특정 버전의 파이썬을 설치하려면 다음과 같이 입력한다.

```
$ pyenv install <버전>
```

CPython이라면 <버전>은 3.66, 3.7.0rc1과 같은 숫자다.

설치된 버전은 사용 가능한 버전과 별개다. 설치된 버전을 사용자의 기본 파이썬으로 사용하려면 다음처럼 할 수 있다.

```
$ pyenv global 3.7.0
```

로컬로 사용하려면 다음과 같이 한다.

```
$ pyenv local 3.7.0
```

로컬은 특정 디렉터리 아래에서 사용하겠다는 의미다. pyenv는 디렉터리에 있는 python-version.txt 파일을 참조해 버전을 결정한다. 이 파일은 소스 저장소repository에서 중요하며 관리하기 위한 몇 가지 전략이 있다. 한 가지 방법은 버전 관리에서 제외하는 것이다. 이는 다양한 팀이 있거나 오픈소스 프로젝트에 유용한 전략이다. 다른 방법으로는 같은 버전으로 맞추고자 체크인하는 것이 있다.

pyenv는 여러 버전을 함께 사용하고자 만들었기 때문에 파이썬을 업그레이드한 다는 개념은 포함돼 있지 않다. 새 파이썬은 pyenv에서 새로 설치해야 하고 기 본 버전으로 설정해야 한다.

pyenv는 기본적으로 최적화되지 않은^{non-optimized} 버전의 파이썬을 설치한다. 최적 화된 버전이 필요하다면 다음과 같이 설정한다.

```
env PYTHON_CONFIGURE_OPTS="--enable-shared
                          --enable-optimizations
                          --with-computed-gotos
                          --with-lto
                          --enable-ipv6" pyenv install
```

다음으로 python.org의 바이너리 버전과 유사한 버전으로 직접 빌드해보자.

1.3 소스코드에서 빌드

소스에서 파이썬을 빌드할 때 가장 큰 어려움은, 그것이 어떤 의미에서 너무 관대하기 때문이다. 의존성이 탐지되지 않아서 내장된 모듈 일부가 비활성화된 상태로 빌드되기 쉽다. 그러므로 어떤 의존성이 쉽게 깨지는지 알고, 설치가 잘 됐는지 확인하는 방법을 아는 것이 중요하다.

쉽게 깨질 수 있는 의존성 중 하나는 SSL^{Secure Sockets Layer}이다. 이 모듈은 기본적으 로 비활성화돼 있으며 반드시 Modules/Setup.dist 파일에서 활성화^{enable}해야 한 다. OpenSSL 라이브러리의 위치에 대한 다음의 안내를 잘 따라야 한다. 시스템 패키지로 OpenSSL이 설치됐다면 보통 /usr/ 디렉터리에 위치한다. 소스로부터 설치됐다면 보통 /usr/local 디렉터리에 있다.

그리고 설치가 잘 됐는지 테스트를 해본다. 파이썬이 빌드되면 ./python.exe -c 'import _ssl'을 실행해본다. .exe는 실수가 아니다. 이것은 새로 빌드된 실행 파일의 정상적인 파일명이다. 빌드 이후 설치 과정에서 python으로 이름이 바뀌게 된다. 앞의 명령이 잘 실행된다면 SSL 모듈이 정상적으로 빌드된 것이다.

또 실패하기 쉬운 모듈은 SQLite다. 내장된 모듈이기 때문에 직접 사용하지 않더라도 다른 많은 패키지가 이 모듈에 의존한다. SQLite 모듈 없이 설치된 파이썬은 정상이 아니다. ./python.exe -c 'import sqlite3' 명령을 실행해 테스트할 수 있다.

데비안 기반의 시스템(우분투와 같은)에서는 libsqlite3-dev 라이브러리가 필요하다. 레드햇 기반의 시스템(페도라나 CentOS와 같은)에서는 sqlite-devel 라이브러리가 필요하다.

다음으로 ./python.exe -c 'import _ctypes' 명령으로 _ctypes를 확인한다. 실패한다면 libffi 헤더가 설치되지 않은 것이다.

마지막으로 소스로부터 빌드한 뒤에는 내장된 회귀 테스트 스위트를 잊지 말고 실행하자. 패키지를 빌드하며 생길 수 있는 어리석은 실수가 없는지 확인할 수 있기 때문이다.

1.4 PyPy

일반적으로 사용하는 파이썬의 구현체를 다른 구현체와 구분하고자 CPython이라고 부른다. 다른 인기 있는 구현체로는 파이썬 기반의 JIT$^{Just In Time}$를 구현한 PyPy가 있다. 동적 JIT를 이용해 어셈블리로 컴파일하기 때문에 일반 파이썬에 비해 굉장히 빠른 속도를 내기도 한다.

PyPy를 쓸 때는 조심할 부분이 있다. 상당수의 도구와 패키지가 CPython으로만 테스트되기 때문이다. 하지만 성능이 중요한 상황이라면 PyPy를 도입할 수 있는지 확인할 만한 가치가 있다.

소스를 직접 빌드해 PyPy를 설치하는 경우 고려할 부분이 있다. 이론적으로

CPython으로 설치하는 것이 가능하지만 실무상으로는 PyPy를 쓰는 편이 좀 더 나은 성능을 보인다. 소스에서 직접 설치하더라도 부트스트랩을 위해 바이너리 버전의 PyPy를 설치하는 것이 좋다.

부트스트랩을 위한 파이썬은 PyPy3가 아닌 PyPy를 써야 한다. PyPy는 파이썬 2로 작성됐다. 그렇기 때문에 지원 중단^{deprecation}으로 인한 걱정이 없다.[5] PyPy3 는 파이썬 3의 구현체이며 운영 환경에 적합하다. 대부분의 패키지가 파이썬 2를 더 이상 지원하지 않기 때문이다.

PyPy3의 최신 버전은 파이썬의 f-string을 포함해 3.5 버전의 기능을 지원한 다.[6] 하지만 파이썬 3.6에서 도입된 비동기^{async} 기능은 작동하지 않는다.

1.5 아나콘다

시스템 파이썬과 가장 가까우면서도 개발 용도로 쓰기에 적합한 것으로는 아나 콘다^{Anaconda}(https://www.anaconda.com/)가 있는데, 추상 배포^{meta distribution}의 일종으로 운 영체제 위의 운영체제 같은 역할을 한다. 아나콘다는 과학 컴퓨팅 커뮤니티에 서 많이 사용하며 과학 애플리케이션에서 쓰는 모듈을 쉽게 설치할 수 있게 도와준다. 이 모듈들은 PyPI^{Python Package Index}(파이썬 패키지의 공식 저장소)를 통해 설치하기 쉽지 않으며 빌드 환경을 구성하기도 쉽지 않다.

하나의 컴퓨터에 여러 아나콘다 환경을 만들 수도 있다. 서로 다른 파이썬 버전 과 PyPI 모듈 버전을 쓰려고 할 때 편리하다.

아나콘다를 사용하려면 bash 인스톨러로 설치할 수 있다(https://conda.io/miniconda. html). 인스톨러는 실행 경로에 conda를 추가하고자 ~/.bash_profile을 변경한다.

conda 환경은 conda create --name <환경 이름>으로 생성할 수 있으며, source

---

5. 파이썬 2가 2020년부터 이미 지원이 중단돼 더 이상 변경이 없기 때문이다. – 옮긴이
6. PyPy3의 최신 버전은 파이썬 3.9 버전까지 지원한다. – 옮긴이

conda activate <환경 이름>으로 활성화할 수 있다. conda create --name some-name python으로 환경 생성과 패키지 설치를 함께 할 수 있다. conda create --name some-name python=3.5와 같이 버전을 지정할 수도 있다. conda install 패키지[=버전]으로 현재 환경에 패키지를 추가할 수 있다. 아나콘다는 로컬에서 빌드하기 어려운 것을 포함해 미리 빌드된 파이썬 패키지를 많이 지원한다. 이런 패키지가 필요하다면 아나콘다는 좋은 선택이 된다.

1.6 정리

파이썬 프로그램을 실행하려면 컴퓨터에 파이썬 인터프리터가 설치돼 있어야 한다. 운영체제 종류와 버전에 따라 다양한 방법으로 인터프리터를 설치할 수 있다. 시스템 파이썬을 사용하는 것은 좋지 않은 선택이다. 맥OS와 유닉스에서는 pyenv가 언제나 좋은 선택지다. 윈도우에서는 파이썬 공식 홈페이지의 인스톨러를 쓰는 것도 나쁘지 않다.

## 2장

패키징

파이썬의 큰 강점 중 하나는 PyPI에 있는 서드파티 패키지로 대표되는 생태계에 있다. 머신러닝을 위해 GPU상에서 병렬 컴퓨팅을 할 수 있게 해주는 패키지부터 클래스 작성의 보일러플레이트^{boilerplate}[1]를 줄이기 위한 것도 있다. 즉, 파이썬으로 하는 많은 작업에서 서드파티 의존성 관리가 필요하다.

현재 쓸 수 있는 패키지 도구들이 꽤 좋지만 항상 그랬던 것은 아니다. 모범사례라고 알려진 것들 중에는 잘못된 가정에서 나온 구식 관례에서 시작했지만 실제로는 장점이 있고 좋은 아이디어로 받아들여지게 된 것도 있다.

패키지를 다룰 때는 2가지 종류의 상호작용이 있다. 하나는 패키지의 기능을 필요로 하는 소비자(사용자)로서의 상호작용이고 다른 하나는 생산자로서 개발한 패키지를 공개하는 것이다. 이 2가지는 서로 다른 작업을 의미하지 서로 다른 사람을 뜻하지는 않는다.

패키지를 공개하기에 앞서 소비자 측면에 대해 잘 이해하는 것이 중요하다. 패키지를 공개한 목적이 사용자에게 도움을 주는 것이라면 코드 한 줄을 쓸 때도 그것이 소비자를 만나게 될 최종 단계^{last mile}까지 생각해야 한다.

---

1. 코드 작동에 필요하지만 반복적이고 큰 의미를 갖지 않는 상용구를 말한다. – 옮긴이

2.1 가상 환경

가상 환경^{virtual environments}이라는 용어는 환경의 의미가 명료하지 않아서 종종 오해를 받는다. 파이썬에서 환경이란 파이썬이 설치된 루트 디렉터리를 말한다. 환경이 중요한 이유는 lib/site-packages 하위 디렉터리 때문이다. 이 디렉터리는 서드파티 패키지가 설치되는 곳이다.

파이썬 환경에 패키지를 추가하려면 흔히 **pip**(곧 설명한다)를 사용한다. pip를 사용하기 전에 우선 가상 환경이 어떻게 작동하는지 살펴보자.

실제 환경^{real environments}은 파이썬의 설치에 기반을 둔다. 즉, 새로운 실제 환경을 만들려면 파이썬을 새로 설치하거나 다시 빌드해야 한다. 이는 가벼운 작업이 아닐 수 있다.

가상 환경의 장점은 실제 환경보다 쉽게 만들고 없앨 수 있는 것에 있다. 이 특성을 활용하는 근래의 파이썬 도구들은 가상 환경을 만들고 없애는 것을 작업 과정에 포함하기도 한다. 또한 가상 환경을 만들고 없애는 것이 쉽고 빨라짐에 따라 파이썬 개발자의 일상적인 작업으로 들어오게 됐다.

가상 환경은 실제 환경에서 최소한의 필요한 부분만 복사해서 만들어진다. 그리고 복사본의 루트를 새로운 루트로 인식하게 만든다. 파일과 디렉터리 구조를 자세히 아는 것보다는 가상 환경을 만드는 명령이 단순하고 빠르다는 것을 기억하자.

단순하다고 말한 것은 명령이 하는 것이 파일 몇 개를 복사하고 심볼릭 링크 몇 개를 만들 뿐이기 때문이다. 그렇기 때문에 문제가 생길 일은 많지 않으며 보통 가득 찬 디스크나 부족한 권한에 의한 파일 생성 실패가 원인이다.

가상 환경을 사용하는 방법은 **활성 상태로 사용하기**와 **비활성 상태로 사용하기** 2가지가 있다. 비활성 상태로 가상 환경을 사용하려면 (스크립트나 자동화 프로시져에서 흔하다) 가상 환경의 파이썬을 명시적으로 호출한다.

/home/name/venvs/my-special-env의 가상 환경을 사용하려면 /home/name/venvs/my-special-env/bin/python을 호출하면 된다. 예를 들어 /home/name/venvs/my-special-env/bin/python -m pip를 하면 pip가 실행되지만 패키지는 가상 환경에 설치된다.

pip 같은 진입점 기반^{entrypoint based}의 스크립트는 가상 환경 생성 시 파이썬과 함께 설치되니 /home/name/venvs/my-special-env/bin/pip를 실행하는 것 또한 가상 환경에 패키지를 설치하게 된다.

가상 환경을 쓰는 다른 방법은 활성 상태로 사용하는 것이다. bash와 같은 셸에서 가상 환경을 활성화하려면 활성화 스크립트를 소싱^{sourcing}한다.

```
$ source /home/name/venvs/my-special-env/bin/activate
```

소싱은 환경 변수 몇 개를 설정하지만 그중 중요한 것은 하나뿐이다. 바로 PATH이며 /home/name/venvs/my-special-env/bin이 기존 PATH 앞에 추가된다. python이나 pip와 같은 명령을 이 위치에서 먼저 찾게 만든다. 2개의 장식적인 ^{cosmetic} 변수도 설정되는데, $VIRTUAL_ENV은 가상 환경의 루트를 가리킨다. 이 변수는 가상 환경을 식별하고자 하는 관리성 스크립트에서 유용하다. PS1 환경 변수는 앞에 환경 이름이 추가되며 콘솔에 가상 환경 이름을 표시하는 역할을 한다.

서드파티 패키지는 가상 환경에만 설치하는 것이 좋을 때가 많다. 잘못 설치된 패키지로 인해 환경이 망가지더라도 가상 환경이므로 어렵지 않게 처음부터 다시 만들 수 있기 때문이다.

잘못 설치된 패키지 때문에 파이썬 자체가 실행되지 않는다면 pip도 실행되지 않기 때문에 pip uninstall도 할 수 없게 된다. 그럴 때는 가상 환경이 저렴하다는 점을 활용해 가상 환경을 삭제하고, 다시 만들고, 패키지도 설치하는 편이 낫다.

최근에는 가상 환경을 반쯤 불변^{semi-immutable}인 것으로 다루는 경향이 있다. 환경을 만든 다음 필요한 패키지를 한꺼번에 설치하는 것이다. 업그레이드가 필요한 상황에서는 기존 가상 환경을 변경하는 대신, 그것을 삭제하고 다시 만들고 패키지도 새로 설치한다.

가상 환경을 만드는 최신의 방법은 venv 표준 라이브러리 모듈을 사용하는 것이다. 이는 파이썬 3에서만 가능하다. 파이썬 2는 2020년부터 지원이 확실히 중단됐기 때문에 더 이상 사용하지 않는 편이 좋다.

venv는 별도의 진입점^{entry point}이 없기 때문에 python -m venv <디렉터리> 명령으로 실행할 수 있다. 이 명령은 디렉터리에 가상 환경을 만든다.

디렉터리는 존재하지 않는 것으로 쓰는 것이 좋다. 가장 좋은 방법은 가상 환경을 만들기 전에 디렉터리를 삭제하는 것이다. 생성 시 사용할 수 있는 2가지 옵션이 있다. 하나는 어떤 인터프리터를 쓸지 선택하는 것이고 다른 하나는 설치할 초기 패키지를 지정하는 것이다.

2.2 pip

파이썬의 패키지 도구는 pip다. 다른 도구도 있었지만 더 이상 사용하지 않는 추세다.

기존에는 pip가 파이썬과 함께 설치되지 않았지만 최신 버전에서는 포함하는 것으로 바뀌었다. 하지만 아직 기본으로 지원하지 않는 버전도 많다. 그런 버전을 쓰고 있다면 python -m ensurepip 명령으로 pip를 설치할 수 있다.

시스템 파이썬을 포함해서 어떤 파이썬 배포판은 ensurepip가 비활성화돼 있다. ensurepip가 없다면 get-pip.py 스크립트로 구할 수 있다. 이 스크립트는 pip를 설치할 수 있는 파일을 다운로드한다.

다행히도 pip만 설치하면 패키지를 관리할 수 있다. 예를 들어 sampleenvironment라는 가상 환경에서 **glom**이란 패키지를 설치하려면 다음 명령으로 쓸 수 있다.

```
$ ./sample-environment/bin/python -m pip install glom
...
$ ./sample-environment/bin/python -m glom
{}
```

마지막 명령은 **glom**이 잘 설치됐는지 테스트한다. **glom**은 깊게 중첩된 데이터를 다루기 위한 패키지다. 인자 없이 호출하며 빈 파이썬 딕셔너리를 출력한다. 이 특징 때문에 **glom**은 새로 만든 가상 환경에 패키지 설치가 잘되는지 확인하기 좋다.

내부적으로는 **pip**도 서드파티 패키지로 다뤄진다. 따라서 **pip**를 업그레이드하려면 **pip install --upgrade pip**로 하면 된다.

파이썬이 어떻게 설치됐는지에 따라 실제 환경은 사용자에 의해 수정 가능할 수도 있고 아닐 수도 있다. 많은 README 파일과 블로그에서 **sudo pip install**을 실행해도 된다고 말하지만 패키지를 전역global 환경에 설치하기 때문에 대부분 잘못된 행위다.

pip install 명령은 패키지에 필요한 모든 의존성을 다운로드하고 설치한다. 하지만 호환이 되지 않아 패키지를 다운그레이드하는 것에서 실패하기도 한다. 그럴 때는 **pip install 패키지명==<버전>**처럼 버전을 명시할 수 있다. 이 방법은 RCRelease Candidate나 베타 버전 같은 non-GAGeneral Availability 패키지를 설치할 때도 사용할 수 있다.

휠wheel[2]이 설치돼 있다면 **pip**는 패키지를 위해 휠을 빌드하고 캐시cache하기도 한다. 이는 가상 환경에 큰 변화를 줄 때 특히 유용하다. 캐시된 휠을 설치하는 것은 아주 빠르기 때문이다. 또한 C 컴파일이 필요한 네이티브나 바이너리 패

---

2. 2.3절에서 설명한다. - 옮긴이

키지를 설치할 때도 유용하다. 휠 캐시가 빌드를 다시 하는 것을 막아주기 때문이다.

pip로 패키지를 삭제할 때는 pip uninstall <패키지>로 한다. 이 명령은 기본적으로 사용자 확인을 거친다. 특별한 경우가 아니라면 이 명령은 사용하지 않는다. 불필요한 패키지가 설치됐다면 가상 환경을 삭제하고 다시 만드는 것이 보통이다. 비슷한 이유로 pip install --upgrade <패키지>도 잘 쓰지 않는다. 마찬가지로 가상 환경을 삭제하고 다시 만드는 편이 낫기 때문이다. 이 명령을 쓸 때는 한 가지 경우만 있다.[3]

pip install은 requirements 파일을 지원하며 pip install --requirements 또는 pip install -r로 사용한다. requirements 파일은 한 줄에 하나씩 필요한 패키지를 기재한 파일이다. 커맨드라인에서 패키지를 명시하는 것과 동일하다. 다른 것은 requirements 파일이 종종 의존성을 엄격하게 명시하고자 쓰인다는 점이다. requirements 파일은 pip freeze 명령으로 생성할 수 있다.

대부분의 단일 패키지나 휠을 설치할 때 requirements가 유연하거나 열린 경우에는 pip가 어떤 의존성을 설치할지 결정한다. 의존성 해석^{dependency resolution}의 일반적인 문제는 효율적이거나 완전한 해결책이 없다는 것이다. 해결책을 찾는 몇 가지 전략이 있을 뿐이다.

pip는 의존성을 해석하고자 백트래킹을 사용한다. 이는 낙관적인 방법으로 사용 가능한 최신 패키지를 재귀적으로 탐색해 다운로드한다. 의존성 충돌이 발생하면 그때 백트랙^{backtrack}을 해서 다른 옵션을 시도한다. 예를 들어 다음의 3가지 패키지를 설치한다고 해보자.

- top
- middle
- base

---

3. pip 자체를 업그레이드할 때다. - 옮긴이

그중 base에는 1.0과 2.0의 2가지 버전이 있다고 하자. 패키지 의존성 정보는
setup.cfg 파일에 기재된다.

다음은 top의 의존성 정보다.

```
[metadata]
name = top
version = 1.0
[options]
install_requires =
    base
    middle
```

다음은 middle의 의존성 정보다.

```
[metadata]
name = middle
version = 1.0
[options]
install_requires =
    base<2.0
```

base에는 다른 의존성이 없다. 이 상황에서 top이 base를 직접 참조하므로 pip
가 백트랙을 하기 전에는 최신 버전의 base 패키지를 가져오고 의존성 해석은
실패한다.[4]

```
$ pip install top
Looking in links: .
Collecting top
Collecting middle (from top)
Collecting base (from top)
```

---

4. middle 패키지의 base < 2.0 조건을 충족시키지 못하게 되기 때문이다. – 옮긴이

```
middle 1.0 has requirement base<2.0, but you'll have base 2.0 which is
incompatible.
Installing collected packages: base, middle, top
Successfully installed base-2.0 middle-1.0 top-1.0
```

백트래킹 알고리듬에 의해 base 2.0 버전은 버려진다.

```
$ pip install top
Looking in links: .
Processing ./top-1.0-py3-none-any.whl
Processing ./base-2.0-py3-none-any.whl
Processing ./middle-1.0-py3-none-any.whl
Processing ./base-1.0-py3-none-any.whl
Installing collected packages: base, middle, top
Successfully installed base-1.0 middle-1.0 top-1.0
```

이런 해결법은 완전하다는 점이 장점이지만 어떤 경우에는 작업이 끝나지 않을 때도 있다. 이렇게까지 오래 걸리지는 않더라도 시간이 꽤 걸리는 때가 종종 있다.

의존성 해석을 빠르게 만드는 방법 중 하나는 >=로 의존성을 느슨하게 포함하는 것이다. 패키지가 보통 상위 호환성보다는 하위 호환성을 잘 보장하기 때문에 적합한 방법이다. pip에서 백트랙에 필요한 해석 공간을 적게 쓰는 장점도 있다.

대부분의 일상적 개발을 위해서는 엄격한 의존성을 사용하는 것이 좋다. 의존성이 자주 바뀐다면 느슨한 의존성으로 파일을 설치하고, 엄격한 의존성 파일을 생성하는 것이 좋다.

2.3 셋업과 휠

서드파티란 파이썬 코어 개발자(퍼스트파티)나 한 조직의 동료 개발자(세컨드파티)가 아닌 그 외의 개발자가 만든 패키지를 말한다. 퍼스트파티 패키지를 어떻게 설치하는지는 1장에서 다뤘다. 그리고 `pip`와 `virtualenv`로 서드파티 패키지를 설치했다. 이제 세컨드파티 패키지를 설치하는 방법을 알아보자.

여기서 패키지란 추가 설치^{post-installation}를 의미하는 것이 아니다. 파이썬에서 패키지란 가져올 수 있는^{importable} 디렉터리로 여러 모듈을 하나로 묶는 역할을 한다. 설치할 수 있는 것들을 학문적으로는 배포^{distribution}라고 한다. 배포는 패키지와 관계가 없을 수도(최상위 수준의 단일 모듈 배포) 있고 여러 패키지를 포함할 수도 있다.

패키지를 만들 때는 1-1-1의 관계로 하는 것이 좋다. 하나의 배포는 하나의 패키지와 관계가 있고 패키지와 모듈도 동일하게 한다. 단 하나의 파일만 있더라도 __init__.py 파일이 있는 하위 디렉터리에 두자.

패키징은 많은 변화가 있는 곳이다. 존재하는 패키지에서 파일을 복사하거나 패키지에 파일을 붙여 넣는 것은 좋지 않은 방법이다. 좋은 패키지란 자연스럽게 성숙한 패키지다. 이를 위해 최신 모범사례를 따르는 것은 기존 작업 절차를 바꿔야 함을 뜻한다.

`setuptools`부터 시작해보자. 61.0.0 버전부터 다음 2개의 파일을 더해서 패키지를 만드는 것이 가능해졌다.

- pyproject.toml
- README.rst

README 파일은 꼭 필요한 것이 아니다. 하지만 대부분의 코드 관리 시스템은 이 파일을 프로젝트의 첫 페이지로 표시한다. 따라서 이 파일을 만드는 것이 좋다.

pyproject.toml 파일에 아무 내용이 없더라도 패키지를 만들 수 있다. 하지만 거의 모든 경우에 적어도 몇 가지 설정을 포함한다.

빈 파일이 아니라면 빌드 시스템은 필수적인 섹션^{section}이고 보통 파일의 첫 부분에 온다.

```
[build-system]
requires = [
    "setuptools"
]
build-backend = "setuptools.build_meta"
```

배포판을 만들고자 여러 시스템을 사용할 수 있다. 전에는 setuptools가 유일한 방법이었지만 더는 아니다. 하지만 여전히 가장 인기 있는 선택지다.

또 다른 중요한 내용은 project 섹션에 있다.

```
[project]
name = "awesome_package"
version = "0.0.3"
description = "A pretty awesome package"
readme = "README.rst"
authors = [{name = "My Name",
            email = "me@example.com"}]
dependencies = ["httpx"]
```

대부분 이 정도면 setuptools가 코드를 찾고 패키지를 만들기에 충분하다.

setuptools는 몇 가지 방식으로 버전을 동적으로 다루며 파일이나 설정 속성에서 정보를 가져온다. 또 다른 방법은 pyproject.toml 파일에 직접 기재하는 것이다.

예를 들어 다음 코드는 캘린더 버저닝^{calendar versioning}(CalVer) 구조를 따른다. 내장된 zoneinfo 모듈(파이썬 3.9 이상부터 지원)로 날짜를 참조하고 tomlkit 라이브러리로 TOML

을 읽고 쓴다.

```python
import tomlkit
import datetime
import os
import pathlib
import zoneinfo

now = datetime.datetime.now(tz=zoneinfo.ZoneInfo("UTC"))
prefix=f"{now.year}.{now.month}."
pyproject = pathlib.Path("pyproject.toml")
data = tomlkit.loads(pyproject.read_text())
current = data["project"].get("version", "")
if current.startswith(prefix):
    serial = int(current.split(".")[-1]) + 1
else:
    serial = 0
version = prefix + str(serial)
data["project"]["version"] = version
pyproject.write_text(tomlkit.dumps(data))
```

여러 파일에 거쳐 버전을 동기화해야 할 경우도 있다. 예를 들면 pyproject.toml 과 example_package/__init__.py 등이다. 가장 좋은 방법은 동기화할 필요를 없 애는 것이다.

example_package/__init__.py에서 버전 숫자를 표시해야 할 경우 importlib. metadata에서 계산하게 하는 편이 낫다.

```python
# example_package/__init__.py
from importlib import metadata
__version__ = metadata.distribution("example_package").version
del metadata  # 최상위 네임스페이스 정리
```

이런 방법으로 동기화 필요성을 줄일 수 있다.

pyproject.toml 파일의 **dependencies** 필드는 거의 필수며, 이는 패키지의 코드가 필요로 하는 다른 패키지를 명시한다. pyproject.toml에는 특정 버전을 지정하는 명시적 의존성[exact dependencies] 표시 대신 느슨한 의존성을 쓰는 것이 좋다. 느슨한 의존성은 **Twisted>=17.5** 형태처럼 필요한 최소 버전을 명시한다. 명시적 의존성은 **Twisted==18.1** 형태며 pyproject.toml에서는 일반적으로 좋은 선택이 아니다. 명시적 의존성은 비공개[private] API를 쓸 때처럼 드물게 사용할 필요가 있다.

pyproject.toml에 프로그램의 진입점을 지정할 수 있다. **Pyramid**와 같은 프레임워크는 플러그인 기능을 추가하는 데 진입점을 쓴다.

그리고 **scripts**를 설정할 수도 있다. 기존에는 **console_scripts**로 설정했지만 이제는 별도의 섹션을 사용한다.[5]

```
[project.scripts]
example-command = "example_package.commands:main"
```

package.....module:function 형태의 문법을 사용하며, 실행 시에 별도의 인자 없이 함수가 호출된다.

진입점 함수(main 함수)는 보통 커맨드라인 해석[command-line parsing]을 포함하지만 이 부분을 생략하면 다음의 형태가 된다.

```
# example_package/commands.py
def main():
    print("an example")
```

이 패키지를 실행하면 다음과 같이 문자열이 출력된다.

---

5. https://python-packaging.readthedocs.io/en/latest/command-line-scripts.html#the-console-scripts-entry-point를 참고하길 바란다. – 옮긴이

```
$ example-command
an example
```

pyproject.toml, README.rst 그리고 파이썬 코드만 있으면 배포판을 빌드할 수 있다. 배포판은 여러 포맷이 있지만 여기선 휠[wheel]을 다룬다.

pip install build로 build를 설치한 후 다음을 실행하자.

```
python -m build --wheel
```

dist 디렉터리 아래에 휠이 만들어진다. 다른 디렉터리에 내보내려면 --outdir <생성 디렉터리>를 인자로 준다.

휠로 여러 가지를 할 수 있지만 그중 pip install <휠 파일>을 강조하고 싶다. **지속적인 통합**[CI, Continuous Integration]의 일부로 이 명령을 실행해 생성된 휠이 잘 작동하는지 확인할 수 있기 때문이다.

python -m build로 소스 배포판[source distribution]을 만들 수 있다. 소스에서 설치하는 것을 선호한다면 좋은 방법이다. 이런 배포 방법이 흔치는 않지만 소스 배포판은 만들기 쉽기 때문에 알아두면 좋다.

```
$ python -m build --sdist
```

python -m build 명령에 --sdist와 --wheel 인자를 함께 사용할 수도 있다. 사실 python -m build는 소스 배포판과 휠을 함께 생성하는 것이 기본 동작이다.

이 명령은 새로운 가상 환경을 만들어 빌드에 필요한 패키지를 설치한다. 빠르게 수정-디버깅을 해야 하는 상황이라면(예를 들어 setup.cfg 파일을 디버깅하는 상황) 이런 작동 방식은 작업을 늦출 것이다. 그런 경우 새로운 가상 환경을 만들고 활성화한 후 다음의 명령을 실행한다.

```
$ python -m build --no-isolation
```

이렇게 하면 새로운 가상 환경을 만들지 않고 현재 환경에 의존성 패키지를 설치한다. 이 방법은 패키징 이슈를 수정하기에는 좋지만 운영 환경에는 적합하지 않다.

2.4 바이너리 휠

파이썬은 통합 언어^{integration language}로도 유명하며, 실제로 이 용도로 자주 쓰인다. 통합의 방식 중 하나는 네이티브 코드를 링크^{linking}하는 것이다.

보통은 C ABI^{Application Binary Interface}를 통해 연결한다. C ABI는 파이썬과 C를 통합할 때 말고도 C++, 러스트^{Rust}, 스위프트^{Swift} 등 C ABI 호환 인터페이스를 만들 수 있는 다른 언어에서도 사용된다.

파이썬과 C ABI를 통합할 때는 둘 사이의 다리 역할을 하는 접착제^{glue} 코드가 필요하다. 이런 코드는 직접 작성할 수도 있다.

하지만 직접 작성하는 것은 지루하고 에러가 생기기도 쉽다. 따라서 대부분은 코드 생성기를 사용한다. Cython은 파이썬 호환 언어를 사용하는 유명한 코드 생성기다. C ABI 라이브러리를 통합하고자 사용되기도 하지만 통합이 아닌 기능 확장^{extension}을 만들 때도 사용할 수 있다. 다음은 간단한 기능 확장의 예다.

```
#cython: language_level=3
def add(x, y):
    return x + y
```

짧지만 동작을 체크하기에 적당한 코드다. binary_module.pyx 파일에 이 코드가 있다고 하자.

네이티브 통합과 함께 코드를 빌드하려면 빌드 명세가 조금 복잡해진다. pyproject.toml 파일에 필요한 내용을 추가한다.

```
[build-system]
requires = ["setuptools", "cython"]
```

이제 휠을 빌드할 때 cython 패키지가 있는지 확인을 거치게 된다. setup.py 파일에도 Cython과 통합하기 위한 코드가 추가된다.

```
import setuptools
from Cython import Build

setuptools.setup(
    ext_modules=Build.cythonize("binary_module.pyx"),
)
```

`Cython.Build.cythonize`는 다음과 같은 2가지를 한다.

- binary_module.pyx에서 binary_module.c 파일을 생성(또는 재생성)한다.
- `Extension` 객체를 반환한다.

*.pyx 파일은 포함하지 않는 것이 기본 동작이므로 MANIFEST.in 파일에 명시해 포함시킨다.

```
include *.pyx
```

이 예제에는 일반 파이썬 파일이 없다. 따라서 setup.cfg에는 별다른 내용이 필요치 않다.

```
[metadata]
name = binary_example
```

```
version = 1.0
```

이제 python -m build --wheel로 휠을 빌드하면 binary_example-1.0-cp39-cp39-linux_x86_64.whl과 같은 바이너리 휠이 dist 디렉터리에 생긴다(파일명은 플랫폼과 CPU, 파이썬 버전에 따라 다를 수 있다).

생성된 휠을 설치하고 실행해보자.

```
$ pip install dist/binary_example*.whl
$ python -c 'import binary_module;print(binary_module.add(1, 2))'
3
```

이 예제는 바이너리 패키지의 작동 방식을 설명하기 위한 것이었다. 작은 예제지만 각각의 조각들이 어떻게 통합되는지 보여준다.

실제 바이너리 패키지는 보통 더 복잡하기 마련이다. 복잡한 알고리듬 구현에 있어 최적화를 위해 Cython을 사용하거나 네이티브 코드 라이브러리를 래핑 wrapping하는 목적으로 활용하기도 한다.

2.5 manylinux 휠

바이너리 휠은 네이티브 코드를 포함하기 때문에 순수 파이썬 휠은 아니다. 리눅스에서 네이티브 코드란 .so 파일(공유 객체shared object)과 같은 공유 라이브러리 shared library다.

공유 라이브러리는 다른 라이브러리들과 링크돼 있다. 특정한 네이티브 라이브러리를 래핑하기 위한 목적의 라이브러리는 래핑된 라이브러리와 링크돼 있다. 예를 들어 pygtk는 gtk를 래핑하며 이것에 링크돼 있다.

아주 예외적인 경우가 아니라면 공유 라이브러리는 표준 C 라이브러리와 링크돼 있다. 표준 C 라이브러리에는 printf와 같은 C 함수들이 있다. 네이티브 코드는 표준 C 라이브러리 없이 할 수 있는 일이 많지 않다.

최신 리눅스 시스템은 보통 동적 링크 방식을 사용한다. 이는 바이너리 휠이 링크하고 있는 라이브러리를 내장하지 않으며, 런타임^{runtime}에 로드하는 방식으로 동작함을 말한다.

휠이 다른 시스템에서 빌드된 경우 휠을 설치한 시스템에는 휠이 참조하는 바이너리와 호환되는 라이브러리가 설치돼 있어야 한다. 호환 라이브러리가 없다면 임포트에 실패하게 된다.

2.5.1 라이브러리 내장 휠

auditwheel 도구는 바이너리 휠에 라이브러리를 패치해 이식성을 높여준다. auditwheel의 기능 중 하나는 동적 라이브러리를 가져와 휠에 추가하는 것이다. 이 기능은 다른 라이브러리가 없어도 휠을 설치할 수 있게 해준다.

auditwheel을 사용하려면 patchelf 유틸리티가 설치돼 있어야 한다. 구식 patchelf는 이상한 결과를 만들 수 있으므로 최신의 소스 배포판을 받아 빌드하는 것이 좋다.

라이브러리 내장 휠$^{self-contained\ wheels}$을 만들려면 먼저 일반적인 빌드를 한다. 다른 사람의 소스를 빌드할 경우에는 설명을 주의 깊게 따라야 할 때도 있다. 빌드하면 dist 디렉터리에 일반 바이너리 휠이 만들어진다. 내장 휠을 만들려면 다음을 실행한다.

```
$ auditwheel repair --plat linux_x86_64 dist/*.whl
```

auditwheel은 기본적으로 wheelhouse라는 하위 디렉터리에 라이브러리 내장 휠을 만든다. 내장 휠은 서로 호환되는 버전의 리눅스에서만 사용하는 것을 권장한다.

2.5.2 이식성 휠

auditwheel의 --plat 옵션은 플랫폼 태그다. linux_<cpu architecture> 같은 형식이면 휠은 자신이 어떤 GNU C 라이브러리와 호환 가능한지 보장하지 않는다.

이런 휠들은 호환되는 리눅스 시스템에서만 사용해야 하며, 실수를 방지하고자 PyPI와 같은 인덱스 시스템에서는 이러한 휠의 업로드를 막고 있다.

파이썬 휠을 업로드하려면 어떤 버전의 GNU C 라이브러리와 호환 가능한지 반드시 플랫폼 태그를 달아줘야 한다. 역사적인 이유로 이 태그들은 CentOS의 릴리스 연도와 관계있다. manylinux1은 CentOS 5, manylinux2010은 CentOS 6, manylinux2014는 CentOS 7에 부합한다.

집필 시점 기준으로 manylinux_2_24와 manylinux_2_27만이 CentOS 7 이후 버전을 위한 것이다. 이 버전이 데비안 9 및 우분투 18.04와 호환될 것이다.

휠을 빌드할 때는 지원이 필요한 가장 오래된 플랫폼의 태그를 선택한 뒤 같은 버전을 지원하는 가장 최신의 시스템에서 빌드한다. 예를 들어 배포 대상 머신 중 GNU C 라이브러리가 2.24 버전 이하인 것이 없다면 데비안 9에서 휠을 빌드한다. 특히 의존성이 복잡한 바이너리 휠은 최신 시스템에서 빌드하는 것이 매뉴얼을 따르기도 쉽고 예상치 못한 이슈를 접할 염려도 줄여준다.

2.5.3 manylinux 컨테이너

patchelf 도구가 정확히 설치됐고 파이썬이 알맞은 버전의 C 라이브러리와 함께 빌드됐는지 확신하기란 쉽지 않을 수 있다. 대안으로는 공식 manylinux 컨테이너 이미지를 사용하는 것이 있다.

컨테이너 이미지는 quay.io/pypa/manylinux_<버전>에서 구할 수 있다. 현재 manylinux_2_24, manylinux2014, manylinux2010, manylinux1 버전을 쓸 수 있다. 이미지에는 공식적으로 지원되는 모든 파이썬 버전과 필요한 나머지 도구가 포함돼 있다.

특수한 빌드 의존성이 있다면 컨테이너에 설치해야 한다. 예를 들어 manylinux_ 2_24(데비안 기반 컨테이너)라면 다음과 같다.

```
$ docker run --rm -it quay.io/pypa/manylinux_2_24_<아키텍처>
# apt-get update
# apt-get install -y <추가로 필요한 의존성>
```

2.5.4 manylinux 휠 설치

pip는 기본적으로 호환 가능한 플랫폼의 태그를 가진 manylinux 휠을 사용한다. 휠은 패키지 인덱스 서비스에 업로드된 것을 찾거나 pip에 --find-links 옵션을 전달해 휠을 검색할 디렉터리를 추가할 수 있다.

설치에 필요한 빌드된 휠이 없다면 차라리 pip 프로세스가 일찍 실패하는 것이 나을 수 있다. --only-binary :all:은 이를 위한 옵션으로, 소스 배포를 받아 빌드하는 것을 방지한다.

2.6 tox

tox는 가상 환경을 자동으로 관리하는 도구로, 테스트와 빌드에 주로 사용한다. 테스트가 통제된 환경 안에서 실행되게 하며 불필요한 혼란을 줄이고자 환경을 캐시cache할 수 있게 한다. tox는 테스트 실행을 위해 만들어졌으며 테스트 환경에 설치된다.

tox 자체는 PyPI 패키지로 주로 가상 환경에 설치한다. tox는 테스트를 위해 애드혹ad hoc 가상 환경을 만들기 때문에 많은 프로젝트에서 tox가 설치된 가상 환경을 볼 수 있다. tox를 위한 전용 가상 환경을 만드는 것이 일반적인 패턴이다.

```
$ python -m venv ~/.venvs/tox
$ ~/.venvs/tox/bin/python -m pip install tox
$ alias tox=~/.venvs/tox/bin/tox
```

tox는 독특한 ini 기반의 설정 방법을 제공한다. 파일 형식에는 미묘한 부분이 있어 기억하기 어렵기 때문에 설정 구성이 쉽지는 않다. 처음 시작하기는 어렵지만 테스트를 확실히 구성하고, 깨끗하게 빌드하고, 간결하게 실행할 수 있다는 것이 확실한 장점이다.

tox에 부족한 것 중 하나는 빌드 단계 사이의 의존성을 제대로 표시할 수 없다는 점이다. 이는 의존성 관리가 외부에서 이뤄지며, 테스트 실행 전에 만들어지는 중간 결과물이 사용됨을 의미한다.

tox의 환경은 구성 파일로 정의하며, 기본적으로 tox.ini 파일을 사용한다.

```
[testenv:some-name]
    .
    .
    .
```

환경 이름이 py*NM*(예를 들어 py36) 같은 형식이라면 tox는 *N.M*(이 경우 3.6) 버전의 CPython을 기본으로 사용한다.

이름에 기반을 두고 환경을 추측하기도 한다. PyPy를 쓰려면 pypy*NM* 형식으로 환경 이름을 짓는다.

관례에 따르는 이름이 아니거나 별도로 버전을 지정할 필요가 있다면 설정 파일의 basepython 필드로 파이썬 버전을 지정할 수 있다. tox는 기본 동작으로 경로 변수(path)에서 파이썬을 찾는다. 별도로 tox-pyenv 플러그인을 설치하면(물론 tox가 설치된 가상 환경에 설치해야 한다) tox는 pyenv를 통해 파이썬의 위치를 찾아낼 수 있다.

이제 복잡도별로 몇 가지 tox 구성 파일을 살펴보자.

2.6.1 하나의 환경

이 사례는 단 하나의 테스트 환경만 있는 경우이며 사용할 파이썬 버전은 3.9다.

```
[tox]
envlist = py39
```

tox 섹션은 전역global 설정을 구성한다. 여기서는 전역 구성만 존재한다.

```
[testenv]
```

이 섹션은 테스트 환경을 구성한다. 테스트 환경이 하나뿐이므로 구성을 별도로 분리할 필요는 없다.

```
deps =
    flake8
```

deps 서브섹션은 가상 테스트 환경에 어떤 의존성을 설치해야 하는지 기술한다. 이 경우 flake8[6]이 느슨한 의존성으로 추가돼 있다. flake8==1.0.0 형식으로 엄격한 의존성을 기술할 수도 있다.

이 방법은 재현 가능한reproducible 테스트에 도움이 된다. 또한 -r <requirements 파일>로 별도 파일을 의존성으로 지정할 수 있다. requirements 파일을 별도로 사용할 때 도움이 된다.

---

6. PEP8 스타일 가이드를 점검하는 패키지다. - 옮긴이

```
commands =
    flake8 useful
```

다음은 명령 부분으로 flake8이 useful 디렉터리에서 실행되게 만든다. 기본적으로 tox 테스트는 지정된 모든 명령이 정상 상태 코드^{status code}를 반환하면 성공으로 판단한다. flake8은 커맨드라인에서 실행하도록 설계됐기 때문에 코드에서 문제를 발견하지 못한 경우에만 정상 상태 코드를 반환한다.

2.6.2 다중 환경

다음 예제의 구성은 파이썬 3.9와 3.8 모두에서 테스트를 실행한다. 하나 이상의 버전을 지원해야 하는 라이브러리에서는 흔히 있는 상황이다.

```
[tox]
envlist = py39,py38
```

2개의 환경은 구성을 공유할 수 있다. 구성에 차이가 없더라도 중복이 아니며, 따라서 각각의 파이썬 버전에서 테스트를 실행한다.

```
[testenv]
deps =
    pytest
    hypothesis
    pyhamcrest
commands =
    pytest useful
```

이 환경 설정에서 tox는 pytest와 다른 2개의 테스팅 도우미 라이브러리를 설치한다. 이처럼 tox.ini 파일은 테스트를 실행하고자 필요한 도구를 문서화하는 측면도 있다.

실행할 명령은 길지 않다. pytest도 테스팅 도구의 관례에 따르며, 테스트 코드에서 실패가 발견되지 않으면 정상 상태를 반환한다.

2.6.3 차이가 있는 다중 환경

좀 더 현실적인 예제를 살펴보자. 다음은 ncolony의 tox.ini 파일[7]이다.

```
[tox]
envlist = {py38,py39}-{unit,func},py39-wheel,docs
toxworkdir = {toxinidir}/build/.tox
```

환경을 행렬^matrix처럼 정의할 수 있다. 여기서는 py38-unit, py38-func, py39-unit, py39-func 환경을 정의한 것이다.

정의할 환경이 많을수록 이런 표기법은 더 유용하다. 환경이 너무 많다면 어떨까? 예를 들어 {py37,py38,py39}-{unit,func}-{olddeps,newdeps}-{mindeps, maxdeps}는 3*2*2*2=24개의 환경을 만들며 테스트 실행에 나쁜 영향을 줄 수 있다.

행렬 방식으로 테스트를 정의하면 그 숫자가 쉽게 증가하게 된다. 테스트 환경 자동화는 편하지만 이런 식으로 환경이 너무 많아지면 테스트에 많은 시간이 걸리거나 더 높은 병렬성이 필요해진다.

이는 테스트의 편리함과 컴퓨팅 자원 사이에서 흔히 발생할 수 있는 트레이드 오프 상황이다. 마법과 같은 해결책은 없으므로 패키지가 지원할 버전을 얼마나 가져갈지를 신중히 선택해야 한다.

환경별로 testenv-<환경 이름>을 별도 섹션으로 정의하는 대신, 섹션에 특별한 표기법을 사용해 일치하는 환경에서만 선택적으로 동작하게 만들 수 있다. 이 방법은 유사한 환경이 많을 때 효율적이다.

---

7. https://github.com/ncolony/ncolony/blob/master/tox.ini – 옮긴이

```
[testenv]
deps =
    {py38,py39}-unit: coverage
    {py38,py39}-{func,unit}: twisted
    {py38,py39}-{func,unit}: ncolony
```

coverage 도구는 단위^{unit} 테스트 환경에서만 사용한다. twisted와 ncolony 라이
브러리는 단위 테스트와 기능^{func} 테스트 환경에서 사용한다.

```
commands =
    {py38,py39}-unit: python -Wall \
                                -Wignore::DeprecationWarning \
                                -m coverage \
                                run -m twisted.trial \
                                --temp-directory build/_trial_temp \
                                {posargs:ncolony}
    {py38,py39}-unit: coverage report --include ncolony* \
                            --omit */tests/*,*/interfaces*,*/_version* \
                                --show-missing --fail-under=100
    {py38,py39}-func: python -Werror -W ignore::DeprecationWarning \
                            -W ignore::ImportWarning \
                            -m ncolony tests.functional_test
```

이처럼 하나의 커다란 테스트 환경을 만드는 것은 필요한 모든 명령이 하나로
뭉쳐 있고 패턴에 따라 선택된다는 것을 뜻한다. 예제의 명령은 이전보다 현실
적이며 테스트 러너에 각종 경고^{warning} 설정과 테스트 커버리지 그리고 각종 인
자가 들어간다.

원인은 다양하지만 위 예제처럼 명령이 꽤 길어지는 것은 흔히 있는 일이다.
다음의 환경 구성은 별도의 섹션으로 구분하는 것이 합당한 경우다.

```
[testenv:py39-wheel]
```

```
skip_install = True
deps =
    build
commands =
    python -c 'import os, sys;os.makedirs(sys.argv[1])" {envtmpdir}/dist
    python -m build --outdir {envtmpdir}/dist --no-isolation
```

py39-wheel 섹션은 휠이 빌드되는지 확인한다. 이 구성을 좀 더 확장한다면 휠을 설치하고 단위 테스트를 실행하는 것도 생각해볼 수 있다.

끝으로 docs 섹션은 문서를 빌드한다. 이렇게 분리해두면 문서의 문법 오류 때문에 빌드가 실패하는 것을 방지할 수 있다.

```
[testenv:docs]
changedir = docs
deps =
    sphinx
commands =
    sphinx-build -W -b html -d {envtmpdir}/doctrees . {envtmpdir}/html
basepython = python3.9
```

실행하려면 docs 디렉터리와 conf.py 파일이 있어야 하며, 경우에 따라서는 파일이 더 필요할 수 있다. 환경 이름에 파이썬 버전이 없으므로 basepython 속성을 정의해 파이썬 버전을 명시했다.

tox는 문서 빌드 작업에서도 가치가 있다. 문서화를 위한 가상 환경에만 sphinx를 설치하기 때문이다. 문서화를 위한 가상 환경을 격리함으로써 sphinx의 명시되지 않은 의존성으로 인해 단위 테스트가 실패하지 않게 지켜준다.

2.7 pip 도구

pip-tools[8] 패키지에는 의존성을 고정할 수 있는 명령이 있다. pip-compile 명령은 유연한loose requirements 파일을 엄격한strict 파일로 바꿔준다.

requirements.in과 requirements가 흔히 입력으로 사용되는 파일명이고 출력은 txt 확장자로 만들어진다. 의존성에 특별한 목적의 변형이 있다면 requirements-〈목적〉.in과 requirements-〈목적〉.txt 파일로 명명하기도 한다.

이런 목적 중 가장 일반적인 것은 다음의 2가지다.

- **dev**: 개발 시에는 필요하지만 실행 환경에서는 필요하지 않은 경우
- **test**: 테스트에 사용되지만 보통은 필요치 않은 경우

명령은 다음과 같이 간단히 실행할 수 있다.

```
$ pip-compile < requirements.in > requirements.txt
...
```

느슨한 의존성이 setup.cfg 파일에 이미 있는 경우도 많다. 이때는 pip-compile 이 해당 파일을 직접 참조하게 할 수 있다.

예를 들어 다음과 같이 웹 애플리케이션의 setup.cfg 파일은 gunicorn을 의존성으로 갖고 test 의존성으로 pytest를 갖고 있을 수 있다.

```
[options]
install_requires=
    gunicorn
[options.extras_require]
test =
    pytest
```

---

8. https://pypi.org/project/pip-tools/를 참고하길 바란다. - 옮긴이

또한 pip-compile 명령은 setup.py 파일을 필요로 한다.

```
import setuptools
setuptools.setup()
```

pyproject.toml 파일은 비어 있더라도 갖고 있는 것이 좋다. pip-compile은 이 파일이 필요하지 않지만 작업 흐름의 다른 부분에서 사용될 수 있기 때문이다.

이러한 경우 pip-compile은 패키지 메타데이터를 자동으로 참조한다.

```
$ pip-compile > requirements.txt
<출력 생략>
$ sed -e 's/ *#.*//' -e '/^$/d' requirements.txt
gunicorn==20.1.0
```

출력된 requirements.txt 파일은 주석을 포함하고 있다. 주석이 아닌 라인은 버전을 포함한 gunicorn 의존성뿐이다. gunicorn의 새로운 버전이 있으면 pip-compile을 다시 실행했을 때 사용되는 버전이 바뀔 수 있다.

pip-compile로 requirements-test.txt를 만들 때는 --extra로 추가 인자를 줄 수 있다.

```
$ pip-compile --extra test > requirements-test.txt
<출력 생략>
$ sed -e 's/ *#.*//' -e '/^$/d' requirements.txt
attrs==21.4.0
gunicorn==20.1.0
iniconfig==1.1.1
packaging==21.3
pluggy==1.0.0
py==1.11.0
pyparsing==3.0.6
pytest==6.2.5
```

```
toml==0.10.2
```

pytest를 추가하니 더 많은 의존성이 더해졌고 모두 버전이 고정된 것을 볼 수 있다.

pip-tools는 pip의 알고리듬을 최대한 따르려 하지만 의존성 해석 결과에 차이가 있거나 해석에 실패하는 경우도 있다. 경계 조건^{edge case}이 있을 때 발생하기 쉬우며 해당 패키지의 의존성에 >=를 더하는 등 좀 더 명확히 정의해 나아지게 할 수 있다.

앞의 예제는 상대적으로 단순한 파이썬 프로그램이지만 2개의 직접 의존성을 포함해 총 9개의 의존성을 갖고 있다. 실세계에서는 간단한 프로그램들이 10여 개의 의존성을, 큰 코드베이스에서는 수백 개의 의존성이 포함되는 것이 보통이다.

requirements.txt와 requirements-*.txt 파일은 생성^{generated}된 것이지만 애플리케이션의 코드베이스로 흔히 체크인한다. 라이브러리를 개발한다면 사용하고 있는 의존성을 테스트하고자 requirement-test.txt 파일을 함께 체크인하는 것도 좋을 것이다.

2가지 경우 모두에서 주기적으로 의존성을 갱신하는 것이 좋다. 대부분은 라이브러리의 버그 수정과 보안 이슈 수정일 것이다. 최신 버전과 동떨어진 오래된 버전을 사용할수록 라이브러리 업그레이드는 점점 더 필요해진다. 버그 수정과 보안 패치가 점점 더 쌓이기 때문이다. 업그레이드 없이 오래 방치할수록 다음번 업그레이드는 힘들어진다. 시맨틱 버저닝^{semantic versioning}[9]이 잘 되는 경우에도 버그 픽스나 여러 이유로 메이저 버전이 변경될 때도 있다. 현실적으로는 메이저 버전 변경이 아니더라도 기존 버전과 다르게 동작하는 경우도 많다. 이전 버전과 업그레이드하려는 버전의 거리가 멀수록 차이도 벌어지며 이를 해결하기 어려워진다.

---

9. 버전 명명 규칙은 https://semver.org/lang/ko/를 참고하길 바란다. - 옮긴이

requirements.txt 파일의 업데이트가 생기면 자동으로 병합 요청$^{pull\ request}$을 만들어주는 서비스도 있다. 이런 서비스를 사용하기 어렵다면 pip-compile을 실행하고 병합 요청을 발생시키는 스크립트를 만들어 자동화하는 것도 좋은 방안이다. 이때는 pip-compile에 -U 플래그를 추가해 모든 의존성을 가능한 한 최신 버전으로 업그레이드하게 만든다.

중요한 것은 주기적으로 의존성 업그레이드 작업을 하고 결과를 병합하는 것이다. 버전 병합 요청은 코드 변경을 병합할 때만큼은 아니더라도 신중히 해야 한다. 이후에 어떤 작업 흐름이 있더라도 이런 의존성 충돌 병합 요청 이후에 하는 편이 좋다.

2.8 Poetry

Poetry는 패키지와 의존성 관리를 위한 시스템이다. 의존성 관리, 가상 환경 생성, 패키지 빌드와 배포, 파이썬 애플리케이션 설치 등 파이썬 개발 프로세스 전체를 다루는 하나의 도구를 제공한다.

2.8.1 설치

Poetry를 몇 가지 방법으로 설치할 수 있다. 그중 하나는 다음과 같이 get-poetry.py 스크립트를 사용하는 것이다.

스크립트를 파이프로 파이썬에 전달하는 방식으로 실행할 수 있다.

```
$ curl -sSL \
https://install.python-poetry.org \
| python -
```

curl -o get-poetry.py [URL]로 스크립트를 다운로드하고 실행하는 방법도 있다.

Poetry를 전용 가상 환경에 설치할 경우도 있다. 이때는 가상 환경에서 pip install poetry로 설치한다. pip로 설치할 때의 장점은 로컬 파이썬 패키지 인덱스를 쓸 수 있다는 것이다. 내부 통제^{compliance}나 보안 이슈가 있을 때 유용하다.

설치 방법에 관계없이 poetry self update 명령은 Poetry를 최신 버전으로 업데이트한다. 매개변수를 추가해서 특정 버전으로 업데이트하는 것도 가능하다.

셸 자동 완성이 필요하면 poetry completions <셸 이름>으로 특정 셸에 알맞은 코드를 출력할 수 있다. 전역으로 하거나 사용자별로 적용할 수 있으며 지원되는 셸에는 bash, zsh, fish가 있다.

2.8.2 생성

Poetry는 새 프로젝트를 만들며 시작하는 것이 가장 좋다. 다음 명령으로 Poetry 기반 프로젝트의 뼈대를 만들 수 있다.

```
$ poetry new simple_app
```

simple_app이라는 이름의 디렉터리에 최소한의 Poetry 뼈대를 만든다.

대부분 새로 만들어진 이 디렉터리를 버전 관리에 추가할 것이다. 이는 Poetry에서 자동으로 해주지 않기 때문에 디렉터리 생성 직후 바로 버전 관리에 추가해주는 것이 좋다. git을 사용한다면 다음과 같이 한다.

```
$ git init .
$ git add .
$ git commit -a -m '"poetry new" 생성'
```

생성된 파일 중 가장 중요한 것은 루트 디렉터리의 pyproject.toml이다. 파일 안에는 build-system 섹션이 있다.

```
[build-system]
requires = ["poetry-core>=1.0.0"]
build-backend = "poetry.core.masonry.api"
```

이 부분은 휠 빌드(python -m build)와 소스 배포 모두에 호환된다.

pyproject.toml 파일에는 tool.poetry로 시작하는 Poetry 전용 섹션도 있다. 주 섹션은 tool.poetry로 패키지 메타정보를 포함한다.

```
[tool.poetry]
name = <이름>
version = <버전>
description = <설명>
authors = ["<저자명과 이메일>", ...]
```

버전 필드는 직접 수정하기보다는 poetry version <범프 룰>[10]로 하거나 poetry version <버전> 명령으로 관리하는 편이 낫다.

```
$ poetry version patch
...
$ git diff
....
--- pyproject.toml
+++ pyproject.toml
@@ -1,6 +1,6 @@
 [tool.poetry]
 name = "simple_app"
```

---

10. major, minor, patch 등 명령에 따라 버전을 변경한다. https://python-poetry.org/docs/cli/#version을 참고하길 바란다. — 옮긴이

```
-version = "0.1.0"
+version = "0.1.1"
  description = ""
$ poetry version 1.2.3
...
$ git diff
....
--- pyproject.toml
+++ pyproject.toml
@@ -1,6 +1,6 @@
 [tool.poetry]
 name = "simple_app"
-version = "0.1.0"
+version = "1.2.3"
 description = ""
```

Poetry는 다음의 파일도 만든다.

- README.rst는 초기 README 파일이다.
- 〈프로젝트명〉/__init__.py는 프로젝트명으로 된 패키지를 만든다. 또한 __version__ 변수를 정의한다.
- 테스트 파일
  - tests/test_〈프로젝트명〉.py는 최소한의 테스트로 버전 숫자가 유효한 지 체크한다. poetry run pytest 명령이 실패하지 않게 하는 것이 주목적이다.
  - tests/__init__.py 파일은 테스트를 포함하는 파일은 아니다. Poetry에 서 pytest를 실행할 때 tests 디렉터리가 테스트 패키지에 포함되게 한다.

2.8.3 의존성

앞에서 생성한 `simple_app`의 목적이 `gunicorn`과 함께 실행하는 Pyramid 기반의 웹 애플리케이션이라고 해보자. 우선 Poetry에 의존성을 추가해야 한다. `pyramid add` 명령은 의존성을 추가한다.

```
$ poetry add pyramid gunicorn
```

결과로 다음과 같이 **tool.poetry.dependencies** 섹션이 pyproject.toml 파일에 추가된다.

```
[tool.poetry.dependencies]
python = "^3.8"
pyramid = "^2.0"
gunicorn = "^20.1.0"
```

기본적으로 Poetry는 의존성이 시맨틱 버저닝을 따를 것으로 가정한다. 이는 잠재적인 보안 수정security fix이 이전 버전으로 백포트되지 않은 경우 반영될 수 있음을 의미한다. 대부분의 파이썬 패키지는 백포트하지 않기 때문에, 이 특징은 주의가 필요하다.

그리고 이 명령은 poetry.lock 파일도 만든다. 이 파일에는 재설치할 수 있는 고정된 의존성reproducible-complete pinned dependencies이 기록된다. 파일의 내용은 Poetry가 실제로 사용하는 의존성 정보다. **poetry lock** 명령은 고정된 의존성을 업데이트한다.

또한 고정된 의존성 정보를 requirements.txt로 내보낼 수 있다.

```
$ poetry export > requirements.txt
```

poetry.lock, requirements.txt 파일은 모두 버전 관리 시스템에 체크인하는 것이
좋다.

2.8.4 개발

Pyramid 앱을 동작하게 하려면 좀 더 많은 코드가 필요하다.

```python
# simple_app/web.py
from pyramid import config, response
def root(request):
    return response.Response("Useful string")
with config.Configurator() as cfg:
    cfg.add_route("root", "/")
    cfg.add_view(root, route_name='root')
    application = cfg.make_wsgi_app()
```

pyramid와 gunicorn 의존성은 이미 Poetry에 있으므로 따로 가상 환경을 만들
지 않고 바로 실행할 수 있다.

```
$ poetry run gunicorn simple_app.web
[2021-09-25 14:26:29 -0700] [2190296] [INFO] Starting gunicorn 20.1.0
...
```

테스트 실행은 poetry run pytest로 한다.

2.8.5 빌드하기

poetry build 명령은 dist 디렉터리에 소스 배포와 휠을 만드는데, 이 명령 대신
python -m build 명령을 써도 된다.

```
$ pip install build
```

```
...
$ python -m build
...
Successfully built simple_app-0.1.0.tar.gz and
simple_app-0.1.0-py3-none-any.whl
```

컨테이너와 같은 작은 운영체제 환경에서는 python -m build를 쓰는 것이 더 좋을 것이다. 그러한 환경에서 Poetry를 추가로 설치하면 어색해지거나 불필요하게 복잡해질 수 있기 때문이다.

poetry build나 python -m build 중 어떤 방법으로 빌드했건 휠 파일은 Poetry 없이 설치할 수 있다. 이는 패키지 인덱스에 업로드된 휠 파일을 설치하는 경우와 pip install <휠 파일 경로>로 설치하는 경우 모두 동일하다.

휠은 pyproject.toml에 느슨한 의존성을 정의한다는 것을 기억하자. 의존성을 고정해 설치하려면 Poetry로 설치하거나 휠을 설치하기 전에 pip install -r requirements.txt 명령으로 미리 의존성을 설치하면 된다. 이때는 앞에 나왔던 poetry.lock의 의존성을 requirements.txt로 내보내야 한다.

2.9 Pipenv

Pipenv는 명세^{specification}를 관리하고 명세에 맞는 가상 환경을 만들기 위한 도구다. 이를 위해 Pipfile, Pipfile.lock 파일을 사용한다.

흔히 Pipenv를 특수한 가상 환경에 설치한다. 그리고 이 가상 환경은 비활성화 상태로 실행하는 것이 일반적이다. 커맨드라인 수준의 별칭^{alias}을 만들어서 할 수 있다.

```
$ python3 -m venv ~/.venvs/pipenv
$ ~/.venvs/pipenv/bin/pip install pipenv
```

```
$ alias pipenv=~/.venvs/pipenv/bin/pipenv
```

활성화된 가상 환경에서 Pipenv를 실행하려면 PIPENV_IGNORE_VIRTUALENVS 환경 변수를 1로 설정해야 한다.

```
$ export PIPENV_IGNORE_VIRTUALENVS=1
$ . ~/.venvs/pipenv/bin/activate
```

Pipenv는 자신이 프로젝트 디렉터리를 제어할 수 있다고 가정한다. 따라서 사용하기 전에 우선 새 디렉터리를 먼저 만든다. 만들어진 디렉터리 안에서 pipenv add 명령으로 필요한 패키지를 설치할 수 있다.

설치한 패키지를 사용하는 코드를 실행하려면 pipenv shell 명령을 이용한다. 이는 가상 환경을 활성화하는 것과 비슷하지만 새로운 셸이 열리는 점이 다르다. 마찬가지로 가상 환경을 비활성화하는 대신 셸에서 나가면^{exit} 된다.

```
$ mkdir useful
$ cd useful
$ pipenv install termcolor
$ mkdir useful
$ touch useful/__init__.py
$ cat > useful/__main__.py
import termcolor
print(termcolor.colored("Hello", "red"))
$ pipenv shell
(pipenv)$ python -m useful
(pipenv)$ exit
$
```

결과로 다음과 같은 Pipfile이 만들어진다.

```
[[source]]
url = "https://pypi.org/simple"
verify_ssl = true
name = "pypi"

[packages]
termcolor = "*"

[dev-packages]

[requires]
python_version = "3.8"
```

Pipenv는 패키지를 빌드하는 용도로 사용하지는 않는다. 로컬 개발을 개선하거나 배포를 위한 가상 환경을 만드는 것이 도구의 주목적이다. 배포판을 만드는 용도로 사용하려면 setup.cfg와 pyproject.toml 파일이 필요하다.

2.10 DevPI

DevPI는 PyPI 호환 서버로, 로컬에서 실행할 수 있다. PyPI와 같은 수준으로 확장하기는 어렵지만 여러 상황에서 쓸모가 있다.

DevPI는 세 부분으로 구성된다. 가장 중요한 부분은 **devpi-server**이며, 이것만 사용하는 경우도 흔하다. 서버의 가장 중요한 역할은 PyPI의 프록시가 돼 패키지를 캐싱하는 것이다. 이 기능은 PyPI의 패키지들이 불변성immutable이라는 특징을 활용한다. 패키지를 다운로드하면 그 뒤로 바뀌지 않기 때문에 캐싱이 가능해진다.

다음으로 로컬 패키지 디렉터리를 탐색할 수 있게 해주는 웹 서버도 있다. 하지만 패키지 작업에서는 사용할 일이 많지 않으므로 이 기능은 선택사항이다. DevPI의 마지막 부분은 커맨드라인 도구로 실행 중인 인스턴스를 설정하는 기능을 제공한다. 보통은 필요하지 않으며 특수한 경우에 유용하다.

DevPI를 설치하고 실행하는 방법은 직관적이다. 가상 환경에서 다음을 실행하면 된다.

```
(devpi)$ pip install devpi-server
(devpi)$ devpi-init
(devpi)$ devpi-server
```

pip는 pypi.org로 요청을 보내는 것이 기본이다. 로컬에 설치된 DevPI를 사용하게 하려면 다음과 같이 한다(playground는 가상 환경 이름이다).

```
(playground)$ pip install \
              -i http://localhost:3141/root/pypi/+simple/ \
              httpie glom
(playground)$ http --body https://httpbin.org/get | glom '{"url":"url"}'
{
    "url": "https://httpbin.org/get"
}
```

매번 pip에 -i 인자를 주기는 번거로울 것이다. 문제가 없다면 환경 변수를 설정해 자동으로 작동하게 할 수 있다.

```
$ export PIP_INDEX_URL=http://localhost:3141/root/pypi/+simple/
```

pip.conf 파일을 수정해 설정을 좀 더 영속적permanent으로 만들 수 있다.

```
[global]
index-url = http://localhost:3141/root/pypi/+simple/

[search]
index = http://localhost:3141/root/pypi/
```

가상 환경의 루트 디렉터리에 pip.conf 파일을 위치시켜 시험해볼 수 있다. 사용자 디렉터리에 파일을 위치시켜 좀 더 영속적으로 만들 수도 있다. 인터넷 연결이 자주 끊긴다면 유용할 것이다. 사용자별 pip.conf를 설정할 수도 있다.

- **유닉스:** ~/.pip/pip.conf
- **맥OS:** $HOME/Library/Application Support/pip/pip.conf
- **윈도우:** %APPDATA%\pip\pip.ini

모든 사용자에게 적용하려면 유닉스에서는 /etc/pip.conf를 수정하면 된다. 예를 들어 이는 DevPI를 사용하는 컨테이너 이미지를 만드는 상황에서 유용하다.

DevPI는 연결이 끊긴 상황에서 쓸모가 있다. 네트워크 없이 패키지를 설치하고자 DevPI를 캐시로 사용할 수 있다. 여러 차례 얘기했듯 가상 환경은 일회용의 성격이 있고 대부분 불변적으로 다뤄진다. 네트워크 없이는 가상 환경에 필요한 패키지를 설치할 수 없고 이는 가상 환경을 쓸모없게 만든다. 특히 가상 환경을 처음부터 만들거나 새로운 패키지를 설치해야 할 경우가 그렇다.

캐시 서버가 있다면 상황이 달라진다. 모든 패키지가 캐시 프록시를 통해 설치됐다면 얼마든지 가상 환경을 만들고 없앨 수 있다. 패키지 캐시에 모든 것이 저장돼 있기 때문이다. 숲과 같은 고립된^{disconnected} 환경에서 개발하거나, 방화벽 설정으로 패키지 인덱스에 접근하기 어려운 경우에 설치된 모든 패키지를 저장하고 있다는 것은 큰 장점이 된다.

DevPI 캐시를 워밍업하려면_(패키지를 캐시하려면) **pip**를 사용해 패키지를 설치해야 한다. 그러려면 우선 DevPI와 **pip**를 설정한 후 개발하고 있는 소스 저장소를 대상으로 **tox**를 실행한다. **tox**는 테스트 환경에서 실행되므로 개발에 필요한 모든 패키지를 다운로드하며 이 과정에서 사용되는 패키지가 캐시된다.

또한 버려도 되는 가상 환경에서 아무 requirements.txt나 설치하는 것도 패키지를 캐시하는 좋은 방법이다.

DevPI는 패키지 인덱스 연결이 문제되는 상황 이외에도 쓸모가 있다. 빌드 과정 속에 DevPI를 포함시키면 의존성 패키지가 인덱스에서 삭제되는 left-pad[11]와 같은 사건이 발생했을 때 피해를 방지할 수 있다. 부가적으로 빌드가 빨라지고 네트워크 트래픽을 줄이는 효과도 있다.

또 다른 용도로는 PyPI에 업로드하기 전에 테스트로 업로드할 수 있는 것이 있다. devpi-server가 기본 포트에서 정상 실행 중이라면 twine을 이용해 패키지를 업로드할 수 있다. 이를 시험하고자 boltons 패키지를 업로드해본다.

```
(devpi)$ pip install devpi-client twine
(devpi)$ devpi use http://localhost:3141
(devpi)$ devpi user -c testuser password=123
(devpi)$ devpi login testuser --password=123
(devpi)$ devpi index -c dev bases=root/pypi
(devpi)$ devpi use testuser/dev
(devpi)$ pip download boltons==21.0.0
(devpi)$ twine upload --repository-url http://localhost:3141/testuser/dev \
              -u testuser -p 123 boltons-21.0.0-py2.py3-none-any.whl
(devpi)$ pip install -i http://localhost:3141/testuser/dev my-package
```

이 방법은 명시적으로만 쓸 수 있는 인덱스에 업로드한다. 따라서 명시적으로 인덱스를 지정하지 않으면 my-package는 다른 환경에서 보이지 않게 된다.

좀 더 개선된 다음의 사용법을 보자.

```
(devpi)$ devpi index root/pypi mirror_url=https://ourdevpi.local
```

이것은 로컬 DevPI 서버가 업스트림 DevPI 서버를 미러링하게 만든다. 이 방법으로 개인private 패키지를 중앙 DevPI 서버에 업로드해 팀과 공유할 수 있다. 이 경우 업스트림 DevPI 서버는 보통 프록시 뒤에서 실행하며 사용자의 접근을 제어할 필요가 있을 것이다.

---

11. node.js 패키지 인덱스인 NPM에서 left-pad라는 패키지가 삭제돼 발생한 사건이다. – 옮긴이

중앙화된 DevPI 서버에 계정별로 접근을 제어하는 프록시가 결합하면 개인 저장소로도 유용하게 쓸 수 있다.

그러려면 루트 인덱스 없이 서버를 생성한다.

```
$ devpi-init --no-root-pypi
$ devpi login root
...
$ devpi index --create pypi
```

이렇게 하면 루트 인덱스는 PyPI를 미러링하지 않는다. 이제 패키지를 바로 업로드할 수 있다. 이와 같은 서버를 쓸 때는 보통 pip 명령에 --extra-index-url 인자를 추가해 개인 저장소와 외부 저장소를 함께 참조할 수 있게 해준다. 하지만 지정된 패키지만 제공하는 DevPI 인스턴스가 필요한 때도 있다. 이런 인스턴스에서는 패키지를 사용하기 전에 검사^{test}를 강제하기도 한다. 패키지가 필요할 때는 다운로드하고, 검사를 받고 나서야 개인 패키지에 추가할 수 있게 된다.

2.11 pex와 shiv

파이썬 프로그램을 하나의 실행 파일로 컴파일하는 것은 쉽지 않지만 거의 비슷한 것을 할 수는 있다. 즉, 인터프리터만 있으면 실행할 수 있는 하나의 파이썬 프로그램으로 컴파일할 수 있다. 이는 파이썬이 코드를 시작하는 특정한 방식을 이용한다.

python /path/to/파일명으로 파이썬을 실행할 때 인터프리터는 다음과 같은 2가지를 처리한다.

- /path/to 디렉터리를 모듈 경로에 추가한다.
- /path/to/파일명 파일의 코드를 실행한다.

python /path/to/디렉터리/ 명령을 실행하면 파이썬은 python /path/to/디렉터리/__main__.py를 입력했을 때와 같은 동작을 한다.

달리 말하면 다음의 2가지 동작을 한다.

- /path/to/디렉터리/ 디렉터리를 모듈 경로에 추가한다.
- /path/to/디렉터리/__main__.py의 코드를 실행한다.

python /path/to/파일명.zip을 실행하면 파이썬은 파일을 디렉터리처럼 다루며 다음의 2가지 동작을 한다.

- /path/to/파일명.zip 디렉터리를 모듈 경로에 추가한다.
- /path/to/파일명.zip 파일의 압축을 풀고 __main__.py의 코드를 실행한다.

zip 파일은 후방 지향^{end-oriented} 포맷이다. 메타데이터와 데이터에 대한 포인터는 모두 파일의 끝부분에 위치한다. zip 파일의 앞쪽에 무언가를 추가하는 것은 파일의 내용을 바꾸지 않는다.

따라서 zip 파일의 앞에 #!/usr/bin/python<개행 문자>를 추가하고, 실행 권한을 준 뒤 실행하면 파이썬은 zip 파일을 실행한다. __main__.py에 알맞은 시작 코드를 넣고 모듈이 제대로 들어가 있다면 모든 서드파티 의존성이 포함된 하나의 큰 파일을 만들 수 있게 된다.

pex와 shiv는 이런 파일을 만들기 위한 도구며 둘 다 이러한 파이썬의 특징을 기반으로 한다.

2.11.1 pex

pex는 커맨드라인 도구와 라이브러리 양쪽으로 사용할 수 있다. 커맨드라인 도구로 사용할 때는 PyPI를 사용한 의존성 해석을 막는 편이 좋다. 모든 의존성 해석 알고리듬은 완벽하지 않고, pip의 인기로 인해 패키지에는 그 결함을 명시적으로 회피하는 알고리듬을 포함할 수 있기 때문이다. pex는 인기도 적고 pip에 맞춰진 패키지가 잘 작동할지 보장할 수 없다.

이 도구를 사용하는 가장 안전한 방법은 pip wheel 명령으로 디렉터리의 모든 휠을 빌드하고 pex가 이 디렉터리만 사용하게 만드는 것이다.

다음의 예를 보자.

```
$ pip install pex
$ pip wheel --wheel-dir my-wheels -r requirements.txt
$ pex -o my-file.pex --find-links my-wheels --no-index \
    -m some_package
```

pex는 몇 가지 방법으로 진입점을 찾으며, 그중 가장 많이 사용되는 2가지가 있다. 첫 번째는 -m <패키지명>으로 python -m <패키지명>과 유사하게 동작한다. 두 번째는 -c <콘솔 스크립트>로, 콘솔 스크립트^{console-script}로 설치된 스크립트를 찾아 연관된 entrypoint를 호출한다.

pex는 라이브러리로도 사용할 수 있다. 파이썬 코드로 pex를 빌드할 수 있다.

```
from pex import pex_builder
import sys, subprocess

builder = pex_builder.PEXBuilder()
builder.set_entry_point('some_package')
builder.set_shebang(sys.executable)
subprocess.check_call([sys.executable, '-m', 'pip', 'wheel',
                       '--wheel-dir', 'my-wheels',
                       '--requirements', 'requirements.txt'])
for dist in os.listdir('my-wheels'):
    dist = os.path.join('my-wheels', dist)
    builder.add_dist_location(dist)
builder.build('my-file.pex')
```

이 코드는 사실상 앞에 나온 셸 스크립트와 거의 같다. set_entry_point() 메서드는 스크립트에서의 -m 인자와 같은 역할을 한다.

이 예제에서 셔뱅^{shebang} 라인은 명시적으로 sys.executable을 가리킨다. 명시하지 않으면 pex는 정상적 셔뱅 라인을 찾고자 복잡한 알고리듬을 사용한다. 예제에서는 이 부분을 오버라이드하고자 명시적으로 인터프리터를 선택했다.

셔뱅 라인은 배포 환경에 따라 다를 수 있으므로 몇 가지 방법을 고려해두는 것이 좋다. 한 가지 방법은 /usr/bin/env python으로 현재 셸에서 호출하는 파이썬을 참조하게 하는 것이다.

위의 예시는 파이썬 코드지만 pip 프로세스를 만들어 휠을 생성한다. pip는 라이브러리로 사용할 수 없기 때문에 프로세스로 호출하는 것이 유일한 방법이다.

셸 스크립트보다 긴 코드지만 파이썬 코드로 할 때 장점이 있다. 빌드 프로세스를 정교하게 만들어야 할 때 굳이 복잡한 셸 스크립트를 만들지 않아도 된다.

2.11.2 shiv

shiv는 pex의 아이디어를 현대화한 것이다. 이 도구는 pip를 직접 사용하기 때문에 스스로 하는 역할은 상대적으로 적다.

```
$ pip install shiv
$ shiv -o my-file.shiv -e some_package -r requirements.txt
```

shiv는 의존성 해석을 pip에 위임하므로 직접 호출해도 안전하다. shiv는 pex를 대체할 수 있는 최신 도구다. 기존 도구의 단점을 많이 제거했지만 아직 부족한 점은 있다.

예를 들어 커맨드라인 인자에 대한 문서화가 아직 부실한 편이다. 그리고 라이브러리로 사용할 수 없다는 점도 있다.

끝으로 shiv는 파이썬 3.6 이상의 버전만 지원한다.

2.12 정리

파이썬의 강점은 강력한 서드파티 생태계에서 나온다. 데이터 과학이든 네트워크 프로그래밍이든 이를 도와주는 다양한 선택지가 있다. 파이썬을 잘 쓰려면 필요한 패키지를 설치하고, 사용하며, 업데이트하는 방법을 꼭 알아야 한다.

개인 패키지 저장소를 사용해 패키지를 내부 공유하고 오픈소스 라이브러리와 호환성을 유지한 채 배포하는 것은 좋은 방법이다. 내부 배포와 버전 및 의존성 관리를 동일한 도구를 통해 할 수 있게 해주기 때문이다.

## 3장

대화형 사용

파이썬은 탐색적 프로그래밍에 사용되기도 하는데, 프로그램을 만들기 위해서가 아니라 질문에 대한 답을 찾는 것을 목적으로 한다. 여기서 질문이란 어떤 과학자에게는 의료 개입을 결정하기 위한 것일 수 있고, 컴퓨터의 문제를 해결하려는 사람에게는 어느 로그 파일에 내가 원하는 메시지가 있는지를 찾는 것일 수 있다.

질문이 무엇이든 파이썬은 답을 찾기 위한 강력한 도구가 된다. 더 중요한 것은, 탐색적 프로그래밍 과정에서 답으로부터 더 많은 질문을 만나게 된다는 것이다.

파이썬의 대화형 모델은 리스프^{Lisp} 프로그래밍 환경의 REPL^{Read-Eval-Print Loop}을 참고해 만들어졌다. 대화형 환경은 파이썬 표현식을 읽고, 평가하고, 결과를 출력하는 과정을 반복한다.

파이썬의 REPL 환경은 내장돼 있어 편리하다. 하지만 서드파티 REPL 중에는 내장 REPL 보다 많은 기능을 가진 것도 있다. 이 도구들은 운영체제와 상호작용하고, 답에 다가가는 데 필요한 탐색과 모델링 과정에 많은 도움을 준다.

기본 콘솔은 내장이기 때문에 파이썬이 설치된 어느 곳에서나 사용할 수 있는 것이 장점이다. 있는 그대로 사용할 수도 있지만 코드 내장 모듈로 커스터마이즈해서 맞춤형 REPL을 만들 수도 있다.

IPython과 ptpython 대화형 환경은 콘솔 사용 경험을 개선하는 것을 목적으로 개발됐다. IPython은 확장성과 히스토리 기능에 중점을 두며, ptpython은 터미널의 기능을 사용해 최고의 UI^{User Interface} 경험을 제공하는 것에 중점을 둔다.

주피터^{Jupyter}는 일반적인 브라우저 UI를 사용한다. REPL의 출력을 인라인으로 표시하며, 버튼이나 텍스트 입력 등 UI 요소를 이용해 브라우저상에서 IPython과 유사한 경험을 제공한다. 주피터는 REPL 세션을 공유할 수 있는 형태로 저장하기 위한 주피터 노트북^{Jupyter Notebook}도 지원한다. 주피터 노트북은 이슈 트래커에 파일로 첨부할 수도 있고 소스 저장소에 체크인할 수도 있다. 최신의 소스 제어 시스템이라면 체크인된 노트북을 바로 그려줄 것이다. 그렇기 때문에 노트북은 교육용이나 협업 도구로 적합하다.

3.1 네이티브 콘솔

파이썬을 아무런 인자 없이 실행하면 대화형 콘솔이 열린다. 대화형 콘솔을 즉시 사용할 수 있다는 점은 파이썬이 탐색적 프로그래밍에 적합한 이유 중 하나다. 인터프리터는 질문에 즉시 답을 준다.

소소한 질문부터 시작해보자.

```
>>> 2 + 2
4
```

다른 질문으로 미국 샌프란시스코의 소비세를 계산해볼 수 있다.

```
>>> rate = 9.25
>>> price = 5.99
>>> after_tax = price * (1 + rate / 100.)
```

```
>>> after_tax
6.544075
```

운영체제에도 질문할 수 있다.

```
>>> import os
>>> os.path.isfile(os.path.expanduser("~/.bashrc"))
True
```

위의 코드로 사용자의 홈 디렉터리에 .bashrc 파일이 있는지 체크할 수 있다. 마지막 코드는 운영체제나 환경에 따라 다른 결과가 나올 수 있다.

기본 콘솔은 편집 기능 구현에 GNU readline 라이브러리를 사용한다. python -c 'import readline'을 실행했을 때 ImportError가 나타나며 실패한다면 파이썬이 제대로 빌드되지 않아 readline을 지원하지 않는 상태인 것이다. 이 경우 콘솔 사용이 불편할 수 있다. readline을 지원하게 파이썬을 다시 빌드할 수 없다면(예를 들어 회사의 다른 팀에서 빌드한 파이썬을 사용해야 할 경우) 이번 장에 나오는 다른 콘솔을 사용하는 것이 좋을 것이다.

readline이 정상 작동한다면 콘솔에서 라인 편집과 히스토리 기능을 사용할 수 있다. 또한 readline.write_history_file 명령을 사용해 히스토리를 파일로 저장할 수 있다.

```
>>> import readline, os
>>> readline.write_history_file(os.path.expanduser("~/.python-history"))
```

이 코드는 콘솔을 한동안 사용했을 때 쓰기 좋다. 히스토리 파일을 따로 저장해 무엇을 했는지 확인할 수 있고 작업을 개선하기 위한 아이디어를 얻을 수도 있다.

콘솔을 사용할 때 _(밑줄) 변수는 마지막으로 사용한 문장statement의 결과를 갖고 있다. 예외가 있다면 표현식이 아닌 문장이나, 표현식이지만 None 값으로 평가될 경우에는 _의 값을 갱신하지 않는다. 다음 코드와 같이 _ 변수는 대화형 세션에서 방금 본 값을 객체에 저장할 필요가 있을 때 쓰기 좋다.

```
>>> import requests
>>> requests.get("http://en.wikipedia.org")
<Response [200]>
>>> a=_
>>> a.text[:50]
'<!DOCTYPE html>\n<html class="client-nojs" lang="en'
```

get 함수를 사용한 후 실제로 필요했던 것은 텍스트(Respnse.text)였단 것을 깨달았다고 해보자. 다행히도 Response 객체는 _ 변수에 저장돼 있다. _의 값은 금세 교체되기 때문에 변수 a에 담았다. a.text[:50]의 값을 평가하게 되면 _ 변수의 값은 50글자 문자열로 교체될 것이다. _를 변수에 저장하지 않고 Response만 참조했다면 50글자를 제외한 나머지 데이터는 모두 잃어버리게 된다.

파이썬에서 REPL을 할 때는 _를 일상적으로 사용한다. 리턴 값을 한 글자짜리 변수에 저장하는 트릭은 탐색적 프로그래밍에서 특히 유용하다.

3.2 코드 모듈

코드 모듈code module[1]을 사용해 나만의 대화형 루프를 만들 수 있다. 이는 특별한 플래그와 함께 명령을 실행하거나 REPL 환경에 사전 설정을 하고자 할 때 사용할 수 있다. 인터프리터 내부(미리 네임스페이스를 설정)나 외부(파일이나 외부 서비스 설정)에 모두 접근할 수 있다.

코드 모듈을 고수준으로 사용하는 방법은 interact 함수를 쓰는 것이다.

---

1. https://docs.python.org/3/library/code.html을 참고하길 바란다. - 옮긴이

```
>>> import code
>>> code.interact(banner="Welcome to the special interpreter",
...               local=dict(special=[1, 2, 3]))
Welcome to the special interpreter
>>> special
[1, 2, 3]
>>> ^D
now exiting InteractiveConsole...
>>> special
Traceback (most recent call last):
    File "<stdin>", line 1, in <module>
NameError: name 'special' is not defined
```

이 예제는 special이라는 리스트 변수를 갖는 REPL을 실행한다. 내부 인터프리터에서 나갈 때는 Ctrl + D(^D로 표시됨)를 누른다.

코드 모듈을 저수준으로 사용하면 UI의 완전한 제어권[ownership]을 가질 수 있다. code.compile_command(source, [filename="<input>"], symbol="single") 함수는 exec 함수로 전달할 수 있는 code 객체를 반환한다. 함수는 전달받은 명령이 불완전하면 None을 반환하고, 명령에 문제가 있을 때는 SyntaxError, OverflowError 또는 ValueError 예외를 발생시킨다.

symbol 인자는 대부분의 경우 "single"로 한다. 예외적으로 사용자에게 프롬프트를 제공하고 코드를 입력 받아 평가해야 할 경우에는 값을 "eval"로 한다(예를 들어 값이 하부 시스템에서 참조될 경우).

코드 모듈로 사용자와의 상호작용을 관리할 수 있다. UI나 원격 네트워크 인터페이스와 통합해 다양한 환경에서 대화형 기능을 제공할 수 있다.

3.3 ptpython

ptpython은 프롬프트 툴킷 파이썬^{prompt toolkit Python}의 약칭으로 내장 REPL을 대체할 수 있는 도구다. 내장 콘솔에서 사용하는 `readline` 대신 프롬프트 툴킷에 기반을 둔 상호작용을 제공한다.

주요 장점은 설치가 쉽다는 것이다. 가상 환경에서 `pip install ptpython`으로 쉽게 설치할 수 있으며, `readline`이 없더라도 쓸 만한 파이썬 REPL을 사용할 수 있다.

ptpython은 자동 완성, 멀티라인 편집, 문법 강조 기능을 지원한다.

모듈이 시작할 때 ~/.ptpython/config.py 파일을 읽기 때문에 이를 통해 ptpython을 임의로 커스터마이즈할 수 있다. 설정하려면 `configure` 함수를 구현하고 인자로 받은 `PythonRepl` 타입의 객체를 변경하면 된다.

여러 가지를 할 수 있지만 아쉽게도 문서로 참고할 만한 것은 소스코드뿐이다. 그중 `__init__` 함수와 관련 있는 코드는 `ptpython.python_input.PythonInput`이다.

config.py는 보통의 파이썬 파일이다. 따라서 커스터마이즈 코드를 배포하려면 로컬 PyPI 패키지를 만들고 `configure` 함수를 `import`하게 하는 편이 좋다.

3.4 IPython

IPython은 주피터의 기반이며 과학 컴퓨팅 커뮤니티에 뿌리를 둔 대화형 환경이다. IPython은 기본적으로 대화형 명령 프롬프트며 ptpython이나 파이썬 내장 REPL과 유사하다.

하지만 IPython은 세련된 환경을 제공하는 것을 목적으로 한다. 제공 기능 중하나는 모든 입력과 출력에 번호를 매기는 것이다. 실행 이후에 매겨진 번호를 참조할 수 있기 때문에 유용한 기능이다. IPython은 모든 입력을 In 배열에 추가하고 출력은 Out 배열에 추가한다. 다음 코드는 이 기능이 어떻게 동작하는지 보여준다.

```
$ ipython
Python 3.10.1 (main, Dec 21 2021, 09:01:08) [GCC 10.2.1 20210110]
Type 'copyright', 'credits' or 'license' for more information
IPython 7.30.1 -- An enhanced Interactive Python. Type '?' for help.

In [1]: print("hello")
hello

In [2]: In[1]
Out[2]: 'print("hello")'

In [3]: 5 + 4.0
Out[3]: 9.0

In [4]: Out[3] == 9.0
Out[4]: True
```

IPython은 탭 키로 자동 완성을 지원한다. IPython 자체적으로 지원하기도 하고 `jedi` 라이브러리를 사용해 정적 자동 완성 기능도 지원한다.

내장된 도움말 기능도 있다. 변수명 뒤에 ?를 입력하면 해당 객체와 가장 관련이 있는 도움말을 표시한다. 이는 함수나 클래스, 내장 객체 등에도 적용된다.

```
In [1]: list?
Init signature: list(self, /, *args, **kwargs)
Docstring:
list() -> new empty list
list(iterable) -> new list initialized from iterable's items
Type:           type
```

%로 시작하는 매직 명령^{magic command}도 지원한다. 예를 들어 %run을 입력하면 현

재의 네임스페이스에서 파이썬 스크립트를 실행할 수 있다. %edit는 편집기를 실행하는데, 복잡한 문장을 편집할 때 유용하다.

추가로 !를 접두사로 붙이면 시스템 명령을 실행할 수 있다. !pip install <패키지명>으로 패키지를 설치할 때 사용할 수 있다. 셸 접속 없이 쉽게 패키지를 설치할 수 있는 점은 대화형 개발을 위해 가상 환경에 IPython을 설치하는 게 유용한 이유 중 하나다.

IPython은 몇 가지 방식으로 커스터마이즈할 수 있다. 우선 대화형 세션 중에 %config 매직 명령을 통해 설정 옵션을 바꿀 수 있다. 예를 들어 %config InteractiveShell.autocall = True를 하면 autocall 옵션을 켜고 괄호 없이도 표현식을 호출할 수 있게 된다. 콘솔 시작 시에만 설정할 수 있는 옵션은 값이 바뀌더라도 영향을 미치지 않는다. 이러한 옵션은 커맨드라인에서 설정할 수 있다. 예를 들어 ipython --InteractiveShell.autocall=True로 시작하면 자동으로 호출하는 인터프리터를 쓸 수 있다.

환경 설정에 로직을 추가해야 한다면 별도의 파이썬 스크립트를 만들어서 할 수 있다.

```python
from traitlets import config
import IPython

my_config = config.Config()
my_config.InteractiveShell.autocall = True

IPython.start_ipython(config=my_config)
```

스크립트가 패키지에 포함돼 있다면 PyPI나 개인 패키지 저장소를 사용해 팀과 공유할 수 있다. 이렇게 공유하면 개발 팀이 동일한 IPython 설정을 사용할 수 있다.

마지막으로 설정 파일을 운영체제 프로필에 저장할 수 있다. 사용자 홈 디렉터리의 ~/.ipython 파일에 설정에 필요한 파이썬 코드 조각을 저장하면 된다. 프로필 디렉터리를 별도로 지정하려면 `--ipython-dir` 옵션을 주거나 IPYTHONDIR 환경 변수로 지정하면 된다.

3.5 주피터랩

주피터는 탐색적 프로그래밍을 위한 웹 기반 대화형 환경을 만드는 프로젝트다. 파이썬에서 시작했지만 다른 프로그래밍 언어도 사용할 수 있다. 탐색적 프로그래밍, 특히 데이터 과학 분야에서 많이 사용하는 3가지 언어인 줄리아^{Julia}/파이썬/R의 이름을 조합해 주피터라는 이름이 나왔다.

주피터랩^{JupyterLab}은 주피터 프로젝트에서 나온 IPython 기반 최신 개발 환경이다. 완전한 기능을 갖춘 웹 인터페이스와 원격 파일 수정 기능도 제공한다. 주피터를 사용하면 결과가 도출되는 과정을 보여주기 쉽기 때문에 실행 재현^{reproducibility}이나 동료 검토$^{peer\ review}$에 이점이 있다. 따라서 과학자 커뮤니티에서 많이 사용한다.

실행 재현이나 동료 검토는 데브옵스^{DevOps} 업무에서도 중요하다. 예를 들어 어떤 상황에서 재시작 대상 호스트를 선택하는 과정을 기록할 수 있다. 이 기록은 향후 유사한 상황이 발생하면 활용할 수 있을 것이다. 또한 유지 보수를 위해 시스템을 중단한 상황에서 작업 단계와 각각의 출력을 기록한 주피터 노트북을 저장해두면 사후$^{post-mortem}$ 분석을 통해 무슨 일이 있었는지 확인하고 향후 유지 보수 개선을 위해 사용할 수 있다.

노트북 자체는 감사^{auditability}를 위한 도구는 아니다. 각각의 블록은 언제든 수정될 수 있고, 재실행할 수 있으며, 실행 순서를 보장하지도 않는다. 하지만 알맞게 사용한다면 무엇을 했는지 기록하는 좋은 도구가 된다.

주피터는 진정한 의미의 탐색적 프로그래밍을 하게 해준다. 과학자처럼 문제를 이해하고자 여러 방면으로 데이터를 바라보고자 할 때 유용하다.

또한 문제가 어디 있는지 모르는 상황에서 복잡한 시스템을 다뤄야 하는 사람에게도 유용하다. 주피터랩을 가상 환경에서 설치하려면 pip install jupyterlab 을 하면 된다. 기본적으로 8888 포트에서 웹 서버를 실행하며 브라우저를 열고 해당 포트로 접근한다. 브라우저에서 주피터랩이 열리지 않는다면 표준 출력에 표시되는 사전 인증된preauthorized URL로 접근하면 된다. 이것도 실패한다면 브라우저로 주피터랩에 접속한 뒤 표준 출력에 표시된 토큰을 콘솔에 입력해 사용할 수 있다. 토큰의 목록은 jupyter notebook list 명령으로도 확인할 수 있으며 이 명령은 현재 실행 중인 주피터 서버 목록을 출력한다.

브라우저에서 주피터랩에 접속하면 우선 5가지를 실행할 수 있다.

- 콘솔
- 터미널
- 텍스트 편집기
- 노트북
- 스프레드시트 편집기

콘솔은 앞에서 설명한 IPython의 웹 기반 인터페이스다. 터미널은 브라우저에서 사용할 수 있는 터미널 에뮬레이터다. 가상 사설망VPN, Virtual Private Network과 같은 접근이 제한된 환경에서 원격 터미널로 쓸모가 있다. 열린 웹 포트만 있으면 되기 때문이다. 보안에 관해서는 전송 계층 보안TLS, Transport Layer Security이나 클라이언트 측 인증서와 같은 일반적인 웹 포트의 보안 방법을 사용할 수 있다. 텍스트 편집기도 터미널과 같은 이유로 유용하다. 셸에서 vi로 편집하는 것보다 편하기 때문이다. 다만 파일의 모든 내용을 읽어 와야 하므로 느릴 수 있다.

가장 중요한 것은 물론 노트북이다. 노트북 자체는 세션을 기록한 JSON 파일이다. 세션이 시작될 때 주피터는 노트북의 스냅숏과 최종 버전을 저장한다. 노트북은 셸cell들로 구성된다. 셸 유형에는 대표적으로 코드와 마크다운Markdown이 있다. 코드 셸에는 파이썬 코드 조각을 작성할 수 있다. 코드 셸들은 현재 세션의 네임스페이스를 콘텍스트로 갖는다. 네임스페이스는 현재 노트북을 실행하고 있는 커널^{kernel}에 저장된다. 커널은 프로토콜에 따라 셀의 내용을 입력 받아 파이썬 코드로 해석하고 실행한 뒤 결과를 출력에 표시한다.

기본적으로 주피터 서버는 로컬에 설치된 IPython 커널을 사용한다. 주피터가 설치된 환경과 파이썬 그리고 패키지가 모두 동일하게 사용된다는 뜻이다. 하지만 커널을 다른 환경과 연결하는 것도 가능하다. 그러려면 필요한 것은 환경에 ipykernel 패키지를 설치하는 것뿐이다. 그리고 해당 환경에서 다음 코드로 커널을 실행한다.

```
python -m ipykernel install \
    --name my-special-env \
    --display-name "My Env" \
    --prefix=$DIRECTORY
```

주피터 서버가 설치된 곳에서는 다음을 실행한다.

```
jupyter kernelspec install \
    $DIRECTORY/share/jupyter/kernels/my-special-env \
    --sys-prefix
```

이제 주피터 서버는 다른 환경의 커널을 사용할 수 있게 된다. --sys-prefix 옵션은 주피터가 설치된 가상 환경에 커널 스펙을 설치하게 만든다.

이로써 주피터 서버를 어떠한 환경과도 연결할 수 있다. 이는 주피터 서버가 실행되는 곳과 다른 파이썬 또는 다른 모듈 구성을 가질 수 있기 때문에 유용하다.

별도의 커널과 연결하는 것은 파이썬이 아닌 다른 언어를 사용할 때도 유사하다. 줄리아와 R은 주피터에서 기본으로 지원하며 서드파티를 통해 bash를 비롯한 다른 여러 언어를 위한 커널을 사용할 수 있다.

주피터는 IPython에서 사용할 수 있는 모든 매직 명령도 지원한다. 앞에서도 언급했지만 그중 !pip install ...로 가상 환경에 새로운 패키지를 설치할 수 있는 것은 매우 쓸모가 많다. 특히 패키지와 의존성 설치에 주의가 필요할 때 노트북을 사용하면 작업 과정을 문서화하기 좋고 재현도 쉬워진다.

주피터는 커널에 직접 의존하는 것이 아니기 때문에 커널을 재시작할 수 있다. 커널을 실행한 파이썬 프로세스는 재시작되고 메모리에 있던 내용은 모두 초기화된다. 이때 셀들을 하나씩 직접 실행해도 되지만 주피터에서 모든 셀을 순서대로 실행하는 버튼을 제공하므로 이용하자. 커널을 재시작하고 모든 셀을 순차적으로 실행하면 작성된 노트북이 잘 실행되는지 테스트할 수 있다. 물론 커널 외부에 발생한 변화는 초기화되지 않는다.

주피터 노트북은 일감 관리 시스템의 티켓에 첨부하거나 회고에 쓰기도 좋다. 문서화로서 특정 상태를 기록하거나 질의 API의 실행 기록과 결과 수집 등의 상태를 기록하는 용도로 사용할 수 있기 때문이다. 노트북을 파일로 첨부할 때는 HTML이나 PDF 같이 읽기 쉬운 형태로 내보내기^{export} 해 공유하는 편이 좋다. 하지만 깃허브, 지스트^{gist} 등 점점 더 많은 도구가 노트북을 직접 지원하므로 직접 첨부해도 된다.

주피터랩은 아직 기초적이지만 브라우저 기반의 원격 개발 환경으로 아주 쓸만하다. 우선 원격 파일 관리자로 사용해 파일을 업로드하고 다운로드하는 데 쓸 수 있다. 한 가지 사용법으로 노트북을 로컬에서 편집하고 주피터랩 서버로 업로드하는 것이 있다. 노트북을 관리하는 다른 방법도 있지만 언제든 노트북을 가져올 수 있다는 것만으로도 상당히 유용하다. 노트북과 마찬가지로 주피터에서 만든 데이터 파일, 이미지, 차트 등의 내용도 다운로드할 수 있다.

다음으로 유용한 것은 원격 IPython 콘솔이다. 노트북만큼 쓸모 있지 않지만 종종 콘솔을 사용하는 것이 편리할 때도 있다. 짧은 명령을 많이 사용해야 하는 키보드 중심적인 작업을 한다면 IPython 콘솔을 쓰는 편이 효율적이다.

파일 편집기도 있다. 개발 용도로 사용하는 편집기에 비해 기능이 많지는 않지만 긴급한 상황에서는 유용하다. 원격 주피터 호스트의 파일을 직접 수정할 수 있기 때문이다. 예를 들어 현재 노트북에서 사용하는 라이브러리 코드를 직접 수정하고 커널을 재시작하는 상황을 생각해볼 수 있다. 이렇게 수정된 코드는 다시 통합해야 하겠지만 긴급 조치로 코드를 수정하고 작업이 계속되게 하는 것은 충분히 가치 있다.

마지막으로 브라우저 기반의 원격 터미널이 있다. 노트북 없이도 주피터의 터미널과 파일 편집기, 파일 관리자를 사용하면 완전한 브라우저 기반의 서버 원격 접근과 관리를 할 수 있다. 이는 보안에 관해서도 시사점이 있으며 책의 뒷부분에서 다양한 사례를 다룰 것이다. 원격 시스템 관리 업무에 있어서 주피터 노트북은 충분히 강력한 도구가 된다.

3.6 정리

피드백 주기가 빨라지면 개발과 테스트, 배포도 빨리할 수 있게 된다. 파이썬을 대화형으로 사용하면 피드백을 즉시 받을 수 있다. 대화형 환경은 라이브러리의 문서를 이해하고자 할 때, 운영 중인 시스템에 대한 가설을 검증하고자 할 때, 아니면 그저 파이썬을 학습하는 용도로도 쓸모가 있다.

대화형 콘솔 역시 강력한 도구다. 시스템의 상태를 디버깅할 때처럼 출력된 실행 결과에 의문이 있을 때 쉽게 추가로 질의하고 계산해볼 수 있기 때문이다.

## 4장

운영체제 자동화

최초에 파이썬은 아메바^{Amoeba}라 불린 분산 운영체제를 자동화하고자 만들어졌다.[1] 아메바 OS는 거의 잊혔지만 파이썬은 유닉스 계열의 운영체제에서 자동화를 지원하는 용도로 자리 잡았다.

파이썬은 기존 유닉스의 C API를 가볍게 감싼다. 유닉스를 실행하는 시스템 콜에 완전한 접근을 제공하면서도 '보호대가 달린 C'라고 불리는 접근 방식으로 API를 좀 더 안전하게 사용할 수 있게 해준다. 저수준 운영체제 API를 감싸는 접근법은 유닉스 셸 프로그래밍과 C 프로그래밍 사이에서 대안으로써 선택하기 좋다.

큰 힘에는 큰 책임이 따른다는 말이 있다. 파이썬은 프로그래머에게 능력과 유연성을 제공하며, 프로그래머가 혼란을 일으키는 것을 방지하지 않는다. 파이썬으로 운영체제를 제어하는 프로그램을 작성할 때는 신중을 기해야 한다. 예측할 수 있고 안전한 방식으로 운영체제에 개입하는 것은 숙달할 가치가 있는 기술이다.

---

1. https://docs.python.org/3/faq/general.html#id7을 참고하길 바란다. – 옮긴이

4.1 파일

"모든 것은 파일이다."라는 유닉스의 만트라가 통용된 지 꽤 오랜 세월이 지났다. 모두 다는 아니더라도 많은 것이 파일이며, 더 많은 것은 파일처럼 파일 관련 시스템 콜을 통해 조작할 수 있다.

파이썬 프로그램에서는 텍스트나 바이너리라는 2가지의 방법 중 하나로 파일의 내용을 다룰 수 있다. 물론 파일이란 텍스트도 바이너리도 아닌 그저 바이트의 덩어리일 뿐이지만 파일을 여는 방식^{mode}은 중요하다.

파일을 바이너리로 열면 바이트는 바이트 문자열^{byte string}로 읽고 쓸 수 있다. 이 방식은 이미지 파일처럼 텍스트가 아닌 파일을 다룰 때 사용한다.

파일을 텍스트로 열 때는 인코딩이 꼭 필요하다. 보통은 기본값을 사용하지만 명시적으로 지정할 수 있다. 파일을 읽으면 모든 바이트가 디코딩을 거치며 코드에서는 문자열^{character string}을 받게 된다. 반대로 파일에 쓸 때는 모든 문자열이 바이트로 인코딩된다. 이는 파일과의 인터페이스가 문자열(문자의 배열)로 이뤄짐을 의미한다.

바이너리 파일의 예로 이미지 편집 프로그램인 GIMP^{GNU Image Manipulation Program}의 XCF 포맷을 살펴보자. 이 프로그램은 XCF 포맷으로 이미지를 저장하며 파일에는 이미지가 가진 것 이외의 정보도 포함된다. 예를 들어 XCF의 레이어^{layer}는 편집을 쉽게 하고자 분리돼 있다.

```
>>> with open("Untitled.xcf", "rb") as fp:
...     header = fp.read(100)
```

rb 인자와 함께 파일을 열었다. 여기서 rb는 '읽기^{read}, 바이너리^{binary}' 모드를 의미한다. 그리고 파일의 첫 100바이트를 읽었다. 첫 부분은 파일의 일부지만 종종 유용한 전략으로 사용할 수 있다. 많은 파일 형식이 첫 부분에 메타데이터를 저장하기 때문이다.

```
>>> header[:9].decode('ascii')
'gimp xcf '
```

처음 9바이트의 데이터를 ASCII로 디코딩하면 파일의 포맷 정보가 나타난다.

```
>>> header[9:9+4].decode('ascii')
'v011'
```

다음 4바이트는 버전을 의미한다. 예시 파일은 XCF 11 버전이다.

```
>>> header[9+4]
0
```

다음 바이트는 값이 0이며 메타데이터의 종료를 의미한다. 이런 표시 부분도 파일을 해석할 때 쓸모가 있다.

```
>>> struct.unpack('>I', header[9+4+1:9+4+1+4])
(1920,)
```

다음 4바이트는 빅엔디언^{big-endian}으로 들어있는 숫자이며 이미지의 폭^{width}을 의미한다. struct 모듈은 이 데이터를 어떻게 읽어올지 알고 있다. 인자의 >은 빅엔디언을 의미하고, I는 부호 없는 4바이트 정수^{unsigned 4-byte integer}를 의미한다.

```
>>> struct.unpack('>I', header[9+4+1+4:9+4+1+4+4])
(1080,)
```

다음 4바이트에는 높이^{height}가 저장돼 있다. 예제 코드로 바이너리 파일에 포함된 메타데이터를 확인했다. 파일의 포맷과 버전, 이미지의 크기를 알 수 있었다.

파일을 텍스트로 열 때는 UTF-8을 기본 인코딩으로 사용한다. UTF-8의 장점 중 하나는 다른 인코딩일 때 빠르게 실패하는 점이다. 바이너리 파일이나 유니코드 이전에 많이 사용하던 ISO-8859-[1-9][2]의 문자 집합을 만날 경우 빠르게 실패하도록 설계돼 있다. 또한 ASCII와 하위 호환성을 갖추고 있으므로 순수한 ASCII 파일이라면 UTF-8로 열어도 정상 작동한다.

보통 텍스트 파일을 줄 단위로 처리^{parse}한다. 파이썬은 열린 텍스트 파일을 한 줄씩 순서대로 처리하는 반복자^{iterator}를 제공한다.

```
>>> fp = open("things.txt", "w")
>>> fp.write("""\
... one line
... two lines
... red line
... blue line
... """)
39
>>> fp.close()
>>> fpin = open("things.txt")
>>> next(fpin)
'one line\n'
>>> next(fpin)
'two lines\n'
>>> next(fpin)
'red line\n'
>>> next(fpin)
'blue line\n'
>>> next(fpin)
Traceback (most recent call last):
    File "<stdin>", line 1, in <module>
StopIteration
```

---

2. 유럽어를 표기하기 위한 ASCII 기반 확장 인코딩이다. https://ko.wikipedia.org/wiki/ISO/IEC_8859를 참고하길 바란다. – 옮긴이

보통 next 함수를 직접 호출하는 대신 for 루프를 사용한다. 그리고 콘텍스트 매니저context manager[3]를 사용하면 사용이 완료된 파일을 확실히 닫을 수 있다. 콘텍스트 매니저는 편리하지만 트레이드오프도 있다. 특히 REPL 시나리오일 때 더 부각되는데, 콘텍스트 매니저 없이 파일을 열면 비트 단위로 파일을 탐색할 수 있는 장점이 있기 때문이다.

유닉스 시스템에서 파일은 그저 데이터의 덩어리가 아니다. 파일에는 읽고 쓸 수 있는 다양한 메타데이터도 있다.

rename 시스템 콜은 os.rename 파이썬 함수를 통해 사용할 수 있다. rename 시스템 콜은 원자적atomic이므로 파이썬 함수를 사용하면 특정 상태를 필요로 하는 작업을 구현하는 데 도움이 된다.

주의할 점은, os 모듈은 운영체제의 시스템 콜에 따라 연동된다는 것이다. 여기서는 리눅스, BSD 기반 시스템 또는 맥OS 등 유닉스 계열 시스템을 기준으로 한다. 시스템 콜은 운영체제에 따라 다르게 동작할 수 있다.

rename을 사용하는 예를 보자.

```python
with open("important.tmp", "w") as fout:
    fout.write("The horse raced past the barn")
    fout.write("fell.\n")
os.rename("important.tmp", "important")
```

이렇게 하면 중요한 파일을 읽을 때 오해가 생기는 일을 막을 수 있다. 코드가 실행 도중에 멈추면 important 파일에서 아무것도 읽을 수 없을 것이다. important.tmp 파일에 모든 내용을 쓴 뒤에 important로 파일명을 바꾸므로 좀 더 안전하다.

---

3. 열고 닫을 수 있는 자원을 관리해주는 파이썬의 기능이며 보통 with 구문으로 사용한다. - 옮긴이

유닉스 시스템에서 데이터 덩어리가 아닌 파일 중 가장 중요한 것은 디렉터리일 것이다. 다음 코드처럼 os.makedirs 함수로 디렉터리가 존재하는지 확인할 수 있다.

```
os.makedirs(some_path, exists_ok=True)
```

경로 기능을 제공하는 os.path 모듈과 함께 사용하면 중첩된 디렉터리에서 파일을 만드는 상황을 쉽게 다룰 수 있다.

```
def open_for_write(fname, mode=""):
    os.makedirs(os.path.dirname(fname), exists_ok=True)
    return open(fname, "w" + mode)
with open_for_write("some/deep/nested/name/of/file.txt") as fp:
    fp.write("hello world")
```

기존 디렉터리와 파일을 미러링^{mirroring}하는 상황에서도 쓸모가 있을 것이다.

os.path 모듈의 함수는 보통 문자열을 주고받는다. 모듈 특성상 입력된 문자열이 해당 이름을 가진 파일이라고 가정한다. dirname 함수는 디렉터리명을 반환한다. 따라서 os.path.dirname("a/b/c")를 하면 a/b가 반환된다. 마찬가지로 basename 함수는 파일명을 반환한다. 따라서 os.path.basename("a/b/c")는 c라는 값을 반환한다. 앞의 함수와는 반대로 os.path.join은 경로를 결합하는 기능을 제공한다. os.path.join("some", "long/and/winding", "path")는 some/long/and/finding/path를 반환한다.

os.path 모듈의 다른 함수 중에는 파일의 메타데이터를 가져오기 위한 것들도 있다. 주목할 점은 이 함수들이 운영체제의 기능을 가볍게 감싸며, 운영체제의 특징을 감추지는 않는다는 것이다. 운영체제가 가진 특징이 추상화를 뚫고 나올 수 있다는 것을 알고 있어야 한다.

메타데이터에는 파일의 존재 여부도 있다. os.path.exists 함수로 확인할 수 있지만 파일이 있는지에 구애받지 않도록 코드를 작성하는 편이 더 낫다. 파일에는 종류가 있기 때문이다. 세부적으로는 isdir, isfile, islink 등 os.path.is... 함수들이 있으며, 파일명이 가리키는 것이 어떤 것인지 알 수 있다.

os.path.get... 함수들은 진리 값이 아닌 종류의 메타데이터인 접근 시간access time, 수정 시간modification time, 생성 시간c-time[4] 등을 반환한다. getsize는 파일의 크기를 얻는다.

shutil(셸 유틸리티shell utilities) 모듈은 고수준의 기능을 제공한다. shutil.copy 함수는 파일의 내용과 메타데이터를 함께 복사한다. shutil.copyfile 함수는 파일의 내용만 복사한다. shutil.rmtree, shutil.copytree 함수는 각각 rm -r, cp -r 명령command과 같은 기능을 한다.

마지막으로 임시 파일이 필요할 때도 있을 것이다. 파이썬의 tempfile 모듈로 안전하고 보안성도 좋은 임시 파일을 만들 수 있다. 가장 쓸모가 있는 함수는 NamedTemporaryFile이며 콘텍스트 매니저와 함께 사용하기 좋다.

이 함수를 사용하는 일반적인 모습은 다음과 같다.

```
with NamedTemporaryFile() as fp:
    fp.write("line 1\n")
    fp.write("line 2\n")
    fp.flush()
    function_taking_file_name(fp.name)
```

fp.flush는 중요하다. 파일 객체는 닫히기 전까지 쓴 내용을 캐시하고 있기 때문이다. 하지만 NamedTemporaryFile은 닫으면 사라진다. 그러므로 닫기 전에 꼭 캐시의 내용을 실제 파일에 써야 한다.

---

4. 생성 시간이라고 많이 불리지만 실제로는 상황에 따라 차이가 있다. 'i-node 수정 시간'이 좀 더 정확한 이름이다. — 옮긴이

4.2 프로세스

서브프로세스를 다루기 위한 파이썬의 핵심 모듈은 subprocess다. 유닉스 시스템의 exec와 fork 등 저수준의 구현과는 다르게 파이썬에서는 '실행 중인 명령'으로 생각할 수 있는 직관적인 모델로 고수준의 추상화를 제공한다.

이 모듈은 상대적으로 사용하기 불편한 os.system 함수의 대체제이기도 하다. os.system은 셸이 추가 프로세스를 만든다. 이는 os.system이 셸에 의존한다는 것을 뜻하며 시스템에 어떤 셸이 설치돼 있는지에 따라 다르게 동작할 수 있음을 의미한다. 또한 셸에 인자를 전달하려면 이를 직렬화해야 한다. 작동하는 코드를 만들기 어렵진 않지만 까다로운 버그를 만들기 쉬우며 때로는 보안 결함이 발생하기도 한다.

subprocess 모듈은 유연성이 조금 부족할 수 있지만 대부분의 경우엔 이 모듈로 충분할 것이다. 모듈은 고수준의 함수와 저수준의 구현으로 구분할 수 있다. 대부분의 상황에는 고수준 함수를 사용하는 것이 적합할 것이다. 고수준 함수 check_call과 check_output은 셸에 -e 또는 set err 옵션을 준 것처럼 작동한다. 서브프로세스의 명령이 비정상 종료했을 경우 즉시 예외를 던진다.

저수준에는 Popen이 있다. 프로세스를 만들고 그 입출력에 대해 상세한 설정을 할 수 있다. check_call과 check_output 모두 Popen을 사용해 구현됐다. 그렇기 때문에 인자와 그 의미를 공유한다. 가장 중요한 인자는 shell=True일 것이다. 더 중요한 것은 특별한 상황이 아니라면 이 인자를 쓰지 말라는 점이다. 해당 인자를 주게 되면 프로세스에서는 표준 입력을 기다린다. 입력된 문자열은 셸로 전달돼 구문 분석^{parse}을 거치게 된다.

셸의 구문 분석 규칙은 미묘한 부분이 있으며 예외적인 규칙^{corner case}도 많다. 고정된 명령을 실행하는 경우라면 shell=True를 사용할 필요는 없다. 코드에서 명령과 인자를 나누면 된다. 반면 셸 입력을 받아야 한다면 인젝션^{injection} 문제를 겪을 수 있으며, 이를 안정적으로 회피하는 것은 거의 불가능하다. 반면 셸 입력이 없으면 명령을 즉석에서 만드는 것이 좀 더 안정적이다. 잠재적으로 위험한 입력이 있더라도 말이다.

다음은 도커 그룹에 사용자를 추가하는 코드다.

```
subprocess.check_call(["usermod", "-G", "docker", "some-user"])
```

check_call은 명령이 실패하면 예외를 던진다. 앞의 코드에서는 존재하지 않는 사용자를 전달했을 때와 같은 상황에서 예외가 발생하게 된다. 스크립트에서는 상세히 알기 어려운 실패 원인을 정확히 알 수 있다는 것에서 장점이 있다.

앞의 코드는 사용자명을 인자로 받는 함수로 만들 수 있다.

```
def add_to_docker(username):
    subprocess.check_call(["usermod", "-G", "docker", username])
```

인자 username에 공백, # 등 특수 문자가 오더라도 안전하다. 현재 사용자가 속한 그룹을 알아보려면 groups를 사용한다.

```
groups = subprocess.check_output(["groups"]).split()
```

여기에서도 명령이 실패하면 예외가 발생한다. 명령이 정상적으로 실행됐다면 출력된 내용이 문자열로 반환된다. 따라서 서브프로세스가 종료됐는지, 실행이 정상적이었는지 등은 확인할 필요가 없다.

이 함수들은 공통으로 사용하는 인자가 있다. 그중 cwd는 작업 디렉터리를 지정하는 데 쓸 수 있다. 현재 디렉터리를 참조하는 명령에서 사용할 수 있다.

```
sha = subprocess.check_output(
        ["git", "rev-parse", "HEAD"],
        cwd="src/some-project").decode("ascii").strip()
```

이 코드는 깃 디렉터리의 해시 값을 계산한다. git rev-parse HEAD 명령이 비정상 종료했을 경우 코드에서 예외가 발생한다.

앞의 코드에도 있지만 subprocess.check_output의 출력은 디코딩해야 한다. subprocess 모듈의 함수들은 보통 출력으로 유니코드 문자열이 아닌 바이트 문자열을 반환하기 때문이다. git rev-parse HEAD 명령은 16진수 문자열을 반환하며 ascii로 디코딩해야 한다. ASCII가 아닌 문자가 있으면 실패한다.

고수준 추상화를 사용할 수 없는 경우도 있기 마련이다. 예를 들어 표준 입력을 보내거나 출력을 덩어리로 읽어야 하는 상황이 있다.

Popen은 서브프로세스를 만들며 그 입출력에 세밀한 제어를 할 수 있다. 거의 모든 것이 가능하지만 정확히 의도대로 실행되게 하는 것은 쉽지 않다. 그중 셸에서 흔히 하는 파이프를 여러 개 사용해 입출력을 연결하는 것을 모사하기 란 쉽지 않다. 게다가 데드락이 발생하지 않는다는 것을 확신하기도 어렵다.

짧은 표준 입력을 써야 할 경우 communicate 함수를 사용하는 것이 가장 좋다.

```
proc = Popen(["docker", "login", "--password-stdin"], stdin=PIPE)
out, err = proc.communicate(my_password + "\n")
```

입력이 길어지면 communicate 함수의 버퍼로 인해 문제가 생길 수 있다. 입력 버퍼를 다루도록 코드를 만들 수 있겠지만 안정적으로 처리하기란 쉽지 않다. 차라리 임시 파일을 사용하는 편이 낫다.

```
with tempfile.TemporaryFile() as fp:
    fp.write(contents)
    fp.write(of)
    fp.write(email)
    fp.flush()
    fp.seek(0)
    proc = Popen(["sendmail"], stdin=fp)
```

```
    result = proc.poll()
```

이 시나리오에서는 check_call 함수를 써도 된다.

```
with tempfile.TemporaryFile() as fp:
    fp.write(contents)
    fp.write(of)
    fp.write(email)
    fp.flush()
    fp.seek(0)
    check_call(["sendmail"], stdin=fp)
```

셸 사용 경험이 많다면 다음과 같은 파이프 사용이 익숙할 것이다.

```
$ ls -l | sort | head -3 | awk '{print $3}'
```

앞에서도 언급했듯이 파이썬에서는 명령의 병렬 실행을 피하는 편이 낫다. 하나의 단계를 마친 뒤 다음 단계로 넘어가자. 파이썬에서 subprocess는 외부 명령을 실행하기 위한 용도로만 사용하자. 앞의 예제와 같은 것을 파이썬으로 프로그래밍한다면 파이썬의 내장 기능을 쓰는 것이 좋다. 정렬을 위해서는 sorted 함수를, head 명령은 리스트 슬라이스를, awk 명령은 문자열 조작과 정규 표현식을 쓰게 될 것이다.

텍스트와 숫자를 처리하는 명령은 메모리나 성능 면에서 장점이 있지만 파이썬에서 호출할 일은 많지 않다. 보통 파이썬 스크립트에서 명령을 호출하는 경우는 명령을 통해서만 접근할 수 있기 때문이다. 예를 들어 프로세스에 대해 질의하고자 ps -ef를 하거나 docker나 git 등 명령을 대체할 적당한 라이브러리가 없을 때다.

셸 스크립트를 파이썬으로 포팅한다면 신중해야 한다. 특히 파이프를 통해 연결된 긴 명령이나 awk, sed 등을 사용한 문자열 처리가 많다면 파이썬 코드로 바꾸기 쉽지 않을 것이다. 변환하는 과정에서 명령이 가진 적은 메모리 사용, 병렬성 등의 장점을 잃어버릴 수 있음을 유념해야 한다. 하지만 그 결과로 유지 보수하기 쉽고 디버깅하기 좋은 코드를 얻게 될 것이다.

4.3 네트워킹

파이썬은 네트워킹 기능도 잘 지원한다. 저수준의 소켓 기반 시스템 콜부터 고수준의 프로토콜까지 지원한다. 주어진 문제와 상황에 따라 내장된 라이브러리를 사용하거나 서드파티 라이브러리를 쓸 수 있다.

저수준의 네트워킹 API는 socket 모듈에 있다. 모듈은 socket 객체를 제공한다.

HTTP 프로토콜을 사용하는 클라이언트는 파이썬 대화형 프롬프트에서 개발해도 될 만큼 단순하다.

```
>>> import socket, json, pprint
>>> s = socket.socket()
>>> s.connect(('httpbin.org', 80))
>>> s.send(b'GET /get HTTP/1.0\r\nHost: httpbin.org\r\n\r\n')
40
>>> res = s.recv(1024)
>>> pprint.pprint(json.loads(
...                 res.decode('ascii').split('\r\n\r\n', 1)[1]))
{'args': {},
 'headers': {'Connection': 'close', 'Host': 'httpbin.org'},
 'origin': '73.162.254.113',
 'url': 'http://httpbin.org/get'}
```

s = socket.socket()은 소켓 객체를 만든다. 소켓으로 다양한 것을 할 수 있다.

그중 하나는 엔드포인트에 연결하는 것이다. 예제는 httpbin.org 서버의 80포트에 연결했다. 기본 소켓 타입은 스트림 인터넷 타입이며 유닉스에서 TCP 소켓을 부르는 이름이다.

소켓이 연결되면 바이트를 보낼 수 있다. 소켓에는 바이트 문자열만 쓸 수 있다. 예제는 보낸 결과를 수신해 읽고 HTTP 응답을 해석한 뒤 본문의 내용을 JSON으로 파싱했다.

특별한 경우가 아니라면 소켓 대신 HTTP 클라이언트를 쓰는 것이 낫다. 예제는 저수준의 소켓을 어떻게 사용하는지 보여주고자 했다. 저수준 통신 방법도 유용할 때가 있다. 예를 들어 문제를 진단하고자 정확한 메시지를 확인해야 할 때다.

소켓 API는 까다로운 부분이 있고 예제 코드는 몇 가지 잘못된 가정을 포함하고 있다. 대부분의 경우에는 문제가 없겠지만 일부 특이한 상황에서는 실패할 수 있다.

send 메서드는 운영체제 커널의 전송 버퍼가 차기 전까지는 데이터를 보내지 않을 수 있다. 다른 말로 하면 '부분 전송partial send'할 수 있다는 것이다. 예제에서는 40이라는 값이 반환됐다. 이는 보내고자 하는 메시지의 전체 길이를 뜻한다. 올바른 코드라면 반환된 길이를 확인하고 모든 데이터가 보내질 때까지 남은 데이터를 보내야 할 것이다. 다행히도 파이썬은 이런 상황을 고려해 sendall이라는 메서드를 제공한다.

하지만 recv에서는 까다로운 문제가 생길 수 있다. 이 메서드는 커널 버퍼에서 나오는 모든 데이터를 반환한다. 송신자(서버)가 얼마만큼의 데이터를 보낼지 알 수 없기 때문이다. 메시지가 짧은 경우를 포함해 대부분은 문제가 없을 것이다. 하지만 HTTP 1.0 프로토콜에 대응하는 제대로 된 코드를 만들려면 연결이 해제될 때까지 소켓에서 읽어 와야 한다.

보완한 버전은 다음과 같다.

```
>>> import socket, json, pprint
>>> s = socket.socket()
>>> s.connect(('httpbin.org', 80))
>>> s.sendall(b'GET /get HTTP/1.0\r\nHost: httpbin.org\r\n\r\n')
>>> resp = b''
>>> while True:
...     more = s.recv(1024)
...     if more == b'':
...         break
...     resp += more
...
>>> pprint.pprint(json.loads(resp.decode('ascii').split('\r\n\r\n')[1]))
{'args': {},
 'headers': {'Connection': 'close', 'Host': 'httpbin.org'},
 'origin': '73.162.254.113',
 'url': 'http://httpbin.org/get'}
```

이런 문제들은 네트워크 프로그래밍에서 흔히 만날 수 있으며 고수준의 라이브러리에서도 발생할 수 있다. 간단한 경우에는 잘 작동하지만 부하가 크거나 네트워크가 혼잡한 상황에서는 실패하기도 한다.

이런 경우를 테스트하기 위한 방법이 있다. 한 가지는 복잡한 상황을 재현하는 프록시를 사용하는 것이다. 프록시를 직접 개발하거나 커스터마이즈해서 사용하려면 socket을 이용한 저수준의 네트워크 프로그래밍이 필요할 수 있다.

파이썬은 고수준의 네트워크 프로그래밍도 지원한다. 표준 라이브러리에 포함된 urllib, urllib2 모듈을 직접 써도 되지만, 웹에 있어서는 빠르게 발전하고 널리 사용되며 고수준 추상화를 제공하는 서드파티 라이브러리를 사용하는 편이 좋다.

가장 인기 있는 것은 requests일 것이다. requests로 HTTP 페이지를 가져오는 것은 아주 간단하다.

```
>>> import requests, pprint
>>> res=requests.get('http://httpbin.org/get')
>>> pprint.pprint(res.json())
{'args': {},
 'headers': {'Accept': '*/*',
             'Accept-Encoding': 'gzip, deflate',
             'Connection': 'close',
             'Host': 'httpbin.org',
             'User-Agent': 'python-requests/2.19.1'},
 'origin': '73.162.254.113',
 'url': 'http://httpbin.org/get'}
```

소켓을 이용해 바이트 수준에서 HTTP 요청을 만드는 대신, 브라우저에서 하듯 URL만 입력하면 된다. requests는 이를 해석해 연결할 호스트(httpbin.org)와 포트(기본 HTTP 포트인 80), 경로(/get)를 식별한다. 응답이 돌아오면 이를 헤더와 바디(content)로 해석하고 응답 내용을 JSON으로 사용할 수 있게 해준다.

requests는 사용하기 아주 쉬우며 Session 객체를 함께 사용하면 더욱 좋다. 이를 쓰지 않으면 requests는 기본 세션을 사용하게 된다. 기본 세션은 공유되기 때문에 부작용이 생길 수 있다. 즉, requests를 사용하는 라이브러리들 사이에서 서로 세션 상태를 바꾸는 현상이 생기게 되고 requests의 동작이 그때그때 바뀔 수 있다. 대표적으로 HTTP 쿠키는 세션 사이에서 공유된다.

따라서 앞의 코드는 다음과 같이 쓰는 편이 낫다.

```
>>> import requests, pprint
>>> session = requests.Session()
>>> res = session.get('http://httpbin.org/get')
>>> pprint.pprint(res.json())
{'args': {},
 'headers': {'Accept': '*/*',
             'Accept-Encoding': 'gzip, deflate',
```

```
            'Connection': 'close',
            'Host': 'httpbin.org',
            'User-Agent': 'python-requests/2.19.1'},
    'origin': '73.162.254.113',
    'url': 'http://httpbin.org/get'}
```

물론 이 예제에서는 세션 상태가 문제를 일으키진 않는다. 하지만 세션 객체를 쓰는 것은 좋은 습관이다. 대화형 인터프리터에서도 get, put 등을 직접 호출하지 말고 세션의 인터페이스를 통해 사용하는 것이 좋다.

물론 대화형 환경에서는 빠르게 프로토타입 코드를 만들고 이후에 실제 프로그램으로 전환하는 것이 자연스러운 흐름이다. 하지만 좋은 습관을 기르는 것은 코드 전환을 쉽게 만들어준다.

4.4 정리

파이썬은 운영체제 자동화를 위한 강력한 도구다. 파이썬이 운영체제의 시스템 콜에 대한 래퍼wrapper를 제공하고 좋은 서드파티 라이브러리도 많기 때문이다.

이를 통해 복잡한 추상화를 거치지 않고도 운영체제를 쉽게 다룰 수 있고, 대부분의 상황에서 고수준의 코드를 만들 수 있게 된다.

파이썬과 서드파티 라이브러리를 활용하면 유닉스 셸 스크립트를 대체할 수 있다. 이때는 사고방식을 바꿀 필요가 있다. 파이썬은 여러 명령이 결합된 파이프라인에 적합하지 않기 때문이다. 하지만 실무에서는 기존 셸 프로그램이 특정 셸에 종속돼 확장을 제한하는 단점으로 점차 인식되고 있다.

파이썬과 같은 현대적인 메모리 관리 언어를 사용하면 텍스트 스트림 전체를 메모리에 불러와 처리하는 것이 쉽기 때문에 셸에서 사용하는 파이프를 이용한 변환의 제한을 받지 않을 수 있다.

## 5장

테스팅

자동화를 위한 코드는 애플리케이션을 위한 코드보다 테스팅에 소홀하기 쉽다. 데브옵스 팀은 규모가 작고 일정은 촉박한 경우도 많다. 게다가 데브옵스의 코드는 테스트하기가 쉽지 않을 때도 많다. 거대한 시스템을 자동화하는 코드는 테스트에 필요한 고립성을 만들기 어렵기 때문이다.

그럼에도 테스팅은 코드의 품질을 높이기 위한 가장 좋은 방법이다. 또한 코드를 유지 보수하기 쉽게 만들며 결함도 줄여준다. 결함이 있는 코드는 전체 시스템에 장애를 불러일으킬 수 있다. 그 결함이 시스템의 많은 부분에 영향을 줄 수 있기 때문이다. 따라서 데브옵스 코드에서도 테스팅은 중요하다.

5.1 단위 테스팅

단위 테스트[unit test]를 하는 몇 가지 목적이 있다. 각각의 목적을 잘 이해하고 테스트에 임해야 한다. 목적에 따른 결과가 서로 상충할 수도 있기 때문이다.

단위 테스트의 첫 번째 목적은 API 사용의 예시다. 이는 다소 부정확하지만 **테스트 주도 개발**[TDD, Test-Driven Development]이라고 불리기도 하고 역시 부정확한 다른 이름으로 불리기도 한다. 문서화로서 단위 테스트가 존재하는 경우다.

테스트 주도 개발이란 실제 코드를 작성하기 전에 단위 테스트 코드부터 작성하는 것을 말한다. 단위 테스트 코드는 일반적으로 테스트 대상 코드와 함께 커밋을 한다.

이런 방식의 커밋을 통해 단위 테스트가 API를 사용하는 방법을 보여줄 수 있다. 일반적으로 단위 테스트가 API의 유일한 문서는 아닐 것이다. 하지만 때때로 단위 테스트가 마지막 참조 수단이 될 때도 있다. 적어도 단위 테스트가 호출하는 API가 정상적으로 수행되며, 결과 또한 정상으로 나오는 것을 확인할 수 있다.

코드에 있는 로직이 올바로 작동하는지 확인하는 것도 단위 테스트의 목적이다. 발견된 버그가 정말로 고쳐졌는지 확인하기 위한 **회귀 테스트**^{regression test}도 비슷한 목적으로 볼 수 있다. 하지만 코드 개발자는 잠재적인 경계 조건과 까다로운 흐름을 잘 알고 있기 때문에 이런 케이스를 미리 테스트에 추가할 수 있을 것이다. 버그가 유입되기 전에 예방하는 것이다. 이런 확신을 위한 테스트는 회귀 테스트와 거의 같다고 볼 수 있을 것이다.

마지막 목적은 미래의 잘못된 변경을 예방하기 위한 것이다. 회귀 테스트와는 조금 다른 성격이다. 이런 테스트는 보통 테스트 케이스가 직관적이다. 이미 다른 테스트에서 복잡한 것들을 다루기 때문이다. 잘못된 최적화나 자연적인 변경이 코드를 망가뜨릴 때 테스트 또한 실패하게 설계된다. 따라서 이러한 테스트도 유지 보수 담당자를 위해 포함하는 것이 좋을 것이다.

테스트를 작성할 때는 위의 목적 중 어떤 것을 달성하고자 하는지 정확히 염두에 두자. 좋은 테스트는 적어도 한 가지 이상의 목적을 달성한다.

모든 테스트는 2가지 잠재적 영향을 미친다.

- 미래의 유지 보수 작업을 도움으로써 코드를 좋게 만든다.
- 미래의 유지 보수 작업을 어렵게 만들어 코드를 나쁘게 만든다.

모든 테스트는 2가지 중 일부를 한다. 좋은 테스트는 첫 번째를 더 많이 하고, 나쁜 테스트는 두 번째를 더 많이 한다. 테스트로 생길 수 있는 악영향을 줄이려면 테스트 대상 코드가 하기로 선언한 것을 테스트하고 있는지 고민해야 한다. 대답이 '아니요'라면 코드를 변경하는 것이 타당할 것이다. 그 결과로 테스트는 깨질 것이다. 하지만 버그가 만들어지지는 않을 것이다. 코드를 변경할 때는 테스트도 바뀌거나 버려야 한다는 뜻이다.

테스트를 작성할 때는 코드의 계약^{contract} 내용을 테스트해야 한다.

예를 들어 다음과 같다.

```python
def write_numbers(fout):
    fout.write("1\n")
    fout.write("2\n")
    fout.write("3\n")
```

파일에 숫자 몇 개를 쓰는 함수다.

다음은 나쁜 테스트의 예다.

```python
class DummyFile:
    def __init__ (self):
        self.written = []

    def write(self, thing):
        self.written.append(thing)
def test_write_numbers():
    fout = DummyFile()
    write_numbers(fout)
    assert fout.written == ["1\n", "2\n", "3\n"]
```

이 테스트가 나쁜 것은 write_number가 약속하지 않은 것을 확인하기 때문이다. 함수는 한 줄씩 쓸 뿐이지 3개의 원소일 필요는 없을 것이다.

미래에 write_numbers 함수를 리팩터링한다면 다음과 같은 모습일 것이다.

```python
def write_numbers(fout):
    fout.write("1\n2\n3\n")
```

코드는 기존과 동일하게 동작한다. write_numbers가 파일에 쓰는 내용은 같지만 기존 테스트는 깨지고 변경이 필요해진다.

좀 더 현명하게 접근한다면 문자열 연결[string concatenation]을 고려할 수 있다.

```python
class DummyFile:
    def __init__(self):
        self.written = []

    def write(self, thing):
        self.written.append(thing)

def test_write_numbers():
    fout = DummyFile()
    write_numbers(fout)
    assert_that("".join(fout.written), is_("1\n2\n3\n"))
```

이 테스트 방법은 리팩터링 전과 후 모두에서 작동한다. 하지만 이 코드도 write_numbers가 계약한 것 이상을 테스트한다. 함수는 파일에 쓰는 것을 가정하므로 write가 아닌 다른 메서드를 사용할 수 있을 것이다.

write_numbers를 다음처럼 수정한다면 함수는 같은 기능을 하지만 테스트는 깨질 것이다.

```python
def write_numbers(fout):
    fout.writelines(["1\n",
                     "2\n",
                     "3\n"]
```

좋은 테스트라면 코드에 버그가 있을 때만 실패해야 할 것이다. 하지만 예제 코드는 여전히 동일하게 잘 작동한다. 대신 테스트만 망가진 것이다. 이런 상황은 유지 보수 담당자를 괴롭힐 뿐이다.

함수가 계약한 것은 파일에 쓰는 것이기 때문에 파일을 함수에 제공하는 것이 가장 좋은 선택일 것이다. 이 경우 파이썬은 이미 준비된 해법을 갖고 있다.

```python
def test_write_numbers():
    fout = io.StringIO()
    write_numbers(fout)
    assert_that(fout.getvalue(), is_("1\n2\n3\n"))
```

이런 종류의 테스트를 작성할 때는 가짜[fake] 객체가 사용되기도 한다. 가짜 객체와 그것을 만드는 방법은 뒤에서 다룬다.

여기까지 wirte_numbers의 묵시적 계약에 대해 다뤘다. 문서화가 없으므로 개발자의 의도를 완전히 알기 어려웠다. 이런 경우는 꽤 자주 있기 마련이다. 특히 프로젝트에서만 쓰고자 만들어진 내부 코드에서 흔히 있는 일이다. 물론 개발자의 의도를 명확히 문서화하는 것이 좋을 것이다. 잘 정리된 문서가 없을 때에는 묵시적 계약에 대해 합리적인 가정을 세우는 것이 중요하다.

앞에서 다룬 assert_that과 is_ 함수는 테스트가 기대하는 값을 반환하는지 검증하는 역할을 했다. 이 함수들은 햄크레스트[hamcrest] 라이브러리에 있다. 자바에서 포팅된 이 라이브러리는 테스트의 기댓값을 정의하고 테스트 결과가 그것을 만족하는지 검증한다.

단위 테스트 실행을 위해 pytest 테스트 러너를 사용하면 assert 키워드와 함께 일반적인 파이썬 연산자를 쓸 수 있고, 테스트가 실패하면 도움이 되는 정보도 많이 얻을 수 있다. 하지만 pytest를 쓰면 특정한 테스트 러너에 종속되고 특정한 어써션[assertion]만 쓸 수 있으며 에러 메시지 또한 러너가 제공하는 것만 쓸 수 있게 된다.

반면 햄크레스트는 개방형 라이브러리다. 일반적으로 많이 사용되는 어써션(일치, 비교, 시퀀스 연산 등)을 내장하고 있으며, 새로운 어써션을 정의할 수도 있다. API가 반환하는 복잡한 구조의 데이터나 특정한 어써션이 필요할 때(예: 문자열의 첫 세 글자는 정해지지 않았지만 문자열 내에서 분명 반복이 될 때)와 같이 복잡한 자료 구조를 다룰 때 도움이 된다.

어써션을 정의하면 함수의 정확한 계약을 테스트할 수 있다. 또한 변경될 수 있는 구현 세부 사항을 테스트하는 바람에 정상 작동하는 코드지만 테스트만 망가지는 과도한 테스트를 방지하는 방법이기도 하다. 이것이 중요한 3가지 이유가 있다.

첫째는 테스트를 잘 작성했다면 변경을 피할 수 있었지만 그렇지 못해 수정하느라 쓴 시간의 낭비다. 데브옵스 팀은 보통 규모가 작고 자원에 여유가 없다.

두 번째는 실패한 테스트 때문에 테스트를 변경하는 습관은 좋지 않다는 점이다. 버그로 인해 코드의 동작이 바뀌었을 때에도 테스트를 먼저 변경하려고 할 수 있기 때문이다.

마지막으로 가장 중요한 이유는 앞의 2가지 때문에 단위 테스트의 효율이 떨어지게 되고 테스트에 대해 부정적 시각을 갖게 되는 것이다. 이런 현상이 계속되면 조직은 테스트를 작성에 드는 시간을 줄이려고 한다. 구현의 세부 사항을 테스트하는 나쁜 테스트는 데브옵스 팀이 단위 테스트를 작성하는 것이 가치 없는 일이라는 잘못된 생각의 가장 큰 원인이다.

예를 들어 어떤 함수의 기능이 그것이 반환한 값이 인자로 전달된 숫자 중 하나로 나뉠 수 있는 값이라는 것만 알고 있는 함수가 있다고 해보자.

```python
from hamcrest.core import base_matcher

class DivisibleBy(base_matcher.BaseMatcher):
    def __init__(self, factor):
        self.factor = factor
```

```
    def _matches(self, item):
        return (item % self.factor) == 0

    def describe_to(self, description):
        description.append_text('다음 숫자로 나눌 수 있음: ')
        description.append_text(repr(self.factor))

def divisible_by(num):
    return DivisibleBy(num)
```

예제 코드는 서드파티 라이브러리인 pyhamcrest로 테스트 어써션을 만들었다. pip install pyhamcrest 명령으로 설치할 수 있다.

관례에 따라 생성자를 함수로 감쌌다. 이 예제에는 해당하지 않지만 인자를 변환해서 매처^{matcher}에 전달해야 하면 함수로 한 번 감싸는 것이 좋다.

```
def test_scale():
    result = scale_one(3, 7)
    assert_that(result,
                any_of(divisible_by(3),
                       divisible_by(7)))
```

다음과 같은 에러가 발생할 것이다.

```
Expected: (다음 숫자로 나눌 수 있음: 3 or 다음 숫자로 나눌 수 있음: 7)
    but: was <17>
```

이 예제는 정확히 scale_one 함수의 계약을 테스트한다. scale_one 함수는 인수 중 하나를 정수 요소만큼 확장한다.

계약을 테스트하는 것의 중요성을 강조한 것은 우연이 아니다. 강조하고 싶은 점은 이것이 배울 수 있는 기술이고, 가르칠 수 있는 원칙이며, 이를 통해 단위 테스트가 개발 효율을 높이게 할 수 있다는 것이다.

단위 테스트가 데브옵스 엔지니어에게 시간 낭비라는 생각은 소프트웨어 배포와 같은 비즈니스 프로세스에 기반이 되는 코드들이 거의 테스트되지 않게 만들고 있으며, 이는 잘못된 생각이다. 고품질의 단위 테스트를 위한 원칙을 잘 적용하면 코드에 자신감을 갖게 될 것이다.

5.2 목, 스텁, 가짜 객체

데브옵스 코드는 운영 환경에 큰 영향을 미친다. 사실 이는 데브옵스 코드를 정의하는 말이기도 하다. 데브옵스 코드는 수작업의 상당 부분을 대신해준다. 데브옵스 코드를 테스트할 때는 신중을 기해야 한다. 테스트를 할 때마다 수백 개의 가상 머신을 켜고 끌 수는 없는 노릇이기 때문이다.

운영 자동화가 잘못됐을 때 운영 시스템에 심각한 영향을 미칠 수 있는 코드를 작성할 수도 있다. 코드를 테스트할 때는 발생 가능한 부작용에 대해 많은 고려를 해야 한다. 잘 마련된 스테이징 시스템을 쓸 수 있더라도 자동화 코드의 버그 때문에 시스템을 망가뜨린다면 많은 시간을 낭비하게 될 것이다. 단위 테스트란 아직 완성되지 않은 코드를 테스트하는 것일 수 있음을 명심하자. 단위 테스트를 실행하고 버그를 수정하는 것은 커밋된 코드라 하더라도 아직 개선의 여지가 있다는 의미다.

따라서 가짜 시스템^{fake system}을 마련하고 그곳에서 자주 테스트를 실행해야 한다. 여기서 가짜가 의미하는 것과, 그것이 단위 테스트와 코드 설계에 미치는 영향을 명확히 알아보자. 코드를 작성하기 전에 어떻게 테스트할지를 생각해보는 것은 충분히 가치가 있는 일이다.

테스트 더블^{test doubles}(테스트 대역)은 테스트 대상이 아닌 시스템을 대체할 수 있는 것들을 부르는 중립적인 용어다. 가짜 객체^{fake}, 목^{mock}, 스텁^{stub}은 좀 더 세부적인 의미를 담고 있지만 일상적으로는 서로 통용된다.

3가지 중 진짜와 가장 가까운 것은 검증된^{verified} 가짜 객체다. 검증된 가짜 객체는 단순화될 때도 많지만 테스트 대상이 아닌 시스템의 인터페이스를 완전히 구현한다. 또한 덜 효율적으로 구현되기도 하며 외부 시스템에는 영향을 미치지 않게 제한되기도 한다. '검증된'이라고 한 것은 가짜 객체가 스스로를 검증하기 위한 테스트를 갖고 있기 때문이다.

검증된 가짜 객체의 예로는 SQLite를 파일 기반이 아닌 인메모리$^{in\ memory}$ 데이터베이스로 사용하는 것을 들 수 있다. SQLite는 자신에 대한 테스트를 포함하고 있으므로 검증된 가짜 객체로 볼 수 있다. SQLite는 인메모리로 작동할 때도 파일 기반으로 동작할 때와 같게 작동함을 확신할 수 있다.

검증된 가짜 객체 아래에는 그냥 가짜 객체가 있다. 가짜 객체는 인터페이스를 구현하기는 하지만 테스트 대상 코드가 단순하거나 테스트에 공들일 가치가 작을 때에는 종종 기초적인 형태에 머무르기도 한다.

예를 들어 subprocess.Popen과 같은 인터페이스를 제공하는 가짜 객체를 만들 수 있을 것이다. 다만 가짜 객체는 프로세스를 실행하지는 않는다. 대신 프로세스를 시뮬레이트^{simulate}해 표준 입력을 처리하고 사전에 준비된 내용으로 표준 출력을 출력하며, 미리 정한 종료 상태 코드를 반환한다.

이 객체가 충분히 단순할 때는 스텁이라고 부르곤 한다. 스텁은 간단한 객체로, 로직은 거의 포함하지 않으며 사전에 지정된 내용만을 반환하고 항상 같은 입력에 같은 출력을 제공한다. 스텁은 만들기 아주 쉽지만 다양한 상황을 테스트하기에는 제한이 있다.

인스펙터^{inspector} 또는 스파이^{spy}는 호출을 모니터링하는 용도로 테스트 더블과 함께 사용하는 객체를 말한다. 함수가 하는 일이 특정한 값으로 메서드를 호출하는 것일 경우를 생각해보자. 이때 인스펙터는 해당 호출을 기록하고 값과 호출이 정당한지 어써트^{assert}하는 용도로 쓸 수 있다.

목 객체는 인스펙터와 스텁 또는 가짜 객체를 함께 쓰는 것을 말한다. 스텁과

가짜 객체보다 많은 기능이 있으므로 종종 부작용을 만들기도 한다. 하지만 목 객체는 쉽고 빠르게 만들 수 있으므로 테스트 코드를 간단하게 만들고자 충분히 사용할 만하다.

5.3 파일 테스팅

파일 시스템은 유닉스 시스템에서 매우 중요한 부분이다. 모든 것이 파일이라는 슬로건은 최근의 운영체제에서 맞지 않는 부분도 있지만 여전히 파일 시스템은 운영체제의 핵심이다.

파일을 조작하는 코드를 테스트할 때는 파일 시스템이 가진 여러 특성을 충분히 고려해야 한다.

첫째로 파일 시스템은 견고하다^{robust}. 파일 시스템에 버그가 없는 것은 아니지만 상당히 드물고 마주치게 될 일은 거의 없다.

다음으로 파일 시스템은 빠르다. 소스가 묶인 tar 파일(tarball)을 해제하면 순식간에 많은 파일이 만들어진다. 이는 파일을 읽고 쓸 때 시스템 콜의 빠른 속도와 복잡한 캐시의 작동으로 이뤄진다.

또한 파일 시스템은 프랙탈적인 특징도 갖고 있다. 하위 디렉터리는 루트 디렉터리와 같은 체계를 지원한다.

마지막으로 파일 시스템에는 꽤 많은 인터페이스가 있다. 그중에는 파이썬에 내장된 것도 있다. 대표적으로 파이썬의 모듈 시스템은 직접 파일을 읽는다. 파일 시스템에 접근하고자 별도의 내장 래퍼를 가진 서드파티 C 라이브러리도 있으며, 또한 파이썬 내장 file 객체나 os.open 등 저수준 작동에 이르기까지 다양한 방법으로 파일을 열 수 있다.

5.3.1 하위 디렉터리 테스팅

파일을 조작하는 코드를 테스트하고자 가짜 객체나 파일 시스템을 모킹^{mocking}하는 것은 권장되지 않는다. 저수준의 파일 조작을 하는 함수를 테스트한다면 이런 접근을 고려해볼 만하다. 그러려면 유닉스 파일 체계의 상당 부분을 재구현해야 할 수도 있다. 하지만 얻는 것은 별로 없을 것이다. 대부분은 파일 시스템을 직접 쓰는 편이 낫다. 파일 시스템을 직접 쓰는 것은 빠르고 믿을 수 있으며, API에서 파일 시스템의 루트 경로를 바꾸는 것만 허용한다면 부작용 또한 거의 없다.

파일 조작 코드를 설계할 때는 기본값으로 최상위 루트(/)를 사용하더라도 루트 경로를 따로 전달받을 수 있게 하는 것이 좋다. 이러한 설계가 적용돼 있으면 임시 디렉터리를 별도로 만들어 쉽게 테스트할 수 있다. 임시 디렉터리를 적절하게 생성하고, 코드에서 사용하고, 테스트가 끝난 후 정리하면 된다.

tox 러너를 사용한다면 설정을 통해 파이썬의 `tempfile` 모듈이 임시 디렉터리를 만들 때 tox의 내장 임시 디렉터리를 사용하게 할 수 있다. 이는 운영체제의 파일 시스템을 깔끔하게 만들어주며 버전 관리 시스템에도 영향을 덜 끼친다.

```
[tox]
skipsdist = True
[testenv]
setenv =
    TMPDIR = {envtmpdir}
commands =
    python -c \
        'import os,sys;os.makedirs(sys.argv[1], exist_ok=True)' \
        {envtmpdir}
    # 테스트 명령이 이곳에 위치함.
    python -c \
        'import os,sys;print(os.stat(sys.argv[1]))' \
        {envtmpdir}
```

임시 디렉터리를 만드는 것은 파이썬의 **tempfile**이 실제 디렉터리를 가리킬 때 환경 변수를 사용하기 때문에 중요하다. 어떤 버전의 **tox**는 디렉터리를 자동으로 생성하기도 하지만 아닌 때도 있다. 안정적으로 작업하고자 임시 디렉터리가 존재하는지 미리 확인하자.

예를 들어 다음의 코드는 .js 파일을 찾고 그것을 .py로 바꾸는 함수다.

```python
def javascript_to_python_1(dirname):
    for fname in os.listdir(dirname):
        if fname.endswith('.js'):
            os.rename(fname, fname[:-3] + '.py')
```

함수는 파일 목록을 가져오고자 **os.listdir**을 호출하고 **os.rename**으로 파일명을 변경한다.

```python
def javascript_to_python_2(dirname):
    for fname in glob.glob(os.path.join(dirname, "*.js")):
        os.rename(fname, fname[:-3] + '.py')
```

같은 기능을 하는 이 함수는 글로브^glob를 활용해 **glob.glob** 함수로 파일명을 패턴으로 찾아온다.

```python
def javascript_to_python_3(dirname):
    for path in pathlib.Path(dirname).iterdir():
        if path.suffix == '.js':
            path.rename(path.parent.joinpath(path.stem + '.py'))
```

이 함수는 디렉터리를 탐색하고 파일을 찾고자 파이썬 3부터 도입된 **pathlib** 모듈을 사용한다. 테스트 대상이 되는 실제 함수는 어떤 구현을 사용할지 모른다고 가정해보자.[1]

---

1. 저자는 계약을 테스트해야 함을 강조하고자 임의의 구현을 사용하도록 코드를 작성했다. – 옮긴이

```
def javascript_to_python(dirname):
    return random.choice([javascript_to_python_1,
                          javascript_to_python_2,
                          javascript_to_python_3])(dirname)
```

어떤 구현을 사용할지 모르기 때문에 함수의 계약 내용을 테스트해야 한다.

다음으로 테스트 작성을 쉽게 하고자 도우미 코드를 정의한다. 실제 프로젝트라면 별도의 모듈로 분리하고 helpers_for_tests라는 이름을 주었을 것이다. 이 모듈 또한 스스로를 테스트하는 단위 테스트를 갖고 있어야 할 것이다.

먼저 임시 디렉터리를 위해 콘텍스트 매니저를 만들었다. 콘텍스트 매니저는 사용이 끝난 임시 디렉터리를 정리할 것이다.

```
@contextlib.contextmanager
def get_temp_dir():
    temp_dir = tempfile.mkdtemp()
    try:
        yield temp_dir
    finally:
        shutil.rmtree(temp_dir)
```

테스트를 하려면 파일이 여러 개 있어야 할 것이다. 파일의 내용은 상관이 없으므로 다음과 같은 함수를 정의했다.

```
def touch(fname, content=''):
    with open(fname, 'a') as fpin:
        fpin.write(content)
```

앞에서 만든 도우미 함수를 활용해 테스트 코드를 작성했다.

```
def test_javascript_to_python_simple():
```

```
with get_temp_dir() as temp_dir:
    touch(os.path.join(temp_dir, 'foo.js'))
    touch(os.path.join(temp_dir, 'bar.py'))
    touch(os.path.join(temp_dir, 'baz.txt'))
    javascript_to_python(temp_dir)
    assert_that(set(os.listdir(temp_dir)),
                is_({'foo.py', 'bar.py', 'baz.txt'}))
```

실제 프로젝트라면 더 많은 테스트를 작성해야 할 것이고 get_temp_dir이나 touch와 같은 도우미 함수가 많이 사용될 것이다.

특정한 경로를 확인하는 함수를 만든다면 경로를 상대 경로로 바꾸고자 인자를 받게 할 수 있다.

예를 들어 데비안의 설치 경로를 분석해 패키지를 다운로드하는 모든 출처를 반환하는 함수를 만든다고 해보자.

```
def _analyze_debian_paths_from_file(fpin):
    for line in fpin:
        line = line.strip()
        if not line:
            continue
        line = line.split('#', 1)[0]
        parts = line.split()
        if parts[0] != 'deb':
            continue
        if parts[1][0] == '[':
            del parts[1]
        parsed = hyperlink.URL.from_text(parts[1].decode('ascii'))
        yield parsed.host
```

쉽게 생각하면 _analyze_debian_paths_from_file 함수를 직접 테스트할 것이다. 하지만 이는 내부에서만 사용하는 함수이고 계약하는 것이 없다. 세부 구현

은 파일을 읽고 그 안의 모든 문자열을 스캔하게 하거나 함수를 분해해 상위
함수에서 루프를 처리하는 것으로 바뀔 수도 있다.

이때 테스트할 필요가 있는 것은 공개 API다.

```python
def analyze_debian_paths():
    for fname in os.listdir('/etc/apt/sources.list.d'):
        with open(os.path.join('/etc/apt/sources.list.d', fname)) as fpin:
            yield from _analyze_debian_paths_from_file(fpin)
```

하지만 루트 권한이 없다면 /etc/apt/sources.list.d 디렉터리에 접근할 수 없을
것이다. 루트 권한이 있더라도 테스트를 할 때마다 중요한 정보가 담긴 디렉터
리에 접근하는 것은 위험할 수 있다. 추가로 상당수의 CI/CD 시스템은 여러
이유로 루트 권한으로 실행하는 것을 추천하지 않는다(더 많은 문제가 생길 수 있다).

대신 함수를 좀 더 일반화하는 것이 좋다. 테스트가 용이하도록 함수의 공개
API를 확장하는 것이다. 물론 이는 트레이드오프가 있다.

하지만 변경하는 부분은 작다. 함수가 그저 디렉터리를 인자로 받게 하면 되기
때문이다. 그 결과 테스트 요구 사항을 쉽게 처리할 수 있으며 테스트가 내부
구현을 노출하는 것을 피할 수 있다.

```python
def analyze_debian_paths(relative_to='/'):
    sources_dir = os.path.join(relative_to, 'etc/apt/sources.list.d')
    for fname in os.listdir(sources_dir):
        with open(os.path.join(sources_dir, fname)) as fpin:
            yield from _analyze_debian_paths_from_file(fpin)
```

기존에 만든 도우미 함수를 사용해 쉽게 테스트를 작성할 수 있다.

```python
def test_analyze_debian_paths():
    with get_temp_dir() as root:
```

```
        touch(os.path.join(root, 'foo.list'),
              content='deb http://foo.example.com\n')
        ret = list(analyze_debian_paths(relative_to=root))
        assert(ret, equals_to(['foo.example.com']))
```

다시 강조하자면 실제 프로젝트라면 하나의 테스트만 작성하지 않으며, 더 많은 케이스를 다뤄 좀 더 안정된 코드를 만들 것이다. 그 때에도 예제에서 다룬 것과 같은 테크닉을 사용할 수 있다.

특정한 경로에 접근하는 함수에 relative_to 매개변수를 두는 것은 좋은 습관이라고 할 수 있다.

5.3.2 eatmydata로 테스트를 더 빠르게

유닉스 운영체제는 디스크에 기록을 효율적으로 하고자 여러 노력을 한다. 디스크에 기록할 데이터를 받으면 성능에 미치는 영향을 최소화하는 최적화 과정을 거친다. 하지만 이런 방식에는 단점도 있다. 과정 중에 운영체제에 문제가 생기면 데이터가 유실될 수 있기 때문이다.

어떤 애플리케이션은 이러한 리스크를 감당할 수 없을 때도 있다. 이런 경우에는 대기 중인 데이터가 기록되게 강제하는 방법을 사용하기도 한다. 이 동작을 동기화synchronize라고 부른다.

동기화와 관련된 시스템 콜이 여럿 있다. 대표적으로 fsync가 있으며, 파이썬 os 모듈에 os.fsync()로 들어있다. 이런 시스템 콜은 정확성correctness을 위해 성능을 희생한다. 필요한 경우에는 충분히 할 만한 선택이다. 하지만 테스트 상황에서 운영체제에 문제가 생긴다면 결과 또한 신뢰할 수 없는 것이 되므로 보통 테스트를 재실행하게 된다.

따라서 os.fsync()를 사용하는 코드를 테스트할 때는 해당 기능을 꺼두는 것이 좋을 수 있다. 절반만 처리된 데이터는 쓸모가 없기 때문이다.

libeatmydata 라이브러리와 eatmydata 프로그램은 다른 프로그램 내의 동기화 기능을 끄기 위한 도구다. 파이썬에서만 해당하는 것은 아니며 테스트 대상 코드가 사용하는 C 라이브러리에도 작동한다.

eatmydata가 쓸모 있으려면 반드시 코드에 fsync가 있어야 한다. 다음 예제 코드를 보자.

```python
last = datetime.datetime.now()
with open("foo.txt", "w") as fpout:
    for i in range(1, 101):
        fpout.write("X")
        fpout.flush()
        os.fsync(fpout.fileno())
        if i % 10 == 0:
            current = datetime.datetime.now()
            print("Done", i, round((current-last).total_seconds(), 2))
            last = current
```

이 코드는 그저 100바이트의 데이터를 파일에 쓰는데, 아주 비효율적인 방식이다. 최근의 컴퓨터에서 실행하면 다음과 같은 결과를 볼 것이다.

```
$ python write_stuff.py
Done 10 0.35
Done 20 0.34
Done 30 0.34
Done 40 0.34
Done 50 1.41
Done 60 0.34
Done 70 0.44
Done 80 0.46
Done 90 1.27
Done 100 0.46
```

여러 번의 반복 중 가장 빠른 경우에서도 10바이트를 쓰는 데 0.3초 가량이 걸린다. fsync()는 느리다고 하긴 어렵지만 속도에 변동성이 있다. 가장 나쁜 결과는 약 1.41초 가량이 걸렸다.

eatmydata는 얼마나 빨리 동작할까?

```
$ eatmydata python write_stuff.py
Done 10 0.0
Done 20 0.0
Done 30 0.0
Done 40 0.0
Done 50 0.0
Done 60 0.0
Done 70 0.0
Done 80 0.0
Done 90 0.0
Done 100 0.0
```

너무 빨리 처리돼 시간이 거의 0으로 나타난다. 시간 표시에 내림 처리를 하지 않으면 4.2e-05로 표시되며 fsync()가 적용될 때보다 약 8천 배 빠르다.

물론 이 예제 코드는 fsync()가 작동하는 좋지 않은 경우를 보여주고자 작성했다. 이만큼 빨라지는 것을 보기란 쉽지 않다.

tox 테스트 환경에서도 eatmydata를 사용할 수 있다. tox로 설정한다면 다음과 같이 한다.

```
[testenv]
allowlist_externals = eatmydata
commands =
    eatmydata python write_stuff.py
```

allowlist_externals 설정에 eatmydata를 추가해야 정상 작동한다.

주의할 것은 집필 시점에 **tox**는 가상 환경 외부에서 명령을 실행하거나 외부 명령을 명시적으로 허용하는 것을 권고하지 않고 있다는 점이다. 향후 버전에서는 중단될 수 있다.

tox와 함께 *eatmydata*를 사용하는 다른 방법은 내부 작동 방식을 이용하는 것이다.

fsync()를 비활성화하는 것은 운영체제가 프로그램을 실행하는 방식과 관계있다. 대부분의 프로그램은 라이브러리와 동적으로 연결$^{dynamic\ linking}$된다. 즉, fsync()와 같은 표준 C 라이브러리를 컴파일 시점이 아닌 프로그램이 실행되는 시점에 찾는다는 뜻이다.

LD_PRELOAD 변수가 설정되면 동적 링커$^{dynamic\ linker}$는 실제 라이브러리를 불러오기 전에 변수가 가리키는 동적 라이브러리를 먼저 로딩한다. 이는 표준 C 라이브러리를 포함해 명시적으로 연결된 라이브러리가 LD_PRELOAD가 가리키는 라이브러리에 있는 함수로 오버라이드됨을 의미한다.

eatmydata 프로그램은 LD_PRELOAD 변수에 libeatmydata.so를 설정한 뒤 명령을 실행한다. 이 부분을 설정에 추가한다면 **tox**는 eatmydata 실행 파일과 유사하게 동작할 수 있다.

```
[testenv]
setenv =
    LD_PRELOAD = libeatmydata.so
commands =
    python write_stuff.py
```

이런 설정 방법은 여러모로 유용하게 쓸 수 있다. 환경 변수는 조건에 따라 쉽게 끄고 켤 수 있다. 이를 활용하면 어떤 환경(eatmydata를 쓸 수 없는 환경)에서는 명령을 있는 그대로 실행하고 다른 환경에서는 활성화하게 할 수 있다.

5.3.3 tmpfs로 테스트를 빠르게

tmpfs는 인메모리 파일 시스템이다. 즉, 이 파일 시스템은 마운트됐을 때 하드 드라이브를 사용하지 않는다. 운영체제가 재부팅되거나 크래시^{crash}되면 tmpfs의 모든 파일은 사라진다.

tmpfs를 마운트하는 방법 중 하나는 컨테이너를 사용하는 것이다. 많은 CI/CD 시스템은 컨테이너 안에서 빌드와 테스트를 실행한다.

컨테이너에 tmpfs를 마운트하는 정확한 절차는 컨테이너가 어떻게 실행되고 있는지에 따라 다를 수 있다. 쿠버네티스^{Kubernetes}에서는 emptyDir.medium 값이 memory로 설정된 emptyDir 볼륨을 사용하면 된다. 도커나 nerdctl로 컨테이너를 실행하고 있다면 --tmpfs <마운트할 디렉터리> 인자로 설정할 수 있다.

컨테이너의 /app/tmpdir 디렉터리에 tmpfs가 마운트돼 있다고 해보자. 파일에 쓰기 동작이 포함된 (특히 fsync를 많이 사용하는) 테스트를 빠르게 하려면 /app/tmpdir 경로에 파일을 만들게 하면 된다.

어떻게 작동하는지 보고자 앞서 나온 예제 코드를 조금 수정해보자. 기존 예제 코드는 현재 디렉터리에 foo.txt 파일을 만든다. 다음의 코드는 일반적인 상황에 맞게 수정한 것이다.

```python
def write_to_file(fname):
    last = datetime.datetime.now()
    with open(fname, "w") as fpout:
        for i in range(1, 101):
            fpout.write("X")
            fpout.flush()
            os.fsync(fpout.fileno())
            if i % 10 == 0:
                current = datetime.datetime.now()
                print("Done", i, round((current-last).total_seconds(), 2))
                last = current
```

이런 형식의 코드를 테스트하는 일반적인 방법은 tempfile 모듈을 사용하는 것이다. 임시 파일은 테스트 용도로 쓰기에 적합하다.

```python
def test_writer():
    with tempfile.NamedTemporaryFile() as fp:
        write_stuff.write_to_file(fp.name)
        data = fp.read()
    raise ValueError(len(data))
```

결과를 좀 더 자세히 보고자 테스트는 의도적으로 실패하게 만들었다. 마지막 줄의 raise는 테스트 결과를 자세히 볼 수 있게 해준다. pytest가 디버깅 정보를 추가로 출력하기 때문이다.

종종 임시 파일이 .tox 디렉터리에 만들어지도록 tox.ini에 설정하기도 한다. 코드가 실행 도중에 중단되더라도 tox가 테스트 실행 간에 임시 디렉터리를 정리하기 때문이다.

```ini
[testenv]
deps = pytest
setenv =
    TEMP = {envtmpdir}
commands =
    pytest test_write_stuff.py
```

tox가 테스트를 실행하는 데 시간이 조금 걸린다.

```
$ tox
...
test_write_stuff.py F [100%]
============================== FAILURES==================================
_____ test_writer _____
    def test_writer():
```

```
        with tempfile.NamedTemporaryFile() as fp:
            write_stuff.write_to_file(fp.name)
            data = fp.read()
>           raise ValueError(len(data))
E           ValueError: 100

test_write_stuff.py:9: ValueError
--------------------------- Captured stdout call ---------------------------
Done 10 0.54

Done 20 1.27

Done 30 0.5

Done 40 0.46

Done 60 0.76

Done 70 0.56

Done 80 1.37

Done 90 0.59

Done 100 1.32

...
```

기존 결과와 마찬가지로 fsync()를 많이 사용하게 되면 실행에 오랜 시간이 걸린다.

tmpfs를 /app/tmpdir에 마운트하고 tempfile 모듈이 해당 디렉터리를 사용하게 설정할 수 있다. 이 방법은 tempfile이 환경 변수를 참조하는 순서를 이용한다. tempfile 모듈은 TMPDIR 환경 변수를 우선 참조한다.

```
$ TMPDIR=/app/tmpdir tox
...
test_write_stuff.py F [100%]
================================ FAILURES ================================
_____ test_writer _____

    def test_writer():
        with tempfile.NamedTemporaryFile() as fp:
            write_stuff.write_to_file(fp.name)
            data = fp.read()
```

```
>       raise ValueError(len(data))
E       ValueError: 100

test_write_stuff.py:9: ValueError
------------------------- Captured stdout call -------------------------
Done 10 0.0
Done 20 0.0
Done 30 0.0
Done 40 0.0
Done 50 0.0
Done 60 0.0
Done 70 0.0
Done 80 0.0
Done 90 0.0
Done 100 0.0
...
```

eatmydata에서처럼 fsync() 시스템 콜을 가로채지는 않았지만 속도는 크게 향상된다. tmpfs 파일 시스템은 메모리에서만 작동하므로 fsync()가 개입할 부분이 없다.

5.4 프로세스 테스팅

프로세스를 조작하는 코드를 테스트하는 것은 복잡하고 트레이드오프를 해야할 때도 많다. 실행 중인 프로세스는 운영체제와 많은 접점을 갖고 있다. 4장에서 프로세스를 추상화해주는 subprocess 모듈을 다뤘지만 os.spawn* 함수나 os.fork, os.exec* 함수로 직접 프로세스를 제어할 수도 있다. 마찬가지로 프로세스에 표준 입출력력을 연결하는 방법도 여러 가지가 있다. Popen이 제공하는 추상화를 쓰거나 os.pipe, os.dup를 사용해 파일 디스크립터^{file descriptor}를 직접 제어할 수 있다.

프로세스를 다루는 코드는 깨지기 쉬운 특징도 있다. 외부 명령을 실행하는 것은 해당 명령의 행동에 영향을 받는다. 게다가 **프로세스 간 통신**[IPC, Inter Process Communication]은 태생적으로 동시성의 특정을 갖고 있다. 이런 점 때문에 순서대로 실행되는 것을 가정한 테스트는 상황에 따라 실패할 수 있다. 잘 실행되다가도 예측할 수 없는 오류가 발생하는 신뢰하기 어려운 테스트를 만들게 된다.

순서에 대한 가정은 개발 환경이나 부하가 적을 때는 합리적일 수 있다. 하지만 운영 시스템, 혹은 운영 시스템 중에서도 특정 조건에서만 발생하는 오류는 누구도 원치 않을 것이다.

이런 이유로 프로세스를 다루는 이번 장에서는 동시성을 줄이고 직렬화하는 부분에 집중하고자 한다. 프로세스를 다루는 코드는 안정적으로 테스트할 수 있도록 세심하게 설계할 필요가 있다. 설계는 코드가 단순하고 신뢰할 수 있도록 작동하게 해야 한다.

코드가 특수한 매개변수 없이 subprocess.run 함수만 사용한다면 단순한 형태의 의존성 주입 패턴을 적용함으로써 쉽게 테스트할 수 있게 만들 수 있다. 이때 의존성 주입은 매개변수를 함수에 전달하는 역할만 한다.

다음 예제 코드를 보자.

```python
def error_lines(container_name):
    ret_value = subprocess.run(
        ["docker", "logs", container_name],
        capture_output=True,
        text=True,
        check=True,
    )
    for line in ret_value.stdout.splitlines():
        if 'error' in line:
            yield line
```

이 함수는 안정적으로 테스트하기 어렵다. 고급 패치advanced patching를 적용함으로써 subprocess.run을 대체할 수 있지만, 에러를 유발하기 쉽고 구현의 세부 사항에 의존한다. 대신 의존성 주입을 적용하면 명시적으로 구현의 세부 사항을 계약의 일부로 끌어올릴 수 있다.

```python
def error_lines(runner, container_name):
    ret_value = runner(
        ["docker", "logs", container_name],
    )
    for line in ret_value.stdout.splitlines():
        if 'error' in line:
            yield line
```

runner를 인터페이스의 일부로 만들어 테스트를 쉽게 바꿨다. 작은 변경이지만 큰 효과를 누릴 수 있다. 예제 코드의 error_lines 함수는 인터페이스를 통해 실행 중인 프로세스로 대상을 제한했다고 볼 수 있다.

개선된 코드는 unittest.mock을 사용해 테스트할 수 있다.

```python
def test_error_lines():
    runner = mock.MagicMock()
    runner.return_value.stdout = textwrap.dedent("""\
    hello
    error: 5 is not 6
    goodbye
    """)
    lines = list(error_lines(runner, "cool-container"))
    assert lines == ["error: 5 is not 6"]
    args, kwargs = runner.call_args
    assert kwargs == {}
    assert len(args) == 1
    [single_arg] = args
    assert single_arg == ["docker", "logs", "cool-container"]
```

```
assert_that(lines, is_(["error: 5 is not 6"]))
```

textwrap.dedent() 함수는 테스트에서 여러 줄의 문자열을 만들어야 할 때 쓰기 좋다. 이 함수는 코드를 보기 좋게 만들고 값을 바꾸지 않고도 파이썬의 들여쓰기 규칙을 만족하게 해준다.

테스트 코드는 계약을 확인하는 것에만 국한되지 않는다. error_lines는 docker logs -- <컨테이너 이름>과 같은 명령을 실행하는 데도 쓸 수 있다.

테스트를 이처럼 만들면 테스트가 실제 상황을 충분히 모사할 수 있을 때까지 코드를 점진적으로 개선할 수 있다.

예를 들어 -- 인자 구분자argument separator를 지원하고자 테스트를 다음과 같이 변경할 수 있다.

```python
def test_error_lines():
    runner = mock.MagicMock()
    runner.return_value.stdout = textwrap.dedent("""\
    hello
    error: 5 is not 6
    goodbye
    """)
    lines = list(error_lines(runner, "cool-container"))
    assert lines == ["error: 5 is not 6"]
    args, kwargs = runner.call_args
    assert kwargs == {}
    assert len(args) == 1
    [single_arg] = args
    command, rest = single_arg[:2], single_arg[2:]
    assert command == ["docker", "logs"]
    if rest[0] == "--":
        del rest[0]
    assert rest == ["cool-container"]
```

이 테스트는 기존의 **error_lines**와도, 변경 후의 코드에서도 잘 작동한다. 도커의 모든 동작을 에뮬레이트^{emulating}하는 것은 현실적이지도 않고 그럴 필요도 없다. 하지만 테스트를 이러한 방식으로 접근하면 단점을 만들지 않으면서 테스트의 정확도를 높일 수 있다.

코드의 상당 부분이 도커와 같은 다른 소프트웨어와 인터페이스한다면 미니 도커^{mini-docker}와 같은 에뮬레이터를 사용해 테스트할 수 있다. 실행 중인 프로세스를 테스트하는 데 에뮬레이터와 같은 고차원의 추상화를 사용하면 테스트 작성에 많은 도움이 된다.

프로세스는 테스트하기 매우 어려우므로 프로세스 실행은 꼭 필요한 때에만 사용하는 것이 좋다. 특히 셸 스크립트를 파이썬으로 전환^{porting}하는 상황에서 파이프로 연결된 긴 명령은 메모리상에서 하는 데이터 처리로 바꾸는 것이 좋다.

명령을 코드로 분해^{factoring}할 때는 데이터 처리를 가급적 단순하고 순수 함수로 작성하는 것이 코드를 테스트하기 쉽게 만드는 방법이다.

파이프로 여러 명령을 연결한 다음 예제 코드를 보자.

```
ps aux | grep conky | grep -v grep | awk '{print $2}' | xargs kill
```

이 명령은 이름에 conky를 포함하고 있는 모든 프로세스를 종료^{kill}시킨다.

코드를 다음과 같이 만들면 테스트가 쉬워진다.

```
def get_pids(lines):
    for line in lines:
        if 'conky' not in line:
            continue
        parts = line.split()
        pid_part = parts[1]
```

```
        pid = int(pid_part)
        yield pid

def ps_aux(runner):
    ret_value = runner(["ps", "aux"])
    return ret_value.stdout.splitlines()

def kill(pids, *, killer):
    for pid in pids:
        killer(pid, signal.SIGTERM)

def main():
    runner = functools.partial(
        subprocess.run,
        capture_output=True,
        text=True,
        check=True,
    )
    killer = os.kill
    kill(get_pid(ps_aux(runner)), killer=killer)
```

get_pids는 가장 복잡한 코드지만 순수 함수다. 대부분의 발생할 수 있는 버그도 이 함수에 있을 것이다. 순수 함수이므로 어렵지 않게 여러 가지 단위 테스트를 만들어 버그를 찾아낼 수 있을 것이다.

단위 테스트하기 어려운 코드는 runner 인자로 의존성 주입이 적용된 ps_aux일 것이다. 하지만 코드가 단순하므로 많은 테스트가 필요하지 않을 것이다.

주요 로직은 데이터를 처리하는 함수에 있다. 테스트하려면 데이터를 전달하고 반환값을 확인하면 된다.

예제 코드와 같은 변경은 잠재적 버그를 운영체제와 같은 시스템 연관 코드에서 순수한 로직pure logic으로 옮긴다. 시스템 연관 코드를 테스트하는 것보다는 함수에 순수한 로직만 있는 쪽이 쉽다.

물론 이것이 버그를 줄이는 것은 아니다. 대신 단위 테스트를 쉽게 만들어 버그를 찾기 편하게 해준다. 결과적으로 단위 테스트를 작성하고 통과하게 하는 것은 운영에 배포될 코드에 결함을 줄일 것이다.

subprocess.run의 input 인자를 사용하면 대부분의 프로세스 조작 코드를 이처럼 만들 수 있다.

예를 들어 다음 코드는 커밋을 만들고 커밋 메시지가 알맞은지 체크한다. 이 예제 코드는 git 디렉터리에서 실행될 것을 가정하고 있다.

```python
def empty_hello_commit(runner):
    runner(
        ["git", "commit", "--allow-empty", "-F", "-"],
        input="hello world\n",
    )
    ret_value = runner(
        ["git", "log", "-n", "1"],
        capture_output=True,
        text=True,
        check=True,
    )
    lines = iter(ret_value.stdout.splitlines())
    for line in lines:
        if line == "":
            break
    if next(lines).strip() != "hello world":
        raise ValueError("commit failed", ret_value.stdout)
```

git commit -m 명령으로 하는 것이 쉬울 수 있지만 표준 입력을 명령으로 어떻게 전달하는지 보여주려고 이처럼 코드를 만들었다. 예제 코드의 git commit -F - 부분은 표준 입력을 커밋 메시지로 사용한다.

이 함수를 사용하는 모습은 다음과 같을 것이다.

```
runner = functools.partial(subprocess.run,
    capture_output=True,
    text=True,
    check=True,
)
empty_hello_commit(runner)
```

empty_hello_commit 함수는 앞서 나온 방식대로 runner 인자를 사용해 어렵지 않게 테스트할 수 있을 것이다.

5.5 네트워크 테스팅

소켓과 같은 저수준 API를 사용해 네트워크 프로그래밍을 할 때는 테스트하기 쉬운 방식으로 코드를 작성하는 편이 좋다. 소켓 객체의 생성과 사용은 분리할 수 있기 때문에 소켓은 외부에서 생성하고 관련 함수에는 소켓을 인자로 받게 하면 테스트에 많은 도움이 된다.

극단적인 상황에서도 코드가 작동하는지 확인하고자 상황을 시뮬레이트하려면 별도의 가짜 소켓 클래스를 만들어야 할 수도 있다. 다음 예제 코드에서는 이런 클래스를 만들 때 필요한 보일러플레이트를 줄이고자 attrs 라이브러리를 사용한다. pip install attrs로 패키지를 설치할 수 있을 것이다.

```
import attr

@attr.s
class FakeSimpleSocket:
    _chunk_size = attr.ib()
    _received = attr.ib(init=False, factory=list)
    _to_send = attr.ib()

    def connect(self, addr):
```

```
            pass

    def send(self, blob):
        actually_sent = blob[:self._chunk_size]
        self._received.append(actually_sent)
        return len(actually_sent)

    def recv(self, max_size):
        chunk_size = min(max_size, self._chunk_size)
        received, self._to_send = (self._to_send[:chunk_size],
                                   self._to_send[chunk_size:])
        return received
```

이 가짜 소켓 객체는 청크chunk의 크기를 제어할 수 있게 만들었다. 극단적인 테스트라면 청크 크기를 1로 설정할 수 있을 것이다. 이 경우 한 번에 한 바이트 씩만 주고받는 상황이 된다. 물론 이런 상황이 실제로 발생할 일은 거의 없을 것이다. 하지만 단위 테스트를 통해 극단적인 상황도 시뮬레이트해볼 수 있다.

이 가짜 소켓은 네트워크 코드를 테스트할 때도 유용하게 쓸 수 있다. HTTP GET 요청을 처리하는 다음 예제 코드를 보자.

```
import json

def get_get(sock):
    sock.connect(('httpbin.org', 80))
    sock.send(b'GET /get HTTP/1.0\r\nHost: httpbin.org\r\n\r\n')
    res = sock.recv(1024)
    return json.loads(res.decode('ascii').split('\r\n\r\n', 1)[1])

if __name__ == '__main__':
    # 연습용 샘플 코드 get_get
    import socket
    print(get_get(socket.socket()))
```

예제 코드에는 찾기 어려운 버그가 포함돼 있다(sock.recv(1024) 부분). 앞에서 만든 가짜 소켓을 이용하면 버그를 쉽게 찾아낼 수 있다.

```python
def test_get_get():
    result = dict(url='http://httpbin.org/get')
    headers = b'HTTP/1.0 200 OK\r\nContent-Type: application/json\r\n\r\n'
    output = headers + json.dumps(result).encode("ascii")
    fake_sock = FakeSimpleSocket(to_send=output, chunk_size=1)
    value = get_get(fake_sock)
    assert_that(value, is_(result))
```

테스트는 실패할 것이다. 예제 코드의 **get_get** 함수는 정상적인 네트워크 상황을 가정하고 작성됐다. 하지만 테스트에서는 청크 크기(chunk_size)를 1로 설정해 아주 안 좋은 조건을 주었다. 청크 크기를 1024 이상으로 바꾼다면 테스트는 성공할 것이다.

반복문으로 청크 크기를 증가시켜가며 테스트해볼 수도 있다. 실제 테스트라면 보낸 데이터를 체크하거나 유효하지 않은 데이터를 보내 어떤 결과가 오는지 확인해볼 수 있을 것이다. 중요한 점은, 테스트 과정에서 어떠한 서버나 클라이언트도 구성할 필요가 없었고 좋지 않은 네트워크 상황을 쉽게 만들 수 있었다는 것이다.

5.6 HTTP 클라이언트 테스트

httpx를 웹 클라이언트로 사용하는 코드는 httpx.Client를 인자로 받게 하면 테스트하기 편해진다. httpx.Client를 통해 여러 네트워크 설정을 할 수 있는 장점도 있다.

httpbin.org를 사용하는 단순한 예제를 보자. /put 엔드포인트는 요청 받은 데이터를 data 매개변수에 넣어 응답한다. 함수는 앞서 말한 내용에 따라 httpx.

Client를 매개변수로 받게 했다.

```python
def put_httpbin(client):
    resp = client.put("https://httpbin.org/put", json=dict(a=1, b=2))
    resp.raise_for_status()
    resp_value = resp.json()
    print("debug", resp_value)
    data = json.loads(resp_value["data"])
    return data["a"] + data["b"]
```

httpbin.org에 문제가 없다면 코드는 항상 3을 반환한다. 쉽게 접근하면 다음과 같은 테스트를 작성할 것이다..

```python
def test_put_httpbin_real():
    with httpx.Client() as client:
        value = put_httpbin(client)
    assert value == 4
```

테스트는 반환값을 4와 비교하므로 실패한다. pytest를 사용하면 디버그 정보가 추가로 출력된다.

```
------------------------- test_put_httpbin_real -------------------------
    def test_put_httpbin_real():
        with httpx.Client() as client:
            value = put_httpbin(client)
>       assert value == 4
E       assert 3 == 4

httpbin_httpx.py:36: AssertionError
------------------------- Captured stdout call -------------------------
debug {'args': {}, 'data': '{"a": 1, "b": 2}', ...
```

알맞은 반환값인 3과 비교하면 테스트는 정상적으로 실행될 것이다. 실제 호스트인 httpbin.org로 테스트하는 것에는 몇 가지 문제가 있다.

우선 CI/CD 환경은 외부 인터넷 접속이 제한되기도 한다. 또한 httpbin.org가 작동하지 않을 수도 있다. 그리고 테스트를 너무 많이 실행하면(잦은 PR 등으로) 호스트에서 접속을 거부하게 될 수도 있다. 모두 안정적인 테스트에 방해된다.

httpx.Client가 프로세스 내부in process의 WSGIWeb Server Gateway Interface 애플리케이션을 대상으로 실행할 수 있는 점을 이용하면 이런 문제를 해결할 수 있다. 즉, WSGI를 지원하는 파이썬 웹 프레임워크를 사용해 로컬 에뮬레이션을 만드는 것이다.

다음 코드는 피라미드Pyramid를 사용해 간단한 WSGI 애플리케이션을 작성한 것이다. put_httpbin 코드를 테스트하기에는 충분하다.

```python
from pyramid import response, config

def return_put_data(request):
    data = request.body.decode("ascii")
    resp_value = json.dumps(dict(data=data)).encode("ascii")
    return response.Response(resp_value, content_type="application/json")

def make_app():
    with config.Configurator() as cfg:
        cfg.add_route('put', '/put')
        cfg.add_view(return_put_data, route_name='put')
        app = cfg.make_wsgi_app()
    return app
```

코드를 간략하게 만들고자 예제 코드는 실제 httpbin.org가 반환하는 args와 다른 정보를 생략했다.

이로써 클라이언트에서 원격 호스트를 호출하지 않고도 로컬 에뮬레이션을 대상으로 테스트를 할 수 있게 됐다.

```
def test_put_httpbin_fake():
    with httpx.Client(app=make_app()) as client:
        value = put_httpbin(client)
    assert value == 4
```

테스트 코드는 이전에 나온 **test_put_httpbin_real**과 거의 같다. 차이점은 **httpx.Client**를 생성할 때 **app** 인자를 전달한 것뿐이다. 이 인자는 모든 HTTP 호출이 해당 애플리케이션으로 전달되게 만든다.

테스트 코드를 실행하면 **real**과 마찬가지로 실패한다.

```
------------------------- test_put_httpbin_fake -------------------------
    def test_put_httpbin_fake():
        with httpx.Client(app=make_app()) as client:
            value = put_httpbin(client)
>       assert value == 4
E       assert 3 == 4

httpbin_httpx.py:30: AssertionError
------------------------- Captured stdout call -------------------------
debug {'data': '{"a": 1, "b": 2}'}
```

출력되는 디버그^{debug} 정보가 달라졌음을 주목하자. httpbin.org가 아닌 내부 프로세스의 WSGI 애플리케이션을 대상으로 테스트했기 때문이다.

이 테크닉을 사용하려면 클라이언트가 사용하는 서버의 API를 재구현^{reconstruct}해야 한다. 구현이 완벽할 필요는 없다. 다만 코드를 테스트할 수 있고 실제 서버가 제공하는 기능을 에뮬레이트할 수 있으면 충분하다.

Httpx.Client는 어떤 WSGI 애플리케이션도 수용하므로 플라스크^{Flask}, 피라미드, 장고^{Django} 등 대부분의 파이썬 웹 프레임워크를 사용해 서버 에뮬레이션을 만들 수 있다.

앞의 3가지 프레임워크 모두 문서화가 잘 돼 있으므로 쉽게 배워 테스트에 필요한 서버 에뮬레이션을 만들 수 있다. 그리고 한 번 배워두면 다른 이유로 HTTP 클라이언트 테스트를 작성할 때도 활용할 수 있을 것이다. 특히 웹 개발 등 다른 이유로 이미 파이썬 웹 프레임워크를 사용하는 팀에서 일한다면 많은 도움이 될 것이다.

## 6장

텍스트 조작

텍스트를 다루는 것은 자동화 개발에도 자주 필요한 일이다. 예를 들어 많은 프로그램은 텍스트 파일로 설정을 지원한다. 또한 텍스트는 입출력에도 많이 사용된다.

그렇기 때문에 자동화 작업의 많은 부분에도 텍스트 조작이 사용된다. sed, grep, awk와 같은 운영체제에 포함된 도구와 함께 파이썬도 텍스트를 다루는 아주 강력한 도구다.

6.1 바이트, 문자열, 유니코드

텍스트나 텍스트로 된 스트림을 다룰 때 외국어로 된 이름이나 이모지^{emoji}로 인해 코드가 이상하게 작동할 때도 있다. 과거에는 크게 걱정할 일이 아니었지만 서비스가 세계화되고 외국 사용자가 많아지며 이런 문제가 늘게 됐다. 어떤 개발자는 깃 커밋 메시지에 이모지를 넣기도 한다. 이런 성황에서 실패하지 않는 견고한 코드를 만들려면 텍스트가 가진 복잡한 특성을 이해해야 한다.

이모지가 들어간 계정명으로 로그인하려는 사용자 때문에 시스템에 장애가 발생하고 알림을 받아 새벽 3시에 깨어나는 상황을 피하려면 텍스트를 꼭 이해해야 한다.

파이썬 3에서는 텍스트 파일을 2가지 다른 방식으로 다룰 수 있다. 바이트와 문자열이다. 바이트는 8비트 스트림^{octet-stream}이라고도 불리며 8비트(또는 0부터 255의 숫자)로 해석할 수 있는 값의 연속이라고 볼 수 있다. 모든 값이 128 미만이라면 ASCII^{American Standard Code of Information Interchange}일 것이다. 값이 32부터 127까지라면 출력 가능한 ASCII 또는 ASCII 텍스트라고 볼 수 있다. 0부터 31까지의 값은 제어 문자^{control characters}로 쓰인다. 사실 키보드의 컨트롤키는 제어 문자를 입력하는 용도로 만들어졌다.

ASCII는 미국에서 사용하는 영문자만을 포함한다. 다른 언어의 문자를 위해서는 유니코드^{Unicode}가 있다. 유니코드는 0부터 2^{32}까지의 값을 코드 포인트[1]로 사용한다. 유니코드의 코드 포인트 각각은 지정된 의미가 있다. 또한 유니코드는 버전 체계가 있으며 새로운 버전은 과거 버전에 새로운 코드 포인트와 의미를 추가했다.

추가된 것 중 대표적으로 이모지가 있다. 유니코드는 국제표준기구^{ISO, the International Standards Organization}에서 10646 표준으로 비준했다. 따라서 유니코드는 ISO- 10646으로 불리기도 한다.

유니코드는 ASCII를 포함한다. 즉, ASCII에서 대문자 A에 사용하는 코드 포인트는 유니코드에서도 대문자 A를 뜻한다.

제대로 말하면 파이썬 문자열이 표시할 수 있는 텍스트는 유니코드뿐이다. 바이트를 문자열로 또는 그 반대로 하는 것은 인코딩을 통해 이뤄진다. 근래에 많이 사용하는 인코딩은 바로 UTF-8이다. 바이트를 텍스트로 변환하는 것을 디코딩^{decoding}, 텍스트를 바이트로 바꾸는 것을 인코딩^{encoding}이라고 한다.

텍스트를 다룰 때는 인코딩과 디코딩을 혼동해서는 안 된다. 다시 말하지만

---

1. 문자 집합의 문자에 대응되는 숫자 값 – 옮긴이

문자열을 UTF-8 바이트로 바꾸는 것을 인코딩, 반대로 UTF-8 바이트로 된 데이터를 문자열로 바꾸는 것을 디코딩이라고 한다.

UTF-8에는 흥미로운 특징이 하나 있다. 어떤 유니코드 문자열이 ASCII 문자로만 돼 있다면 코드 포인트의 값과 동일한 바이트를 만든다. 인코딩된 값과 디코딩된 값이 보기에 동일하다는 뜻이다.

```
>>> "hello".encode("utf-8")
b'hello'
>>> "hello".encode("utf-16")
b'\xff\xfeh\x00e\x00l\x00l\x00o\x00'
```

UTF-16은 다른 형태로 나타난다. UTF-8의 또 다른 특성은 바이트가 ASCII가 아니지만 UTF-8으로 디코딩이 성공했다면 다른 인코딩이 사용되지 않았다고 확신할 수 있다는 점이다. UTF-8은 자기 동기화self-synchronizing할 수 있게 설계됐다. 일부의 바이트만 확인해도 문자의 시작 위치를 찾아 동기화할 수 있다. 자기 동기화는 데이터 끊김이나 변형corruption에서 복구하고자 설계됐지만 안정적으로 잘못된 문자를 찾아내 문자열이 UTF-8인지 감지하는 추가적인 이점도 제공한다.

따라서 UTF-8으로 디코딩을 시도하는 것은 안전하다고 할 수 있다. ASCII로만 된 텍스트도 정상적으로 읽을 수 있으며 UTF-8도 마찬가지일 것이다. 둘 다 아니라면 깔끔하게 실패할 것이다.

파이썬에서 '깔끔하게 실패'한다는 것은 예외의 발생을 의미한다.

```
>>> snowman = '\N{snowman}'
>>> snowman.encode('utf-16').decode('utf-8')
Traceback (most recent call last):
    File "<stdin>", line 1, in <module>
UnicodeDecodeError: 'utf-8' codec can't decode byte 0xff in position 0:
```

```
invalid start byte
```

임의의 바이트 데이터를 디코딩하는 경우에도 마찬가지다.

```
>>> struct.pack('B'*12,
                *(random.randrange(0, 256)
                  for i in range(12))
).decode('utf-8')
```

랜덤 값을 사용하므로 아래의 결과와 다를 순 있지만 유사한 예외가 발생할 것이다.

```
UnicodeDecodeError: 'utf-8' codec can't decode byte 0xe2 in position 4:invalid
continuation byte
UnicodeDecodeError: 'utf-8' codec can't decode byte 0x98 in position 2:invalid
start byte
```

몇 번 실행하다 보면 재미있는 일이 생기기도 한다. 예외가 발생하지 않을 때도 있기 때문이다.

6.2 문자열

파이썬의 문자열 객체는 단순하지 않다. 단순히 생각하면 문자열이란 문자의 시퀀스^{sequence}이며, 문자란 길이가 1인 문자열이다.

```
>>> a="hello"
>>> for i, x in enumerate(a):
... print(i, x, len(x))
...
0 h 1
```

```
1 e 1
2 l 1
3 l 1
4 o 1
```

hello 문자열은 5개의 요소가 있으며 각각은 길이가 1인 문자열이다. 문자열도 시퀀스이므로 리스트와 튜플 같은 다른 시퀀스 타입처럼 다룰 수 있다.

우선 슬라이스 연산을 할 수 있다.

```
>>> a[2:4]
'll'
```

끝자리만 지정하는 것도 가능하다.

```
>>> a[:2]
'he'
```

시작 자리만 지정해도 된다.

```
>>> a[3:]
'lo'
```

음수 인덱스도 마찬가지로 동작한다.

```
>>> a[:-3]
'he'
```

문자열을 뒤집는 것도 쉽게 할 수 있다.

```
>>> a[::-1]
```

```
'olleh'
```

문자열에는 시퀀스 타입에는 없는 추가 메서드도 있다. 이 메서드들은 문자열 분석에 유용하다.

startswith와 endswith 메서드는 문자열의 시작과 끝만 확인해야 할 때 유용하다.

```
>>> "hello world".endswith("world")
True
```

잘 알려지지 않았지만 endwith 메서드는 문자열 튜플도 입력 받아 일치 여부를 검사할 수 있다.

```
>>> "hello world".endswith(("universe", "world"))
True
```

다음 코드처럼 여러 확장자를 비교해야 할 때 유용하게 사용할 수 있다.

```
>>> filename.endswith((".tgz", ".tar.gz"))
```

파일명에 압축된 tarball의 일반 접미사(tgz 또는 tar.gz 접미사)가 있는지 쉽게 테스트할 수 있다.

strip과 split 메서드도 많이 사용한다. 대표적으로 파일과 입출력을 파싱^{parsing}할 때 사용한다. 다음 예제 코드는 /etc/fstab 파일에 포함된 정적 마운트 장치와 경로를 출력한다.

```
with open("/etc/fstab") as fpin:
    for line in fpin:
```

```
    line = line.rstrip('\n')
    line = line.split('#', 1)[0]
    if not line:
        continue
    device, path, fstype, options, freq, passno = line.split()
    print(f"장치 {device}가 {path}에 마운트됨.")
```

코드는 파일을 해석하고 요약해 출력한다. 반복문 내의 첫 줄은 개행 문자를
제거^{strip}한다. rstrip 메서드를 사용했으므로 문자열의 오른쪽(끝부분)에 있는 불필
요한 문자를 제거한다.

rstrip과 strip 메서드는 제거하고자 하는 문자의 시퀀스를 받는다. 전달받은
문자열과 일치하는 것을 제거하는 것이 아니라 각 문자와 일치하는 경우 삭제
한다. 하나의 문자만 삭제해야 할 때는 문제가 없지만 종종 잘못 사용되는 경우
가 있다.

예제 코드의 다음은 주석을 제거하는 것이다(split('#', 1) 부분). 행이 비어 있다면
다음 행으로 진행한다(if ~ continue 부분). 다음 인자 없이 호출하는 split은 공백
문자^{whitespace}를 기준으로 문자열을 나눈다. 텍스트 데이터는 공백 문자로 구분하
는 것이 일상적이기 때문에 split 함수는 이를 편리하게 구현해뒀다.

마지막으로 보기 쉬운 출력을 위해 형식 문자열^{format string}을 사용했다.

문자열을 해석하고 다루는 일반적인 코드였다. 또한 셸 작업을 대체하는 코드
이기도 하다. 끝으로 join 메서드는 문자열을 합칠 때 많이 사용한다.

' '.join(["hello", "world"])을 호출하면 "hello world"가 반환된다. join 메
서드는 반복 가능한^{iterable} 객체라면 모두 처리할 수 있다.

```
>>> names=dict(hello=1,world=2)
>>> ' '.join(names)
'hello world'
```

사전형^{dictionary}의 경우 반복할 때 키를 기준으로 하므로 join 메서드는 키를 연결해 반환한다.

제너레이터^{generator}와 함께 사용할 수도 있다.

```
>>> '-*-'.join(str(x) for x in range(3))
'0-*-1-*-2'
```

변수를 따로 두지 않고 문자열을 쉽게 합칠 수 있으므로 편리하고 효율적이다.

join이 왜 시퀀스가 아닌 문자열을 기준으로 호출하는지 많이 묻곤 한다. 대답은 반복 가능한 객체를 전달하면 문자열이 각 요소에 달라붙게 만들었기 때문이다.

마지막으로 join 메서드는 요소가 하나뿐인 경우 아무것도 붙이지 않는다.

```
>>> '-*-'.join(str(x) for x in range(1))
'0'
```

6.3 정규 표현식

정규 표현식(또는 정규식)은 문자열의 특성(또는 패턴)을 정의하는 도메인 특화 언어^{DSL,} ^{Domain Specific Language}다. 세부적으로는 조금씩 차이가 있지만 많은 도구와 유틸리티에서 정규식을 지원한다. 파이썬의 정규식은 re 모듈에 있으며, 크게 2가지 사용 방식을 제공한다. 하나는 호출 시점에 정규식을 해석^{parse}하는 것이고 다른하나는 사용 전에 미리 해석^{compile}하는 것이다.

보통 두 번째 방식을 많이 사용한다. 호출 시점에 해석하는 방식은 주로 대화형 환경에서 임시적인 용도로 사용한다. 여기서는 두 번째 방식을 주로 다룬다.

re.compile 함수로 정규식을 컴파일할 수 있다. 이 함수는 정규식에 일치하는 문자열을 탐색하는 객체를 반환한다. 반환된 정규식 객체로 첫 번째 일치 문자열 찾기, 일치하는 모든 문자열 찾기, 문자열 교체^{replace}를 할 수 있다.

정규식은 작지만 단순하지 않은 언어다. 여기서는 정규식을 효율적으로 사용하기 위한 기본적인 내용만 다룬다.

대부분의 문자는 표시되는 문자 자체를 의미한다. hello를 정규식으로 만들면 정확히 hello라는 문자열과 일치한다. .(점)은 어떠한 문자와도 일치한다. 따라서 hell. 정규식은 hello나 hella와 일치하지만 hell과는 일치하지 않는다. 한 글자가 부족해서 .과 매치할 수 있는 문자가 없기 때문이다. 대괄호([])는 문자의 종류^{class}를 의미한다. wom[ae]n 정규식은 women과도 woman과도 일치한다. 범위를 지정할 때도 쓸 수 있다. [0-9]는 0부터 9까지의 숫자와 일치한다. [a-z]는 영어 소문자와 일치한다. [0-9a-fA-F]라고 하면 16진수를 찾는 데 사용할 수 있다(1바이트를 2개의 16진수 문자로 표현하는 것은 흔히 있는 일이다).

다음으로는 반복을 표현하는 정량자^{quantifier}가 있다. ?는 앞의 문자가 있거나 하나 있을 때 일치한다. 예를 들어 ba?b는 bb 및 bab와 일치한다. *는 어떠한 반복 횟수도 일치시킨다. ba*b는 bb나 bab, baab, baaab 등과 일치한다. 하나 이상의 문자가 있어야 한다면 +를 사용한다. 마지막으로 정확한 반복 횟수를 제한하는 카운터가 있다. ba{3}b는 baaab와 일치하며 ba{1,2}b는 a가 하나 또는 둘일 때만 일치한다.

특수 문자를 문자 그대로 사용하려면 백슬래시(\)를 앞에 붙인다. 다만 백슬래시는 파이썬 문자열에서 특별한 의미(특수 문자를 이스케이프하는)를 갖기 때문에 원시 문자열^{raw string}[2]이라는 방법을 사용하기도 한다.[3] 문자열로 정규식을 만들 수 있지만 원시 문자열을 사용하는 것이 편할 때도 있다.

예를 들어 DOS^{Disk Operating System} 스타일의 파일명은 r"[^.]{1,8}\.[^.]{0,3}"으

---

2. 특수 문자의 이스케이핑을 방지하는 문자열이다. - 옮긴이
3. 파이썬의 백슬래시 처리와 정규식의 백슬래시 처리가 겹치므로 불편할 수 있다. https://docs.python.org/3/howto/regex.html#the-backslash-plague를 참고하길 바란다. - 옮긴이

로 표현할 수 있다. readme.txt와는 일치하지만 archive.tar.gz와는 일치하지 않는다. 파일명의 .(점)을 표현하고자 백슬래시로 이스케이프를 했다. 그리고 [^.]에서 ^은 일치하지 않는 문자를 뜻한다. 여기서는 .(점)이 2번 연속되면 안 된다는 의미다.

또한 정규식은 그룹핑^{grouping}을 지원한다. 그룹핑은 2가지 기능을 한다. 하나는 정규식의 일부를 특정하는 것이고, 다른 하나는 정규식의 일부분을 하나의 객체처럼 다뤄 정량자를 적용하는 것이다. 두 번째 기능만 쓸 때 이를 캡처 안 되는 그룹^{non-capture group}이라고 하며 (?:....)으로 표현한다.

예를 들어 (?:[a-z]{2,5}-){1,4}[0-9]는 hello-3, hello-world-5와는 일치하지만 a-hello-2(처음 부분 a가 두 글자가 안 되기 때문에)나 hello-world-this-is-too-long-7(그룹핑이 6번 반복되기 때문에)와는 일치하지 않는다.

중첩^{nesting}된 형태로도 쓸 수 있다. (?:(?:[a-z]{2,5}-){1,4}[0-9];)+ 표현식은 앞에 나온 예에서 세미콜론으로 종료되는 시퀀스와 일치한다. 예를 들어 az-2;hello-world-5;은 일치하고 this-is-3; not-good-match-6는 일치하지 않는다.

이처럼 아주 복잡한 패턴도 정규식으로 찾아낼 수 있다. 파이썬에서는 어떤 문자열이 특수한 패턴을 만족하는지 확인하고자 정규 표현식을 활용할 수 있다.

정규식 객체에는 2가지 주요 메서드가 있는데, match와 search다. match 메서드는 문자열의 시작 부분이 정규식과 일치하는지 확인한다. search는 시작 부분이 아니더라도 일치하는 부분을 찾는다. 두 메서드 모두 일치하는 부분을 찾으면 match 객체를 반환한다.

```
>>> reobj = re.compile('ab+a')
>>> m = reobj.search('hello abba world')
>>> m
```

```
<_sre.SRE_Match object; span=(6, 10), match='abba'>
>>> m.group()
'abba'
```

group()은 match 객체에서 자주 사용하는 메서드로, 정규식과 일치한 문자열 부분을 반환한다. 캡처 그룹capturing group을 반환하는 역할도 한다.

```
>>> reobj = re.compile('(a)(b+)(a)')
>>> m = reobj.search('hello abba world')
>>> m.group()
'abba'
>>> m.group(1)
'a'
>>> m.group(2)
'bb'
>>> m.group(3)
'a'
```

그룹이 많거나 그룹을 변경할 때는 인덱스로 다루기 어려울 수 있다. 그럴 때는 그룹에 이름을 붙이자.

```
>>> reobj = re.compile('(?P<prefix>a)(?P<body>b+)(?P<suffix>a)')
>>> reobj = re.compile('(?P<prefix>a)(?P<body>b+)(?P<suffix>a)')
>>> m = reobj.search('hello abba world')
>>> m.group('prefix')
'a'
>>> m.group('body')
'bb'
>>> m.group('suffix')
'a'
```

정규식이 길고 복잡해지면 버보스verbose 모드로 읽기 편하게 만들어두자.

```
>>> reobj = re.compile(r"""
... (?P<prefix>a) # 시작 부분 -- 항상 a
... (?P<body>b+)  # 중간 -- b 여러 개
... (?P<suffix>a) # a로 끝남
... """, re.VERBOSE)
>>> m = reobj.search("hello abba world")
>>> m.groups()
('a', 'bb', 'a')
>>> m.group('prefix'), m.group('body'), m.group('suffix')
('a', 'bb', 'a')
```

정규식을 컴파일할 때 re.VERBOSE 플래그를 추가하면 정규식을 읽기 쉬운 상태로 유지할 수 있다. 이때 정규식 안의 공백 문자는 무시된다. 게다가 파이썬 스타일의 주석('#'부터 줄 끝까지)도 무시된다. 공백 문자나 # 기호가 정규식에 필요한 경우 백슬래시로 이스케이프하면 된다.

이를 활용해 긴 정규식을 써야 할 때는 줄 나눔, 공백 문자, 주석 등으로 이해하기 쉽게 만들자.

정규식은 유한 오토마타^{finite automaton}라는 수학 이론을 배경으로 하고 있다. 정규식은 유한 오토마타보다 더 많은 것을 할 수 있지만 모든 문제에 쓸 수 있는 것은 아니다. 중첩된 패턴이 있을 때는 활용하기 어렵다. 예를 들어 괄호 문자의 짝을 맞추거나 HTML 요소를 탐색하는 문제에는 정규 표현식이 잘 맞지 않는다.

6.4 JSON

JSON^{JavaScript Object Notation}은 사람이 읽고 쓰기 편하고 컴퓨터가 처리하기도 쉽게 만들어진 계층형 파일 형식이다. 웹 개발 분야에서 시작했고 현재도 많이 사용하고 있지만 웹 개발 외에도 사용하고 있다. 웹 API도 JSON 포맷을 많이 사용하고 있다.

웹 이외에 사용하는 대표적인 예로는 자바스크립트(정확히는 Node.js) 프로젝트에서 의존성을 관리하는 package.json 파일이 있다. 보안상의 필요나 감사를 목적으로 서드파티 패키지를 확인해야 할 때 이 파일을 처리하기도 한다.

이론상 JSON은 바이트가 아닌 유니코드 형식[format]이다. 직렬화(파일 등으로 쓰기)할 때는 자료 구조를 유니코드 문자열로 변환한다. 반대로 역직렬화(파일 등에서 읽기)할 때는 유니코드 문자열을 자료 구조로 변환한다. 하지만 최근 utf-8을 권장하는 것으로 표준이 변경됐다. 이와 함께 바이트 스트림 형식도 정의했다.

하지만 인코딩과 형식을 따로 다뤄야 할 때가 있다. 대표적으로 JSON을 HTTP로 주고받을 때는 HTTP의 인코딩을 따라야 한다. 지정된 인코딩이 없다면 UTF-8로 처리하는 것이 기본이다.

JSON은 단순한 형식이며 다음의 데이터의 타입을 지원한다.

- **문자열**[strings]
- **숫자**[numbers]
- **불리언**[boolean]
- **널**[null]
- **배열**[arrays]: JSON 데이터의 배열
- **객체**[objects]: JSON 데이터의 딕셔너리

JSON은 수치형 값의 범주나 정밀도를 따로 정의하지 않고 있다. 정수 값[Number]을 다룰 때는 $-2^{53} - 1$에서 $2^{53} - 1$을 가정하는 것이 좋다.[4]

파이썬의 JSON 라이브러리로 파일에 직접 읽고 쓰기를 할 수 있지만, 보통은 파일의 내용을 문자열로 모두 읽어오거나 문자열을 한 번에 파일로 쓰게 구현한다.

---

4. 자바스크립트의 Number 타입은 배정밀도 64비트이며, 안전한 정수 값의 범위를 Number.MIN_SAFE_INTEGER와 Number.MAX_SAFE_INTEGER로 제공한다. https://developer.mozilla.org/ko/docs/Web/JavaScript/Data_structures#number_타입을 참고하길 바란다. – 옮긴이

json 모듈의 주요 함수는 loads와 dumps가 있다. 함수명의 마지막 s는 문자열을 의미하며 두 함수가 문자열을 받아들이고, 반환하는 것을 뜻한다.

```
>>> thing = [{"hello": 1, "world": 2}, None, True]
>>> json.dumps(thing)
'[{"hello": 1, "world": 2}, null, true]'
>>> json.loads(_)
[{'hello': 1, 'world': 2}, None, True]
```

파이썬의 None 객체는 JSON의 null 객체로 매핑된다. 불리언이나 문자열, 수치형도 마찬가지로 파이썬 타입에서 JSON 타입으로 매핑된다. 주의할 점은 파이썬의 JSON 라이브러리가 숫자 데이터를 변환할 때 숫자 표기에 따라 정수integer 또는 실수float로 매핑을 결정한다는 것이다.

```
>>> json.loads("1")
1
>>> json.loads("1.0")
1.0
```

기억해 둘 점은 모든 JSON 라이브러리가 동일하게 결정하는 것은 아니기 때문에 종종 호환성 문제가 생길 수 있다는 것이다.

디버깅을 위해 JSON을 출력할 필요가 있을 수 있다. dumps 함수에는 이를 위한 추가 인자가 있다. 다음은 보기 좋은 출력을 위해 JSON에 들여쓰기를 적용한 코드다.

```
json.dumps(thing, indent=4)
```

문자열로 된 JSON을 보기 좋게 출력하려면 다음과 같이 한다.

```
>>> encoded_string='{"b":1,"a":2}'
>>> print(json.dumps(json.loads(encoded_string), indent=4))
{
    "b": 1,
    "a": 2
}
```

정렬이 필요할 때 파이썬 3.5 이전에는 sort_keys=True 인자를 전달했다. 하지만 이후의 버전(3.6 이상)은 딕셔너리를 키가 들어온 순서대로 정렬한다. 따라서 json.loads와 json.dumps는 원본이 되는 JSON의 키 순서를 그대로 유지한다.

끝으로 커맨드라인에서는 json.tool 모듈로 앞의 코드를 자동으로 실행할 수 있다.

```
$ python -m json.tool < somefile.json | less
```

직렬화된 JSON 파일을 쉽게 탐색할 수 있다.

JSON에 부족한 점 중 하나는 날짜-시간 타입이 없다는 것이다. 날짜와 시간 값을 보통 문자열로 표시하며, 따라서 문자열과 datetime 객체 간의 변환이 필요하다.

6.5 CSV

CSV^Comma-Separated Values에는 몇 가지 장점이 있다. 먼저 2차원 형태의 스칼라 데이터로 제약된다. 이 제약 덕분에 예상치 못한 문제를 만날 일이 적다. 게다가 보고서 작성을 위해 엑셀이나 구글 시트 등 스프레드시트 프로그램에서 쉽게 가져올 수 있다는 것도 큰 장점이다.

많은 도구에서 CSV를 지원하며 쉽게 내보내고 가져올 수 있기 때문에 다양한 용도로 CSV를 활용한다.

파이썬에서 CSV 파일을 쓰려면 **csv.writer**를 사용한다. 가장 흔한 형태는 동일한 타입의 배열을 출력하는 것이다.

```python
@attr.s(frozen=True, auto_attribs=True)
class LoginAttempt:
    username: str
    time_stamp: int
    success: bool
```

이 클래스는 시간, 사용자명, 성공 여부와 같은 사용자의 로그인 시도 기록을 나타낸다. 보안 감사를 위해 엑셀 파일로 로그인 기록을 보내야 한다고 가정해보자.

```python
def write_attempts(attempts, fname):
    with open(fname, 'w') as fpout:
        writer = csv.writer(fpout)
        writer.writerow(['Username', 'Timestamp', 'Success'])
        for attempt in attempts:
            writer.writerow([
                attempt.username,
                attempt.time_stamp,
                str(attempt.success),
            ])
```

CSV의 첫 행은 각 열의 제목으로 하는 것이 관례다. 파이썬 API가 이를 강제하지 않지만 관례를 지키는 것이 좋다. 이 예제에서는 각 필드의 이름을 제목으로 출력했다.

다음 부분에서는 로그인 시도를 각 행에 출력했다. CSV는 문자열과 숫자만 표현할 수 있기 때문에 데이터를 읽기 위한 별도의 문서를 제공하는 것보다는 명시적으로 값을 출력하는 편이 낫다(attempt.success의 불리언 값을 출력하는 부분).

필드가 '예/아니요'로 표시돼야 한다면 직렬화 단계에 이를 명시적으로 추가하면 된다. CSV 파일을 읽는 것은 크게 2가지 방법으로 나눌 수 있다.

csv.reader는 해석된 각 행의 값을 리스트로 제공하는 반복자^{iterator}를 반환한다. 반대로 csv.DictReader는 CSV의 관례에 따라 첫 행을 데이터로 인식하지 않으며 이후의 행을 제목과 값이 연결된 딕셔너리로 반환한다. 이 방법은 사용자가 필드를 추가하거나 순서를 변경하더라도 해석에 문제가 생기지 않는다.

```
>>> fileobj = open("data.csv")
>>> reader = csv.DictReader(fileobj)
>>> list(reader)
[OrderedDict([('Username', 'alice'),
              ('Timestamp', '1514793600.0'),
              ('Success', 'False')]),
 OrderedDict([('Username', 'bob'),
              ('Timestamp', '1539154800.0'),
              ('Success', 'True')])]
```

CSV 쓰기 예제의 데이터를 읽어본 결과다. 딕셔너리는 각 필드의 이름과 값을 제공한다. 데이터의 타입 정보는 모두 사라졌음을 주목하자. 모든 값이 문자열로 반환된다. CSV는 타입 정보를 보존하지 않기 때문이다.

간혹 CSV 파일을 split 함수로 해석하려고 시도할 때가 있다. 하지만 CSV가 갖는 몇 가지 특징 때문에 이는 좋지 않은 접근이다.

예를 들어 다음과 같다.

```
1,"Miami, FL","he""llo"
```

이는 다음과 같이 해석돼야 맞을 것이다.

```
('1', 'Miami, FL', 'he"llo')
```

하지만 필드 안의 콤마(,)나 큰따옴표(")때문에 split으로 나누기 쉽지 않을 것이다.

같은 이유로 CSV 파일을 쓸 때에도 csv.writer 이외의 다른 방법은 고려하지 않는 것이 좋다.

6.6 정리

데브옵스 작업에 필요한 많은 정보는 텍스트 형태를 띤다. 로그[log]나 JSON 덤프 또는 유료 라이선스 정보가 담긴 CSV 파일 등이다. 텍스트에 대해 이해하고, 파이썬으로 이를 어떻게 다루는지 아는 것은 빌드 자동화나 모니터링 결과를 해석할 때 또는 다른 개발자에게 작업 결과를 보기 쉽게 제공하기 위한 자동화를 개발하는 데 필수적이다.

httpx

많은 시스템이 웹 기반의 API를 제공한다. httpx는 이런 API를 자동화하는 라이브러리로, 많은 기능을 제공하면서도 사용하기 쉽게 만들어졌다.

httpx는 파이썬 2 버전을 지원하지 않는다. 파이썬 2는 더 이상 보안 업데이트를 제공하지 않기 때문에 웹 사이트에 연결하는 라이브러리를 사용하는 것은 위험할 수 있다.

대부분의 경우에 httpx를 쓰는 것이 파이썬의 표준 HTTP 라이브러리를 쓰는 것보다 나은 선택이다. 인증 기능도 다양하게 제공하며 내부적으로 JSON을 직렬화/역직렬화하는 기능도 있다. 또한 동기/비동기 방식도 모두 지원한다.

httpx는 유명한 requests 라이브러리와 호환성이 높다. requests의 특별한 기능을 사용하는 것이 아니라면 import문에서만 바꿔도 httpx 라이브러리로 전환할 수 있다.

7.1 클라이언트

httpx는 명시적^{explicit} 클라이언트로 사용하는 것이 좋다. httpx의 모든 기능은 클라이언트가 있어야 작동한다. 따로 명시하지 않으면 전역 클라이언트 객체를 사용하게 된다.

전역 클라이언트는 종종 문제를 일으킨다. 하나는 변경 가능한 객체가 전역으로 공유될 때 흔히 생기는 문제다. 상태를 바꾸는 곳이 어디인지 추적하기 어려우므로 찾기 힘든 버그를 만들기 쉽다. 쿠키를 사용하는 웹 사이트에 접속한다고 해보자. 클라이언트를 공유하는 다른 코드가 쿠키 데이터를 덮어쓸 수 있다. 서로 거리가 먼 코드끼리 미묘한 상호작용을 하게 되는 것이다.

또 다른 문제는 단위 테스트를 어렵게 만든다는 점이다. 단위 테스트를 하려면 실제 요청이 발생하지 않게 httpx.get과 httpx.post 함수의 목^{mock} 함수를 만들어야 할 것이다. httpx에서는 명시적으로 가짜 클라이언트 객체를 사용해 이런 불편을 피할 수 있게 해준다.

마지막으로 일부 기능은 명시적 클라이언트 객체로만 사용할 수 있다. 전역 클라이언트를 쓰게 개발된 코드를 명시적 클라이언트로 바꾸기는 쉽지 않다. 당장은 전역 클라이언트를 쓰더라도 나중에 추적을 위한 헤더를 추가하거나 모든 요청에 유저 에이전트^{User-Agent}를 별도로 설정하는 등의 요건이 생기면 변경하는 데 상당한 노력이 필요할 것이다.

오래 사용할 코드라면 꼭 명시적 클라이언트를 쓰자. 마찬가지로 클라이언트를 필요로 하는 코드에서 클라이언트 객체를 직접 생성하기보다는 인자로 받게 하자.

클라이언트 객체는 main 함수와 같은 외부에서 생성하고 필요한 객체로 전달하는 것이 더 좋은 방법이다. 언제, 어떤 클라이언트를 쓸지 결정하는 것은 라이브러리의 역할이라기보다는 사용자의 선택에 더 가깝기 때문이다.

클라이언트 객체는 httpx.Client()로 생성할 수 있다. 클라이언트 객체에는 get, put, post, patch, options와 같은 HTTP 메서드가 들어있다.

클라이언트는 콘텍스트로도 쓸 수 있다.

```
with httpx.Client() as c:
    c.get(...)
```

콘텍스트가 종료되며 클라이언트의 모든 연결도 해제될 것이다. 연결 또한 웹 서버의 자원이므로 이를 아끼는 편이 좋다.

참고로 연결을 해제하고자 파이썬의 참조 횟수^{reference counting}를 사용하는 것은 위험할 수 있다. 파이썬에서 보장하지 않을 뿐더러(PyPy는 아니지만) 복잡하지 않은 경우에도 틀리게 될 수 있기 때문이다. 예를 들어 클라이언트가 지역 변수로 스택에 있을 수 있다. 그리고 스택에는 순환형 자료 구조가 함께 있을 수 있다. 이렇게 되면 순환 가비지 컬렉션^{garbage collection}이 실행될 때까지 한동안 연결이 해제되지 않을 수 있다.

클라이언트는 몇 가지 생성 매개변수를 제공하며, 매개변수가 모든 요청에 적용되게 만들 수 있다. 대표적으로 인증과 관련된 auth가 있으며 7.4절에서 다룬다.

headers= 또한 많이 사용하는 매개변수다. 이는 모든 요청에 적용되는 기본 헤더를 설정할 수 있다. 대표적으로 User-Agent를 지정하고자 사용한다.

직접 만든 웹 API를 테스트하고자 httpx를 쓸 때는 식별을 위한 별도의 문자열을 에이전트에 추가하는 것도 좋은 방식이다. 서버 로그를 확인할 때 어떤 요청이 실제 사용자에게서 온 것인지, 아니면 테스트를 위한 것이었는지 쉽게 구분할 수 있기 때문이다.

```
client = httpx.Client(
    headers={'User-Agent': 'Python/MySoftware ' + __version__ }
)
```

이처럼 코드를 작성하면 어떤 버전의 테스트 코드에서 문제가 발생했는지 확인하기 쉽다. 특히 테스트 코드 때문에 서버에 문제가 생기는 상황에서 해당 코드를 쉽게 찾게 해준다.

클라이언트에는 쿠키를 다루기 위한 cookies.jar 멤버 변수도 있다. Client
(cookies=cookie_jar)와 같이 생성 매개변수로 전달해 설정할 수 있다.

이를 활용해 쿠키를 파일로 저장하고 다시 불러오게 하면 HTTP 세션을 재사용
할 수 있다.

끝으로 클라이언트 객체는 서버의 인가 방식에 따라 사용할 수 있는 클라이언
트 측 인증서^{client-side certificate}를 가질 수 있다. pem 파일(키와 인증서가 결합한 형태) 또는 인증
서와 키 파일의 경로를 담은 튜플로 설정할 수 있다.

7.2 REST

REST^{REpresentational State Transfer}는 웹에서 정보를 표현하고자 사용하는 느슨한 표준
중 하나다. 종종 관계형 데이터베이스를 인터넷에 그대로 제공하고자 쓰이기도
한다. 이 방식의 사용법을 CRUD^{Create, Retrieve, Ipdate, Delete} 모델이라고 한다. CRUD를
위해 REST를 사용할 때는 HTTP 메서드를 다음과 같이 사용한다.

POST 메서드는 객체(또는 테이블의 행)를 생성하는 역할을 하며 httpx.Client의 post()
메서드로 사용할 수 있다. POST 메서드는 가장 REST하지^{RESTful} 않은 메서드로
여겨지기도 한다. 재작업에 안전하지 않기 때문이다. post() 호출에 문제가 생
겼을 때 어떻게 해야 하는지 명확하지 않다. 객체는 생성된 걸까? 객체의 필드
가 유일성을 제약 조건으로 갖는다면 다시 요청을 보내도 될 것이다. 기존 요청
이 성공했다면 이번 요청은 실패할 것이기 때문이다.

하지만 실제로 어떻게 해야 할지는 애플리케이션에 달렸다. 재작업에 대한 일
반적인 규칙은 없다고 볼 수 있다.

다행히 나머지 HTTP 메서드는 재작업에 안전하다. REST의 이러한 성격을 멱등
성^{idempotency}이라 부른다. 이에 따라 HTTP 호출이 잘못됐다면 그저 다시 호출하면
된다.

서버가 HTTP의 시맨틱^{semantic}을 제대로 따른다면 다음의 메서드는 재작업에 안전하다.

업데이트^{update} 연산은 주로 **PUT**(객체 전체를 업데이트) 또는 **PATCH**(객체의 특정 필드를 업데이트) 메서드로 제공한다.[1]

삭제^{delete} 연산은 HTTP **DELETE** 메서드로 구현한다. 이 메서드의 재작업 안전성은 모호한 부분이 있다. 재작업이 성공하거나 객체를 찾지 못해 실패하면 결국 상태를 알 수 있기 때문이다.

검색^{retrieve} 연산은 **GET** 메서드로 제공한다. 대부분은 읽는 동작만 하므로 재작업에 안전하다.

REST로 구현된 많은 서비스에서는 JSON을 사용해 상태를 표현하며, httpx 라이브러리는 JSON을 잘 지원한다.

```
>>> from pprint import pprint
>>> import httpx
>>> with httpx.Client() as c:
>>>     pprint(c.get("https://httpbin.org/json").json())
{'slideshow': {'author': 'Yours Truly',
               'date': 'date of publication',
               'slides': [{'title': 'Wake up to WonderWidgets!',
               'type': 'all'},
                              {'items': ['Why <em>WonderWidgets</em>
                              are great',
                                          'Who <em>buys</em> WonderWidgets'],
                          'title': 'Overview',
                          'type': 'all'}],
               'title': 'Sample Slide Show'}}
```

---

1. 일반적으로 PATCH 메서드는 멱등성을 지키지 않아도 된다. https://developer.mozilla.org/en-US/docs/Glossary/Idempotent를 참고하길 바란다. ─ 옮긴이

pprint(pretty print) 내장 모듈은 들여쓰기와 개행 문자를 반영해 읽기 쉽게 출력해준다.

응답 객체에 있는 .json() 메서드는 응답 내용이 JSON이라고 가정하고 해석한다. 응답과 해석을 함께함으로써 한 단계를 절약한다. 여러 요청을 보내야 하는 상황에서 그저 다른 요청에 필요한 정보를 얻기 위한 요청이라면 한 번에 2가지 동작을 하는 .json() 메서드가 유용할 것이다.

또한 .json() 메서드는 요청 본문^{body}을 JSON으로 자동 인코딩할 수 있다.

```
>>> resp = c.put("https://httpbin.org/put", json=dict(hello=5,world=2))
>>> resp.json()['json']
{'hello': 5, 'world': 2}
```

다음과 같이 여러 단계의 요청이 필요할 때는 2가지 메서드를 함께 사용하면 편리할 것이다.

```
>>> res = c.get("https://api.github.com/repos/python/cpython/pulls")
>>> commits_url = res.json()[0]['commits_url']
>>> commits = c.get(commits_url).json()
>>> commits[0]['commit']['message'][:40]
'bpo-46104: Fix example broken by GH-3014'
```

이 예제 코드는 CPython 프로젝트의 첫 번째^(가장 최신) 병합 요청^{Pull Request}의 메시지를 가져오는 것으로 REST API를 사용하는 보통의 사례다. 잘 만들어진 REST API라면 URL을 자원 식별자^{resource identifiers}로 제공할 것이다. 더 필요한 정보가 있다면 반환된 URL로 요청을 다시 보낼 수 있다.

7.3 보안

HTTP의 보안 모델은 인증기관^{CA, Certification Authority}에 기반을 둔다. 인증기관은 특정 도메인이나 IP의 공개키를 암호화하고 서명한다. 키 로테이션^{rotation}과 폐기를 위해 인증기관은 그들의 루트키(브라우저가 신뢰하는 키)로 서명하지 않는다. 대신 별도의 서명키로 공개키에 서명한다. 이런 체인^{chain}에서 상위 단계의 키는 다음 단계의 공개키에 서명한다. 이 체인은 최종적으로 서버가 사용할 공개키까지 연결되며 종종 3 ~ 4단계를 이루기도 한다.

인증서는 특정 도메인에 대해 서명을 하는 것이고, 종종 여러 도메인을 하나의 IP로 서비스하기 때문에 인증서를 요청하는 프로토콜에는 SNI^{Server Name Indication}가 포함된다. SNI는 클라이언트가 접속하고자 하는 서버의 이름을 암호화되지 않은 상태로 전송한다. 이를 수신한 서버는 적절한 인증서로 응답하고 서명된 공개키에 해당하는 개인키를 소유하고 있음을 암호화를 사용해 증명한다.

마지막으로 종종 클라이언트 측 인증서^{client-side certificate}를 사용해 클라이언트 자신의 신원을 암호화 증명할 수 있다. 클라이언트 측은 우선 인증서와 개인키로 초기화돼야 한다. 그런 다음 클라이언트는 인증서를 전송하고 서버가 인증기관을 신뢰한다면 해당 개인키를 갖고 있음을 증명한다.

클라이언트 측 인증서는 브라우저보다는 프로그램에서 자주 사용한다. 보안이 필요한 내용을 배포할 때는 프로그램이 편리하기 때문이다. httpx를 비롯한 많은 클라이언트는 인증서 파일을 직접 읽을 수 있다. 따라서 파일을 통해 비밀 공유를 제공하는 쿠버네티스 시크릿^{secret}이나 볼트^{vault}와 같은 시스템을 이용하면 인증서를 쉽게 배포할 수 있다. 또한 클라이언트 측 인증서는 유닉스 시스템의 권한 체계를 이용해 직접 접근을 관리할 수 있다.

일반적으로 클라이언트 측 인증서는 공개 인증기관^{public CA}을 거치지 않는다. 대신 서버가 직접 로컬 인증기관^{local CA}이 된다. 로컬 환경의 절차에 따라 클라이언트의 인증서에 서명한다. 그 과정에서 서명을 하는 것은 IT 담당자일 수도 있고 싱글

사인온^{SSO, Single Sign On} 포털을 통한 자동 서명일 수도 있다.

서버 측 인증서를 증명^{authenticate}하려면 httpx는 보안 연결을 만들고자 클라이언트 측 루트 CA를 알아야 한다. 운영체제의 SSL이 어떻게 빌드됐는지에 따라 시스템의 인증서 저장소에 접근할 수 없을 때도 있다.

루트 CA를 얻는 가장 좋은 방법은 certifi 패키지를 설치하는 것이다. 이 패키지에는 모질라^{Mozilla} 호환 인증서가 포함돼 있다. certifi는 httpx의 의존성에 포함돼 있으므로 httpx를 설치했다면 함께 설치됐을 것이다.

certifi는 인터넷에 접속해야 하는 상황에 쓸모가 있다. 대부분의 웹 사이트는 파이어폭스 브라우저에서 잘 작동되는지 테스트를 하므로 모질라 호환 인증서를 보유하고 있을 것이다. 인증이 실패한다면 CERTIFICATE VALIDATE FAILED 오류가 발생할 것이다.

인터넷에는 이와 관련한 잘못된 조언이 많다. 하지만 verify=False 플래그로 오류를 피해 가는 해결법은 좋지 않은 방식이다. 암호화 및 무결성 연결이라는 TLS의 핵심 가정을 위반하기 때문이다. verify=False인 채로 보낸 요청은 쿠키나 다른 인증 정보가 중간에 패킷을 변경할 수 있는 누군가에게 가로채질 수 있다. 이것은 생각만큼 드문 일이 아니다. ISP^{Internet Service Provider}나 공개 AP^{Access Point}에는 나쁜 의도를 가진 운영자가 있을 수 있기 때문이다.

자체 서명한 인증서를 사용하는 이유가 로컬 환경에서 테스트하기 위함이라면 위험하지 않다고 생각할 수 있다. 하지만 이때에도 verify=False를 쓰는 것은 여전히 위험하다. 해당 코드가 다른 용도로 재사용될 여지가 있기 때문이다.

더 적절한 방법은 적합한 인증서가 파일 시스템에 있는지 확인하고 verify 인자에 경로를 verify='/full/path/cert.pem'처럼 추가하는 것이다. 서버에서 인증서를 가져오고 코드에 경로를 추가하면 개발자의 확인을 거치기 때문이다. 더 나은 방법은 인터넷 연결 전에 서버 관리자에게 인증서를 검증받는 것이다.

어떤 버전의 SSL과 암호화 방식을 허용할지 결정하는 것은 좀 더 복잡한 면이 있다. 이런 결정을 내려야 하는 상황이 종종 있다. httpx의 기본 설정은 안전을 추구한다. 하지만 규제나 테스트 등을 이유로 특정 SSL 버전을 피해야 할 때와 같이 종종 다른 요구 사항을 우선시해야 할 때도 있다.

이런 때는 httpx의 SSL 콘텍스트를 변경하면 된다.

```
import httpx
import ssl

ssl_context = ssl.create_default_context()
ssl_context.options |= ssl.OP_NO_TLSv1_3
client = httpx.Client(verify=ssl_context)
```

클라이언트를 생성할 때 ssl.SSLContext 객체를 전달할 수 있으며 이 객체를 파이썬 ssl에서 허용하는 만큼 커스터마이즈할 수 있다. 예를 들어 ssl_context. set_ciphers("RSA+AES") 옵션은 특정 암호화 방식만 사용하게 허용한다.

httpx는 클라이언트 측 인증서도 지원한다. 사용자와 서비스의 커뮤니케이션 에서는 잘 사용하지 않지만 마이크로서비스에서는 종종 사용된다. 클라이언트 측 인증서는 서버가 스스로 신원증명을 하는 것과 같은 암호화 서명 증명 방식 으로 클라이언트의 신원을 증명한다. 이를 위해 클라이언트는 개인키와 인증서 를 갖고 있어야 한다. 이때 인증서는 내부 인프라에 포함된 사설 CA$^{private\ CA}$로 서명하기도 한다.

인증서와 키를 하나의 파일로 합쳐 쓰기도 한다. 이 파일은 보통 PEM 파일이라 고 부른다. 세션을 만들 때 다음과 같이 인증서를 전달할 수 있다.

```
client = httpx.Client(cert="/path/to/pem/file.pem")
```

인증서와 개인키가 각각 별도의 파일로 있다면 튜플로 전달할 수 있다.

```
client = httpx.Client(
    cert=("/path/to/client.cert", "/path/to/client.key")
)
```

키 파일은 잘 관리해야 한다. 키 파일을 읽을 수 있는 권한이 있다면 누구든 인증된 클라이언트가 될 수 있기 때문이다.

7.4 인증

httpx.Client()의 auth= 키워드 매개변수는 기본 인증^{authentication}을 설정한다. 이 외에 다른 요청 메서드(.get()이나 .post()와 같은)에 auth=를 전달하는 방법도 있다.

가장 일반적으로 사용하는 것은 기본 인증^{basic auth}이다. auth= 인자는 (사용자명, 비밀번호) 튜플이 될 수 있다. 하지만 좀 더 나은 방법은 httpx.BasicAuth 인스턴스를 사용하는 것이다. 이는 개발자의 의도가 더 잘 드러나게 하고 다른 인증 방식으로 교체도 쉬워지기 때문이다.

httpx.Auth 클래스를 상속해 특별한 인증 흐름을 구현하는 것도 가능하다.

간단한 경우라면 auth_flow()만 오버라이드해도 된다. 이때는 보통 제너레이터 형태로 구현한다. 이는 하나의 매개변수만 받는다.

```
class MyAuth(httpx.Auth):

    def auth_flow(self, request: httpx.Request):
        ....
```

이 메서드는 요청^{request}을 수정한 뒤 반환^{yeild}한다. 이 방식은 헤더의 값을 통한 인증 등에 사용할 수 있다.

하지만 인증 흐름이 복잡하다면 서버에 인증을 받고자 여러 작업을 해야 한다.

예를 들어 사용자명과 비밀번호로 로그인을 하고 이후 쿠키로 인증을 한다면 실제 요청을 보내기 전에 먼저 로그인을 하고 응답으로 받은 쿠키를 실제 요청에 추가할 수 있다.

AWS 요청을 V4 서명 프로토콜로 서명하는 다음 예제를 통해 구체적으로 살펴보자.

가장 먼저 해야 할 것은 URL을 표준canonical으로 만드는 것이다. 이는 많은 서명 프로토콜의 첫 단계이기도 하다. 종종 서명 검사기signature checker가 데이터를 보기 전에 소프트웨어의 상위 단계에서 URL을 해석parse할 때도 있기 때문에 서명된 데이터를 표준 형식으로 바꿔야 한다.

가장 까다로운 것은 질의query 부분이다. 질의 부분을 해석하고 재인코딩re-encode할 때는 내장된 urllib.parse 모듈을 사용한다.

```python
from urllib.parse import parse_qs, urlencode

def canonical_query_string(query):
    if not query:
        return ""
    parsed = parse_qs(url.query, keep_blank_values=True)
    return "?" + urlencode(parsed, doseq=True)
```

앞서 만든 함수는 URL을 표준화하는 다음 함수에서 사용할 수 있다.

```python
from urllib.parse import urlparse
def to_canonical_url(raw_url):
    url = urlparse(raw_url)
    path = url.path or "/"
    query = canonical_query_string(url.query)
    return (
        url.scheme +
        "://" +
```

```
        url.netloc +
        path +
        query
    )
```

URL 표준화를 위해 경로가 비어 있을 때는 /로 끝마친다.

```python
from botocore.auth import SigV4Auth
from botocore.awsrequest import AWSRequest

import httpx

class AWSv4Auth(httpx.Auth):
    def __init__(self, aws_session, region, service):
        self.aws_session = aws_session
        self.region = region
        self.service = service

    def sign(self, request):
        aws_request = AWSRequest(
            method=request.method.upper(),
            url=to_canonical_url(request.url),
            data=request.body,
        )
        credentials = aws_session.get_credentials()
        SigV4Auth(credentials, service, region).add_auth(request)
        request.headers.update(**aws_request.headers.items())
        yield request
```

요청에 서명하고자 AWS의 파이썬 SDK인 botocore를 써서 클라이언트 클래스를 만들었다. AWSRequest 객체로 가짜 요청을 만들어 인증 정보를 가져오고 실제 요청의 헤더에 추가한다. 코드는 다음과 같이 사용한다.

```python
client = httpx.Client(
    auth=AWSv4Auth(
```

```
        aws_session=botocore.session.get_session(),
        region='us-east-1',
        service='es',
    ),
)
```

이 코드에서 리전^{region}과 서비스는 인증 객체의 일부다. 좀 더 확장해본다면 요청 URL에서 리전과 서비스 정보를 추출하는 방법도 있다.

이 예제를 통해 커스텀 인증을 어떻게 구현하는지 알아봤다. 과정에서 요청을 변경해 적절한 인증 헤더를 만들고 클라이언트에 auth 인자로 전달하는 코드를 작성했다.

7.5 비동기 클라이언트

HTTP 요청은 네트워크 지연이나 서버의 처리 속도 때문에 느릴 수 있다. 여러 요청이 필요하다면 더욱 느려질 것이다.

httpbin.org에는 요청에 전달한 숫자만큼 응답을 지연시켜 보내는 /delay라는 엔드포인트가 있다. 이를 이용해 예제를 구성했다. 다음 코드는 서로 다른 매개변수로 엔드포인트에 두 차례 요청을 보낸다.

```
import httpx, datetime

sync_client = httpx.Client()
before = datetime.datetime.now()
r1 = sync_client.get("https://httpbin.org/delay/3?param=sync-first")
r2 = sync_client.get("https://httpbin.org/delay/3?param=sync-second")
delta = datetime.datetime.now() - before
print(delta // datetime.timedelta(seconds=1))
results1 = r1.json()
```

```
results2 = r2.json()
print(results1["args"]["param"], results2["args"]["param"])
```

이 경우 매개변수를 반환한다. 실제 웹 API에서는 결과가 더 흥미로울 것이다. 출력되는 것은 두 요청 사이에 걸린 시간(초)과 보냈던 질의 문자열이다.

```
6
sync-first sync-second
```

각각의 요청이 3초씩 걸렸으므로 총 6초가 걸렸다.

이를 개선하는 방법 중 하나는 비동기 네트워크 호출을 사용하는 것이다. 파이썬의 일반적인 비동기에 대해 다루는 것은 이번 장의 범위를 벗어난다. 여기에서는 httpx가 지원하는 비동기 API로 기존의 동기식 API를 병렬화하는 것을 다룬다.

```python
import httpx, datetime
import asyncio

async def async_calls():
    before = datetime.datetime.now()
    async with httpx.AsyncClient() as async_client:
        fut1 = async_client.get("https://httpbin.org/
        delay/3?param=async-first")
        fut2 = async_client.get("https://httpbin.org/
        delay/3?param=async-second")
        responses = await asyncio.gather(fut1, fut2)
        delta = datetime.datetime.now() - before
    r1, r2 = responses
    results1 = r1.json()
    results2 = r2.json()
    print(delta // datetime.timedelta(seconds=1))
    print(results1["args"]["param"], results2["args"]["param"])
```

```
asyncio.run(async_calls())
```

출력은 다음과 같다. 기존보다 절반의 시간만 걸렸다.

```
3
async-first async-second
```

각 API 호출에 await를 추가하면 여전히 6초가 걸렸을 것이다. 비동기의 장점을 활용하고자 호출하는 코드와 응답을 기다리는 코드를 분리했다.

```
fut1 = async_client.get("https://httpbin.org/delay/3?param=async-first")
fut2 = async_client.get("https://httpbin.org/delay/3?param=async-second")
responses = await asyncio.gather(fut1, fut2)
```

await.gather()는 2개의 비동기 호출을 지연 없이 동시에 호출한다.

7.6 정리

HTTP는 거의 모든 곳에 있다. 사용자가 직접 쓰기도 하고 마이크로서비스로 서버 간 통신에 사용되기도 한다.

httpx는 HTTP를 쓰는 모든 상황에 도움이 된다. 서비스의 정상 작동을 확인하는 용도, 데이터를 분석하고자 API에 접근해야 할 때 등 많은 곳에서 사용할 수 있다.

또한 httpx는 제대로 된 요청을 보내고 기능을 구현하기 위한 조정 기능을 제공한다.

## 8장

암호화

암호화^{cryptography}는 아키텍처의 보안에 필수적인 부분이다. 하지만 그저 코드에 암호화를 추가하는 것만으로는 보안성을 달성하기 어렵다. 보안을 위해서는 시크릿^{secret}의 생성과 저장 그리고 일반 텍스트 관리에도 주의를 기울여야 한다. 보안성을 갖춘 소프트웨어를 설계하는 것은 복잡하다. 특히 암호화가 필요하다면 더욱 그렇다.

보안 설계를 다루는 것은 이 책의 범위를 벗어난다. 대신 여기서는 파이썬의 기본적인 암호화 도구를 다룬다.

8.1 페르넷

파이썬의 cryptography 라이브러리는 페르넷^{Fernet} 암호화 표준을 지원한다. 페르넷이라는 이름은 이탈리아의 와인에서 기원했다.[1]

페르넷은 대칭 암호화에 사용하며 부분 복호화나 스트리밍 복호화는 지원하지 않는다. 대신 암호화된 전체 내용을 입력 받아 복호화된 전체 내용을 반환한다.

---

1. 프랑스어가 아니라 와인의 이름이다. t는 확실히 발음해야 한다. 가장 비슷한 발음은 페르-넷(fair-net)이다. – 옮긴이

따라서 이름이나 텍스트 문서, 사진 등에는 적합하지만 비디오나 디스크 이미지 등을 암호화하는 데는 알맞지 않다.

사용 가능한 암호화 방식과 이에 대해 알려진 최고의 공격을 연구한 해당 분야 전문가들이 선택한 암호화 매개변수는 페르넷이었다. 페르넷을 쓸 때의 장점 하나는 암호화 전문가가 될 필요가 없다는 것이다. 하지만 설명을 위해 소개하자면 페르넷 표준은 CBC 패딩에 AES-128과 PKCS7을 사용하며 HMAC은 인증을 위해 SHA256을 사용한다.

페르넷 표준은 고^{Go}, 루비^{Ruby}, 얼랭^{Erlang} 등의 언어도 지원한다. 따라서 다른 프로그래밍 언어와 데이터를 주고받을 때에도 사용할 수 있다. 페르넷은 제대로 암호화를 사용하게 잘 설계돼 있다.

```
>>> k = fernet.Fernet.generate_key()
>>> type(k)
<class 'bytes'>
```

페르넷을 사용하려면 우선 키^{key}부터 만들어야 한다. 키는 바이트로 된 짧은 문자열이다. 키는 암호화에 핵심인 만큼 안전하게 관리해야 한다. 파일에 보관할 경우 최소한의 권한을 부여하고 가능하다면 암호화 파일 시스템에 저장해야 한다.

generate_key 메서드는 보안을 고려해 키를 생성하며 그 과정에서 운영체제 수준의 랜덤 값을 사용한다. 하지만 이 역시 운영체제 수준의 결함[2]으로 인해 취약점이 생길 수 있다. 예를 들어 가상 머신을 복제한다면 랜덤 값 생성이 달라질 수 있다. 독특한 경우로 볼 수 있지만 분명히 이 때문에 문제가 발생할 수 있다. 따라서 가상화 시스템은 랜덤 값 생성이 바뀔 수 있는 사례를 문서화해야 한다.

```
>>> frn = fernet.Fernet(k)
```

---

2. 결함보다는 운영체제 구현의 특징에 가깝다. - 옮긴이

fernet 클래스는 키를 전달해 생성할 수 있으며 유효한 키가 아니라면 예외를 던진다.

```
>>> encrypted = frn.encrypt(b"x marks the spot")
>>> encrypted[:10]
b'gAAAAABb1'
```

암호화 적용은 단순하다. 바이트 문자열을 전달하면 암호화된 바이트 문자열을 반환한다. 암호화를 적용하면 원본 문자열보다 길이가 늘어난다. 또한 암호키로 서명[sign]되므로 변조된 암호화된 문자열을 감지할 수 있다. 변조된 문자열을 전달하면 페르넷은 복호화를 거부한다(예외를 던진다). 따라서 복호화된 값은 신뢰할 수 있다. 복호화에 성공한다면 비밀키에 접근 권한을 가진 누군가에 의해 암호화된 것으로 볼 수 있다.

```
>>> frn.decrypt(encrypted)
b'x marks the spot'
```

복호화도 암호화와 같은 방식으로 할 수 있다. 또한 페르넷은 버전 표시[marker]를 남기므로 기존에 사용하던 암호화 체계에 취약점이 있다면 다른 암호화 방식으로 바꿀 수 있다.

또한 페르넷은 암호화와 서명을 마친 데이터에 현재 시각[datetime] 정보를 추가한다. 따라서 복호화 가능한 기한을 지정할 수 있다.

```
>>> frn.decrypt(encrypted, ttl=5)
```

이 코드는 암호화된 시간이 5초 이상 지났다면 실패한다. 이 방식을 적용하면 재생 공격[replay attack][3]을 방지하는 데 도움이 된다. 예를 들어 암호화된 데이터가

---

3. 재생 공격이란 토큰(암호화된 데이터)이 유출됐을 때 해당 토큰으로 다시 요청을 보내는 것을 말한다. – 옮긴이

특정 권한을 가진 사용자의 목록이라고 했을 때, 이제는 허용되지 않는 사용자가 악의를 갖고 과거 본인의 토큰을 사용하는 상황을 들 수 있다.

토큰의 유효 기간을 확인하는 것은 오래된 데이터가 사용되지 않을 것임을 의미한다. 기존 토큰으로 보낸 요청은 모두 거부될 것이지만 악의적인 접근을 막는 것이 보안성에는 더 좋다.

토큰에 기한을 두는 것은 비밀정보 로테이션secret rotation에 사용하기도 좋다. 특정 시간이 지난 정보는 복호화를 하지 않음으로써 비밀정보 로테이션 인프라에 결함이 없는지 확인할 수 있다. 공격이 조용히 성공하는 대신 시끄럽게 실패할 것이고 그것을 고치게 될 것이다.

페르넷 모듈에는 키 로테이션key rotation을 지원하는 MultiFernet 클래스도 있다. 이 클래스는 여러 개의 키를 갖고 있으며, 첫 번째 키로 암호화를 하고 복화화는 갖고 있는 여러 키로 시도한다.

새로운 키를 추가하더라도 처음부터 암호화에 사용되지는 않는다. 동기화가 끝나면 로테이션 대상인 첫 번째 키를 삭제해도 된다. 이후 모든 암호화는 두 번째 키를 사용한다. 아직 동기화하지 않은 인스턴스들도 복호화 키는 사용할 수 있다.

이렇게 두 단계를 거치는 것은 키 로테이션을 하면서도 복호화 오류가 발생하지 않게 예방해준다. 제대로 만든 키 로테이션 절차라면 키가 유출됐을 때 키 로테이션으로 인한 피해가 최소화되게 해야 한다.

8.2 PyNaCl

PyNaCl은 libsodium C 라이브러리를 감싸는 라이브러리이고, libsodium C는 대니얼 번스타인Daniel J. Bernstein의 libnacl 라이브러리의 포크fork다.

PyNaCl은 대칭 및 비대칭 암호화를 지원한다. 대칭 암호화는 cryptography 모듈의 페르넷으로 할 수 있기 때문에 PyNaCl은 비대칭 암호화에 주로 사용한다.

비대칭 암호화는 개인키와 공개키를 기반으로 한다. 공개키는 개인키로 쉽게 계산해낼 수 있지만, 반대로 공개키로 개인키를 만드는 것은 매우 어렵다. 비대칭이란 이런 특징을 말한다. 공개키는 공개되는 반면 개인키는 비밀로 다뤄야 한다.

공개키 암호화에는 크게 2가지 동작이 있다. 하나는 공개키로 암호화하는 것으로, 개인키로만 복호화할 수 있다. 다른 하나는 개인키로 서명하는 것으로, 공개키를 이용해 위변조 여부를 검증할 수 있다.

앞서 말했듯이 현대의 암호화는 비밀성만큼이나 인증도 중요하게 여긴다. 비밀이 전송되는 매체는 도청에 취약할 수 있으며, 위변조 가능성도 있기 때문이다. 암호화 시스템이 비밀 변조 공격에 취약해 진위성[authenticity]과 비밀성을 모두 보장할 수 없다면 그 시스템은 불완전한 것으로 여겨진다.

그렇기 때문에 libsodium과 그 확장인 PyNaCl은 암호화 시 서명과 복호화 시 서명 검증을 강제한다.

암호화를 하려면 우선 개인키부터 만들어야 하는데, 클래스 메서드를 사용해 만들 수 있다.

```
>>> from nacl.public import PrivateKey
>>> k = PrivateKey.generate()
```

k는 PrivateKey 타입이다. 저장을 위해서는 바이트[bytes]로 바꾼다.

```
>>> type(k.encode())
<class 'bytes'>
```

encode 메서드는 개인키를 바이트 시퀀스로 인코딩한다.

```
>>> kk = PrivateKey(k.encode())
>>> kk == k
True
```

바이트 시퀀스로 PrivateKey를 만들어 개인키를 불러올 수 있다. 이런 방식으로 보안 관리자^{secret manager} 등 안전하게 보관할 수 있는 어떤 장소에도 개인키를 저장할 수 있다.

암호화를 하려면 공개키가 필요하다. 공개키는 개인키로부터 생성할 수 있다.

```
>>> from nacl.public import PublicKey
>>> target = PrivateKey.generate()
>>> public_key = target.public_key
```

현실적으로는 공개키를 파일이나 데이터베이스에 저장하거나 네트워크를 통해 전송해야 할 것이다. 이를 위해서는 생성한 공개키를 바이트로 변환해야 한다.

```
>>> encoded = public_key.encode()
>>> encoded[:4]
b'\xb91>\x95'
```

바이트를 가져와 공개키를 다시 만들 수 있고 이것은 기존의 공개키와 동일하다.

```
>>> public_key_2 = PublicKey(encoded)
>>> public_key_2 == public_key
True
```

만들어진 바이트 열을 파일에 저장할 수 있다.

```
>>> with open("target.pubkey", "wb") as fpout:
...     fpout.write(encoded)
```

PyNaCl의 Box 클래스는 개인키와 공개키 쌍을 표현한다. Box는 개인키로 서명을 하고 공개키로 암호화한다. Box를 이용해 모든 메시지의 서명과 암호화를 할 수 있다.

```
>>> from nacl.public import PrivateKey, PublicKey, Box
>>> source = PrivateKey.generate()
>>> with open("target.pubkey", "rb") as fpin:
...     target_public_key = PublicKey(fpin.read())
>>> enc_box = Box(source, target_public_key)
>>> result = enc_box.encrypt(b"x marks the spot")
>>> result[:4]
b'\xe2\x1c0\xa4'
```

앞의 예제 코드는 메시지를 보내는 source의 개인키로 서명을 하고, 메시지를 받을 target의 공개키로 메시지를 암호화한다.

복호화를 할 때는 Box를 반대로 만들면 된다. 이는 암호화를 한 곳과는 다른 장소(메시지를 받는 곳)에서 이뤄진다. target 개인키와 source 공개키로 Box를 만든다.

```
>>> from nacl.public import PrivateKey, PublicKey, Box
>>> with open("source.pubkey", "rb") as fpin:
...     source_public_key = PublicKey(fpin.read())
>>> with open("target.private_key", "rb") as fpin:
...     target = PrivateKey(fpin.read())
>>> dec_box = Box(target, source_public_key)
>>> dec_box.decrypt(result)
b'x marks the spot'
```

복호화 Box는 target 개인키로 복호화를 하고 source 공개키로 서명을 검증한다. 메시지가 위변조됐다면 복호화에 실패한다. 따라서 제대로 서명까지 마친 정보는 안전하게 전달될 수 있다고 말할 수 있다.

PyNaCl의 암호화 서명^{cryptographic signing}은 또 다른 유용한 기능이다. 종종 암호화 없이 서명만 필요한 때도 있다. 대표적으로 바이너리 파일이 전송 중에 위변조되지 않았음을 증명하는 용도로 쓸 수 있다. 이를 활용하면 바이너리 파일로의 접근은 쉽게 열어놓고 대신 서명키(개인키)만 안전하게 관리하는 것으로 보안을 강화할 수 있다.

서명은 비대칭 암호화와도 관계가 있다. 개인키는 서명에 이용되고 공개키는 서명을 검증하는 데 이용된다. 이를 활용해 공개키는 버전 관리 시스템에 체크 인해서 이후 검증 부분에 추가적인 설정 작업을 생략하게 할 수 있다.

우선은 개인 서명키를 만들어야 한다. 암호화를 위한 키를 만들 때와 유사하다.

```
>>> from nacl.signing import SigningKey
>>> key = SigningKey.generate()
```

이 키는 반드시 안전하게 보관해야 한다. 다시 강조하지만 키에 접근할 수 있는 사람은 어떠한 정보라도 서명된 것으로 만들 수 있기 때문이다. 이를 위해 키를 인코딩한다.

```
>>> encoded = key.encode()
>>> type(encoded)
<class 'bytes'>
```

다음과 같이 인코딩된 키를 복구할 수 있다.

```
>>> key_2 = SigningKey(encoded)
>>> key_2 == key
True
```

검증을 하려면 검증키가 있어야 한다. 비대칭 암호화이기 때문에 검증키는 서명키로부터 만들 수 있다(그 반대는 작동하지 않는다).

```
>>> verify_key = key.verify_key
```

보통은 검증키를 따로 저장한다. 이전과 마찬가지로 바이트로 인코딩한다.

```
>>> verify_encoded = verify_key.encode()
>>> verify_encoded[:4]
b'\x08\xb1\x9e\xf4'
```

검증키의 복구는 동일하다. 인코딩된 정보를 가져와 검증키로 생성한다.
PyNaCl에 있는 대부분의 ...Key 클래스들은 인코딩된 키를 전달받아 키 객체를
만드는 생성자를 지원한다.

```
>>> from nacl.signing import VerifyKey
>>> verify_key_2 = VerifyKey(verify_encoded)
>>> verify_key == verify_key_2
True
```

메시지에 서명할 때는 다음과 같이 한다.

```
>>> message = b"The number you shall count is three"
>>> result = key.sign(message)
>>> result
b'\x1a\xd38[....'
```

바이트처럼 보이지만 바이트는 아니다.

```
>>> type(result)
<class 'nacl.signing.SignedMessage'>
```

결과 데이터에서 메시지와 서명을 따로 가져올 수 있다.

```
>>> result.message
b'The number you shall count is three'
>>> result.signature
b'\x1a\xd38[...'
```

이는 서명을 별도로 저장해야 할 때 유용하게 쓸 수 있다. 예를 들어 메시지가 객체 저장소^{object storage}에 있다면 변경을 가급적 피하고 싶을 것이다. 이런 경우에는 서명을 별도로 두는 것이 좋다. 또한 용도에 따라 서명을 여러 개 사용하거나 키 로테이션을 위해 쓸 수 있다.

서명한 결과 데이터 전체를 써야 한다면 바이트 시퀀스로 변환하는 것이 가장 좋은 방법이다.

```
>>> encoded = bytes(result)
```

검증키의 **verify** 메서드는 인코딩된 데이터의 서명을 검증하고 이상이 없으면 원본 메시지를 반환한다. 이것이 서명을 사용하는 가장 일반적인 사례일 것이다. 이렇게 하면 검증되지 않은 메시지로부터 안전하다.

```
>>> verify_key.verify(encoded)
b'The number you shall count is three'
```

원본 메시지(또는 객체)를 다른 곳에 보관하고 있을 때에도 쉽게 검증할 수 있다.

```
>>> verify_key.verify(b'The number you shall count is three',
... result.signature)
b'The number you shall count is three'
```

끝으로 서명 결과 데이터를 그대로 사용해 검증할 수도 있다.

```
>>> verify_key.verify(result)
b'The number you shall count is three'
```

8.3 Passlib

비밀번호^password^를 안전하게 저장하는 것은 쉽지 않은 문제다. 비밀번호를 안전하게 관리하지 않는 사람들을 고려해야 하는 것도 어려운 부분이다. 사람들이 충분히 강력한 비밀번호를 사용하고 사이트마다 다른 비밀번호를 사용한다면 비밀번호 저장은 어렵지 않을 것이다.

그러나 아직도 많은 사람이 쉽고 단순한 비밀번호를 사용하고 있다. 또한 모든 인터넷 사이트에 동일한 비밀번호를 사용하기도 한다. 악의적인 사이트에 비밀번호를 노출하게 돼 피싱^phishing^이나 사회공학^social engineering^ 공격을 받기도 한다.

강력한 비밀번호를 사용하면 모두는 아니더라도 상당히 많은 위협을 막아낼 수 있으며, 적어도 위협을 완화할 수 있다.

Passlib 라이브러리는 소프트웨어 보안 전문가에 의해 만들어졌으며, 비밀번호를 저장할 때 생기는 가장 흔하고 명백한 실수를 없애는 것을 목표로 한다. Passlib은 비밀번호의 평문 저장을 방지하고 항상 해시^hashed^를 적용한다.

비밀번호용 해시 알고리듬은 다른 용도로 사용하는 해시 알고리듬과 차이가 있다. 예를 들어 비밀번호용 해시 알고리듬은 무차별 대입^brute-force source mapping^ 공격을 막는 데 중점을 둔다.

Passlib은 비밀번호 저장을 위해 최신 알고리듬을 이용하며, 부채널^side channel^ 공격의 가능성을 방어하고자 한다. 게다가 비밀번호를 해시할 때는 항상 솔트^salt^를 적용한다.

이런 것들을 잘 모르더라도 Passlib을 사용할 수 있다. 하지만 라이브러리를 사용할 때 실수를 줄이려면 이해해두는 것이 좋다.

해시란 사용자의 비밀번호를 단방향으로 계산하긴 쉽지만 역산해 원문을 찾기 어렵게 만드는 함수로 변환하는 것을 말한다. 공격자가 해시된 비밀번호 데이터를 구하더라도 원래 비밀번호를 얻을 수는 없으며 사용자로 위장할 수 없게 만든다.

공격자가 원래 비밀번호를 얻으려면 가능한 모든 조합의 비밀번호를 만들어서 해시를 적용한 후 저장된 비밀번호와 같은지 비교해야 한다. 이를 방지하고자 계산을 어렵게 만드는 특별한 알고리듬이 적용된다. 비밀번호를 알아내려는 공격자는 수백만 개의 시도를 해봐야 하며 매우 많은 자원이 필요할 것이다. 추가로 공격자는 흔한 비밀번호를 미리 해시한 레인보우 테이블rainbow table을 이용해 자원을 줄이려고 할 수 있다. 이를 방지하고자 비밀번호를 저장하기 전에 솔트를 적용한다. 솔트란 원래 비밀번호에 추가돼 해시 결괏값을 추적하기 어렵게 만드는 것을 말한다.[4]

이런 복잡한 기능을 바닥부터 만드는 것은 어렵다. 게다가 제대로 만들었더라도 비밀번호가 탈취 당했을 때 안전하다고 보장하기 어렵다. 그럴 땐 오래 테스트되고 안전성이 보장된 라이브러리를 사용하는 편이 낫다.

Passlib 라이브러리는 저장에는 관여하지 않는다. 비밀번호가 어디에 저장되든 상관없다. 하지만 해시된 비밀번호를 갱신하는 것에는 관여한다. 해시 방법이 바뀌면 저장된 비밀번호를 갱신해야 하기 때문이다. Passlib은 다양한 저수준 인터페이스를 지원하지만 CryptContext(passlib.context.CryptContext)의 고수준 인터페이스를 사용하는 편이 낫다. 참고로 이 클래스는 암호화 관련된 일을 하지 않으며 적절치 못한 이름을 갖고 있다. 유닉스에 내장된 막연하게 유사한 기능(대부분 이제는 사용되지 않는)을 따라 이름 붙여졌다.

가장 먼저 해야 할 일은 지원할 해시의 목록을 결정하는 것이다. 해시 중에는

---

4. 이와는 다르게 비밀번호 원문에 솔트를 추가한 전체 문자열을 해시하는 방법도 있다. - 옮긴이

실사용에 부적절한 것들도 있다. 기존에 그런 해시 방법을 지원하고 있었다면 목록에 추가해야 한다. 다음의 예는 argon2를 선호하는 알고리듬을 선택하고 몇 가지 다른 옵션을 추가로 지원하는 사례다.

argon2 해시를 사용하려면 의존성이 추가로 필요하며 pip install argon2_cffi 명령으로 설치할 수 있다.

그리고 앞에서 설명한 내용에 따라 콘텍스트를 만든다.

```
>>> hashes = ["argon2", "pbkdf2_sha256", "md5_crypt", "des_crypt"]
```

그중 md5와 des는 심각한 취약점이 있으며 실사용에 적합하지 않다. 지금은 기존에 해당 알고리듬으로 해시된 데이터가 있다는 가정하에 추가했다. 반면 pbkdf2_sha256은 argon2만큼 안전하지는 않더라도 아직 바꿀 필요까지는 없다. 이 상황에서 md5와 des 알고리듬을 폐기[deprecate]하고자 한다.

```
>>> deprecated = ["md5_crypt", "des_crypt"]
```

이렇게 결정하고 다음으로 CryptContext를 생성한다.

```
>>> from passlib.context import CryptContext
>>> ctx = CryptContext(schemes=hashes, deprecated=deprecated)
```

해시 반복 횟수[number of rounds]와 같이 세부 사항을 설정할 수 있지만 대부분은 기본값으로 충분하다.

지원하는 해시 함수와 같은 정보는 환경 변수나 파일에 따로 관리하는 것도 좋을 것이다. 코드를 바꾸지 않더라도 변경을 적용할 수 있는 추가적인 장점도 있다.

```
>>> serialized = ctx.to_string()
>>> new_ctx = CryptContext.from_string(serialized)
```

참고로 해시 결과 문자열에는 개행 문자가 포함된다. 따라서 저장 방법에 따라 영향이 있을 수 있다. 필요하다면 base64 인코딩을 하는 것도 좋은 방법이다.

새로운 비밀번호를 입력 받으면 저장하기 전에 해시를 해야 할 것이다. 이때는 콘텍스트의 hash 함수를 사용한다.

```
>>> res = ctx.hash("good password")
```

사용자 인증을 위해 비밀번호를 검사할 때는 먼저 저장소로부터 해시 값을 가져와야 한다. 그리고 사용자가 입력한 비밀번호와 해시 값이 같은지 비교해야 한다. 폐기된 알고리듬으로 해시된 값이라면 새로운 알고리듬으로 갱신해야 한다.[5]

```
>>> ctx.verify_and_update("good password", res)
(True, None)
```

반환된 튜플의 두 번째 값이 비어있지 않다면 해당 값으로 해시를 변경해야 한다. 다음 코드와 같이 특정한 해시 알고리듬을 사용하게 지정할 수 있지만 콘텍스트의 기본값을 사용하는 편이 좋다.

```
>>> res = ctx.hash("good password", scheme="md5_crypt")
```

폐기된 알고리듬을 사용했기 때문에 verify_and_update 함수는 새로운 해시 값을 반환한다.

---

5. Passlib 1.7 버전에서 verify_and_update 함수가 deprecation됐다. 새로운 방법은 https://passlib.readthedocs. io/en/stable/narr/context-tutorial.html#deprecation-hash-migration에 안내돼 있다. - 옮긴이

```
>>> ctx.verify_and_update("good password", res)
(True, '$5$...')
```

튜플의 두 번째 값(새로운 해시 값)을 저장하면 갱신이 완료된다.

8.4 TLS 인증서

전송 계층 보안(TLS, Transport Layer Security)은 전송 과정의 데이터를 보호하고자 암호화를 적용한다. 중간자 공격(man-in-the-middle attack)을 방지하려면 접속하는 호스트를 검증해야 한다. 이를 위해 인증기관은 호스트의 공개키에 서명을 한다(7.3절 참고). 필요에 따라서는 로컬 CA를 활용하는 방법도 있다.

로컬 CA가 활용되는 사례 중 하나는 마이크로서비스 아키텍처(MSA, Micro Service Architecture)가 있다. 보안성을 높이고자 각각의 마이크로서비스에 로컬 CA가 서명한 인증서를 추가할 수 있다. 다른 예로는 내부 테스트 환경에서 로컬 CA 인증서를 사용하는 것도 있다. 테스트 환경에는 공개 CA의 인증서가 필수는 아니기 때문이다. 로컬에서 신뢰하는 인증기관이 로컬 CA를 설치하고 사용하려는 인증서에 서명하게 만드는 것은 어렵지 않다.

테스트 실행에서 활용하는 방법도 있다. 통합 테스트를 위해 좀 더 현실적인 환경을 만들고자 할 때다. 이상적으로 어떤 테스트는 평문 통신이 아닌 TLS가 사용되는지 확인하는 것이 좋을 것이다. 하지만 테스트 편의성을 위해 평문 통신을 하게 다운그레이드했다면 이런 테스트를 할 수 없을 것이다. 실제로 운영 환경에서 발생하는 보안 침입(security breach)의 원인 중 하나는 테스트를 위해 넣은 평문 통신 코드가 활성화(사고로 또는 의도적으로)되는 것에 있다. 게다가 이런 결함은 테스트 환경에서 평문 통신을 하고 있다면 테스트를 할 수도, 발견할 수도 없을 것이다.

같은 이유로 테스트 환경에서 검증 없이 TLS 연결을 허용하는 것도 위험하다. 검증을 건너뛰는 코드가 운영 환경에서 활성화되면 보안 침입이 발생할 수 있기 때문이다. 이러한 오류는 테스트를 통해 방지하기도 힘들다.

인증서를 수동으로 만들려면 cryptography 모듈의 위험 계층^{hazmat layer}에 접근해야 한다. 말 그대로 위험하기 때문에 저런 이름을 갖게 됐다.[6] 잘못된 선택은 보안 결함을 만들기 때문에 암호화 알고리듬과 인자를 신중히 선택해야 한다.

암호화를 적용하려면 백엔드^{backend}가 있어야 한다. 이는 여러 암호화 백엔드를 지원하고자 설계된 부분이다. 지금은 이 설계가 잘 사용되지 않지만 어쨌든 만들어서 전달해야 한다.[7]

```
>>> from cryptography.hazmat.backends import default_backend
```

이제 개인키를 만들 수 있다. 이 예제는 2048비트 크기의 개인키를 만든다. 키의 크기는 보안성과 관련이 깊지만 이 책의 범위를 벗어나므로 다루지 않는다.

```
>>> from cryptography.hazmat.primitives.asymmetric import rsa
>>> private_key = rsa.generate_private_key(
...     public_exponent=65537,
...     key_size=2048,
...     backend=default_backend()
... )
```

비대칭 암호화이므로 개인키에서 공개키를 쉽고 빠르게 계산할 수 있다.

```
>>> public_key = private_key.public_key()
```

인증서는 공개키만 참조하므로 이 부분은 중요하다. 개인키는 절대 공유해서 안 되므로 이에 대해 어떤 어써션을 하는 것은 위험하다.

---

6. 다른 계층의 이름은 레시피(recipe)이며 사용하기 쉬운 인증서 API를 포함하고 있다. – 옮긴이
7. 3.1 버전부터 backend 매개변수는 옵션으로 변경됐다. – 옮긴이

다음으로 인증서 빌더certificate builder를 만든다. 인증서 빌더는 공개키에 대한 어써션을 추가한다. 이 경우 CA 인증서는 자체 서명된 것이므로 인증서를 자체 서명하는 것으로 끝난다.

```
>>> from cryptography import x509
>>> builder = x509.CertificateBuilder()
```

다음으로 필수적인 몇 가지 이름을 추가한다. 이름 자체는 크게 중요하지 않다.

```
>>> from cryptography.x509.oid import NameOID
>>> builder = builder.subject_name(x509.Name([
... x509.NameAttribute(NameOID.COMMON_NAME, 'Simple Test CA'),
... ]))
>>> builder = builder.issuer_name(x509.Name([
... x509.NameAttribute(NameOID.COMMON_NAME, 'Simple Test CA'),
... ]))
```

그리고 유효 기간을 설정한다. 계산 편의를 위해 하루(one_day)를 변수로 만든다.

```
>>> import datetime
>>> one_day = datetime.timedelta(days=1)
```

유효 기간의 시작은 방금 전부터로 한다.

```
>>> today = datetime.datetime.now()
>>> yesterday = today - one_day
>>> builder = builder.not_valid_before(yesterday)
```

지금 만들고 있는 인증서는 테스트를 위한 것이므로 유효 기간을 길게 할 필요가 없을 것이다. 여기서는 30일로 했다.

```
>>> next_month = today + (30 * one_day)
>>> builder = builder.not_valid_after(next_month)
```

인증서를 고유하게 식별할 수 있는 일련번호가 필요하다. 이전의 일련번호를 기억하는 것은 번거로우므로 임의^{random}의 일련번호를 사용하기로 하자. 동일한 일련번호를 2번 선택할 확률은 매우 낮다.

```
>>> builder = builder.serial_number(x509.random_serial_number())
```

이제 공개키를 추가한다. 인증서는 공개키에 대한 어써션으로 구성된다.

```
>>> builder = builder.public_key(public_key)
```

CA 인증서임을 표시한다.

```
>>> builder = builder.add_extension(
... x509.BasicConstraints(ca=True, path_length=None),
... critical=True)
```

빌더에 모든 어써션을 추가한 후 해시를 만들고 서명한다.

```
>>> from cryptography.hazmat.primitives import hashes
>>> certificate = builder.sign(
...     private_key=private_key, algorithm=hashes.SHA256(),
...     backend=default_backend()
... )
```

이것으로 개인키와 자기 서명한 CA 인증서를 만들었다. 이제 파일에 저장한다.

인증서는 개인키 없이는 쓸모가 없으므로 PEM 파일로 함께 저장하는 것이 일반적이다.

```
>>> from cryptography.hazmat.primitives import serialization
>>> private_bytes = private_key.private_bytes(
... encoding=serialization.Encoding.PEM,
... format=serialization.PrivateFormat.TraditionalOpenSSL,
... encryption_algorithm=serialization.NoEncryption())
>>> public_bytes = certificate.public_bytes(
... encoding=serialization.Encoding.PEM)
>>> with open("ca.pem", "wb") as fout:
...     fout.write(private_bytes + public_bytes)
>>> with open("ca.crt", "wb") as fout:
...     fout.write(public_bytes)
```

이런 식으로 CA 역할을 할 수 있다.

실제 인증기관의 서명을 받으려면 개인키 소유자로서 인증서를 요청한다는 것을 증명하는 인증 서명 요청CSR, Certificate Signing Request을 생성해야 한다. 하지만 이제 CA 역할을 할 수 있으므로 직접 인증서를 만들 수 있다.

이제 서비스에서 사용할 인증서를 만들어 보자. 개인키를 만드는 것은 인증기관에서 사용할 개인키를 만들 때와 동일하다

```
>>> service_private_key = rsa.generate_private_key(
...     public_exponent=65537,
...     key_size=2048,
...     backend=default_backend()
... )
```

서명은 공개키에 하는 것이므로 개인키에서 공개키를 만든다.

```
>>> service_public_key = service_private_key.public_key()
```

이번에도 빌더를 생성한다.

```
>>> builder = x509.CertificateBuilder()
```

서비스에 사용할 때에는 일반 이름(COMMON_NAME 또는 CN)이 중요하다. 클라이언트는
검증 과정에서 이 이름을 참조하기 때문이다.

```
>>> builder = builder.subject_name(x509.Name([
... x509.NameAttribute(NameOID.COMMON_NAME, 'service.test.local')
... ]))
```

서비스의 도메인을 service.test.local로 했다. 다음으로 유효 기간을 설정한
다. 여기서는 한 달로 지정했다.

```
>>> builder = builder.not_valid_before(yesterday)
>>> builder = builder.not_valid_after(next_month)
```

다음으로 서비스의 공개키에 서명을 한다.

```
>>> builder = builder.public_key(public_key)
```

서비스에서 사용할 인증서이므로 자기 서명을 하지 않는다. CA의 개인키로 서
명한다.

```
>>> certificate = builder.sign(
...     private_key=private_key, algorithm=hashes.SHA256(),
...     backend=default_backend()
... )
```

끝으로 개인키와 인증서를 PEM 파일로 저장한다.

```
>>> private_bytes = service_private_key.private_bytes(
... encoding=serialization.Encoding.PEM,
... format=serialization.PrivateFormat.TraditionalOpenSSL,
... encryption_algorithm=serialization.NoEncryption())
>>> public_bytes = certificate.public_bytes(
... encoding=serialization.Encoding.PEM)
>>> with open("service.pem", "wb") as fout:
...     fout.write(private_bytes + public_bytes)
```

service.pem 파일은 아파치[Apache], 엔진엑스[Nginx], HA프록시[HAProxy] 등 많은 웹 서버에서 지원하는 형식이다. 또한 twisted 웹 서버에서도 **txsni** 확장으로 사용할 수 있다.

클라이언트에 ca.crt 파일을 신뢰할 수 있는 루트로 추가하고 service.test.local 도메인에 접속하면 인증서 검증이 정상적으로 이뤄질 것이다.

8.5 정리

암호화는 강력하고 필수적이지만 잘못 사용하기도 쉽다. 라이브러리가 제공하는 고수준 함수를 잘 학습해서 사용하면 암호화를 적용할 때 실수할 위험을 줄일 수 있다. 암호화 자체가 보안 위협 분석이나 보안 설계를 대체하지는 않지만 이런 활동에 도움을 준다.

파이썬에는 탄탄한 서드파티 암호화 라이브러리가 많이 있으므로 이를 활용하자.

## 9장

파라미코

보안 셸 프로토콜^{SSH, Secure Shell Protocol}은 유닉스(또는 리눅스)의 원격 관리에 많이 이용된다. SSH는 텔넷^{telnet}보다 나은 보안을 제공하고자 만들어졌다. 현재는 원격 관리 도구의 표준이라고 볼 수 있다.

여러 대의 서버를 관리하고자 솔트^{Salt}(10장 참고)와 같은 솔루션을 사용하기도 하지만 이 과정에서도 솔루션 적용에 필요한 에이전트를 설치하고자 SSH를 사용한다. 앤서블^{Ansible}(11장 참고)과 같이 에이전트가 없는 형태에서도 원격 관리에 내부적으로 SSH 프로토콜을 사용한다.

파라미코^{Paramiko}는 파이썬에서 SSH를 사용하고자 쓸 수 있는 라이브러리다. 이 라이브러리를 사용해 시스템 원격 관리를 자동화할 수 있다.

파라미코는 SSH 프로토콜의 고수준과 저수준 API를 모두 제공한다. 책에서는 고수준을 중심으로 설명한다.

자세한 설명에 앞서 파라미코와 주피터 노트북의 시너지를 알아보자. 주피터 노트북에서 파라미코로 개발을 하면 자동으로 문서화되는 원격 콘솔을 이용하는 것과 마찬가지다. 원격 서버의 트러블슈팅 과정에서도 여러 브라우저에서 하나의 노트북에 접속하면 화면 공유를 할 때보다 효율적으로 협업할 수 있다.

파라미코 라이브러리는 SSH 프로토콜의 암호화 기능과 관련된 몇 개의 바이너리 휠에 의존한다. 바이너리 휠이 잘 지원되는 윈도우, 맥OS, 리눅스 등에서는 pip install paramiko 명령으로 추가적인 작업 없이 라이브러리를 설치할 수 있다.

PyPI에서 제공하는 바이너리 휠 없이 파라미코를 설치하려면 복잡하다. 우선은 공식 설치 문서에 설명된 내용을 따르면 된다. 다만 이 과정은 의존성 라이브러리의 변경에 따라 바뀔 수 있다. 예를 들어 암호화^{cryptography} 라이브러리는 러스트^{Rust}를 활용하는 것으로 변경됐으며, 따라서 이를 소스에서 설치하려면 러스트 컴파일러를 필요로 한다.

9.1 SSH 보안

SSH는 원격 호스트를 제어하고 설정함에 있어 보안을 제공한다. 하지만 보안은 섬세한 주제다. 암호화 기반이 안전하고 프로토콜도 이를 안전하게 사용하더라도 그 자체로 안전함을 보장하지는 않는다. 라이브러리를 잘못 사용한다면 여전히 보안에 위협이 될 수 있다.

SSH를 안전하게 사용하려면 프로토콜이 보안을 어떻게 제공하는지 제대로 이해해야 한다. 미리 알아야 할 것은 SSH는 보안의 우선순위가 높지 않던 시기에 만들어졌다는 것이다. 프로토콜이 제공하는 모든 보안상의 이점을 무시한 채 사용하기 쉽다.

SSH 프로토콜은 상호 신뢰^{mutual trust}에 기반을 둔다. 클라이언트와 서버는 서로를 인증하고 문제가 없으면 상대방을 신뢰한다. 여러 방법으로 신뢰를 수립할 수 있지만 지금은 가장 흔히 사용하는 공개키를 이용한 방법을 다룬다.

서버의 공개키는 지문^{fingerprint}을 통해 식별된다. 지문은 둘 중 한 가지 방법으로 서버의 신원을 확인한다. 첫 번째는 다른 보안 채널로 지문 정보를 가져와 이를 파일에 저장하는 것이다.

예를 들어 AWS EC2 서버는 부팅을 하며 서버의 지문을 가상 콘솔에 출력한다. 콘솔에 출력된 내용은 AWS의 API를 통해 가져올 수 있으며 거기서 지문 정보를 획득할 수 있다.

또 다른 방법은 TOFU^{Trust On First Use}(처음 접속 시 확인) 모델이다. 이 방법에서는 최초로 접속할 때 가져온 지문 정보가 진본일 것이라고 가정하며, 이 정보를 안전한 장소에 저장한다. 이후 다시 접속하면 저장된 지문 정보와 비교하고 지문이 다를 경우 접속에 실패한다.

지문이란 서버의 공개키를 해시한 값이다. 지문이 같다고 하면 공개키 또한 같은 것이다. 서버는 해당 공개키에 부합하는 개인키를 갖고 있음을 증명한다. 다른 말로 하면 서버는 지문을 제공하고 자신이 그 지문을 가진 서버임을 증명한다는 것이다.

반대로 사용자(클라이언트)는 서버에 자신이 신뢰하고 있는 공개키를 알려줄 수 있다. 이 과정은 종종 별도의 채널에서 이뤄진다. 시스템 관리자가 공개키를 등록하기 위한 웹 API를 사용할 수도 있고 공유 파일 시스템, 네트워크에서 정보를 읽어오는 부트 스크립트 등의 방법으로 서버의 공개키를 배포할 수 있다. 키가 배포된 방식과는 관계없이 사용자 디렉터리에는 다음의 내용을 담은 파일이 있다. "이 공개키에 부합하는 개인키를 가졌다고 증명할 수 있는 서버와의 연결을 승인해주십시오."

SSH 연결이 수립^{establish}되면 클라이언트는 서버의 신원을 검증한다. 그리고 서버에 있는 공개키에 부합하는 개인키를 갖고 있다는 증명을 제공한다. 두 단계가 모두 정상이면 연결이 만들어지고 명령을 실행하거나 파일을 제어할 수 있게 된다.

9.2 클라이언트 키

클라이언트의 개인키와 공개키 파일은 보통 함께 관리한다. 이미 갖고 있는 키를 사용할 수도 있고 새로 만들어 사용할 수도 있다.

파라미코를 사용해 키를 쉽게 생성할 수 있다. 여기서는 타원 곡선 디지털 서명 알고리듬[ECDSA, Elliptic Curve Digital Signature Algorithm]으로 키를 생성했다. ECDSA는 같은 키의 크기를 갖는 기존의 소수 기반 암호화보다 공격에 안전한 것으로 알려져 있다. 또한 현재까지 EC[타원 곡선] 기반의 암호화에 대한 부분 해독도 쉽지 않은 상황이다. 따라서 암호화 커뮤니티에서는 해당 알고리듬이 아직은 공격에 안전하다고 생각하고 있다.

```
>>> from paramiko import ecdsakey
>>> k = ecdsakey.ECDSAKey.generate()
```

비대칭 암호화에서 대부분 그러하듯 개인키에서 공개키를 계산할 수 있다.

```
>>> public_key = k.get_base64()
```

공개키이므로 파일에 그대로 저장해도 문제될 것이 없다.

```
>>> with open ("key.pub", "w") as fp:
...     fp.write(public_key)
```

하지만 개인키를 파일로 저장할 때는 권한[permission]이 안전한지 확인해야 한다. 파일을 열고나서 권한을 변경할 수 있지만 민감한 정보를 저장하기 전에 바꾸는 것이 안전하다.

하지만 이 방법도 충분히 안전하다고 보기 어렵다. 파일이 잘못된 디렉터리에 써진다면 원치 않는 소유자의 파일로 만들어질 수 있다. 또한 파일 시스템에 따라 권한과 같은 메타정보를 동기화하는 방식이 다를 수 있다. 잘못된 시점에 문제가 발생하면 엉뚱한 권한 정보를 갖게 될 수 있다. 다음은 이런 특징을 고려해 최소한의 안전을 보장하기 위한 코드다.

```
>>> import os
>>> with open ("key.priv", "w") as fp:
...     os.chmod( "key.priv", 0o600)
...     k.write_private_key(fp)
```

파일에 민감한 정보를 쓰기 전에 권한 모드를 0o600으로 설정했다. 파일 모드는 보통 8진수로 표기한다. 여기서는 0o600이며 이는 2진수로 110000000이고 rw------- 권한으로 해석된다.

```
>>> import stat
>>> oct(stat.S_IWRITE | stat.S_IREAD)
'0o600'
```

동일한 권한 정보를 위의 코드처럼 표현할 수 있다. 여기서는 파일의 소유자에게 읽기와 쓰기 권한을 주고 그룹과 그 외의 사용자에게는 어떠한 권한도 주지 않았다.

다음으로는 앞에서 만든 공개키를 관련 서버에 업로드한다.

예를 들어 클라우드 서비스에 따라 다음과 같은 코드를 사용할 수 있다. 여기서 set_user_data 함수는 클라우드 서비스에서 제공하는 API를 이용해 만들었으며 cloud-init을 지원하는 어떤 서버에서도 동작할 것이다.

```
set_user_data(machine_id,
f"""
ssh_authorized_keys:
    - ssh-ecdsa {public_key }
```

```
""")
```

이 방식은 도커 컨테이너를 배스천^{bastion} 서버[1]로 사용하고자 할 때도 쓸 수 있다. 사용자가 SSH를 사용해 컨테이너로 접속하고 컨테이너에서 특정 머신으로 접속을 하는 것이다.

이때는 도커 빌드 파일에 COPY 명령으로 쉽게 인증서를 넣을 수 있다. 공개키가 들어가 있는 도커 이미지를 레지스트리에 올려도 괜찮다. 이는 공개키의 성격이 그렇기 때문이다.

9.3 호스트 식별

SSH에서 중간자 공격을 막기 위한 첫 번째 방어책으로 TOFU 원칙을 많이 적용한다. TOFU가 작동하려면 서버의 지문이 클라이언트의 캐시에 저장돼야 한다.

과거에는 캐시 장소로 사용자의 홈 디렉터리가 흔히 사용됐다. 하지만 최근의 불변성 및 휘발성 아키텍처와 다중 사용자 환경 등으로 인해 복잡도가 증가했다.

이런 상황에서 신뢰하는 소스와 최대한 공유하는 것 외에는 일반적인 권장 사항을 추천하기는 어렵다. 그래도 파라미코는 최소한의 가이드라인을 제공한다.

- 클라이언트는 MissingHostKeyPolicy를 설정할 수 있다. MissingHost KeyPolicy 인터페이스를 구현해서 키를 저장하거나 외부 데이터베이스를 참조하도록 정책을 넣을 수 있다.
- known_hosts 파일은 유닉스에서 일반적으로 사용하는 형식이다. 파라미코는 일반적인 SSH 클라이언트와 마찬가지로 해당 파일을 참조하고 접속한 호스트에 대해 기록한다.

---

1. 중요한 서버로의 접근을 통제하고자 사용하는 일종의 게이트웨이/프록시 서버 - 옮긴이

9.4 연결

저수준의 연결 제어 방법도 있지만 고수준인 SSHClient를 사용하는 것이 권장된다. 사용 후에는 연결을 닫아야 하기 때문에 가능하면 contextlib을 콘텍스트 매니저로 활용하는 것이 안전하다.

```python
import contextlib, paramiko, sys
with contextlib.closing(paramiko.SSHClient()) as client:
    client.connect(sys.argv[1])
    ## 클라이언트를 사용하는 코드
```

이렇게 만들어진 클라이언트는 연결 해제를 신경 쓰지 않고 다른 함수에서 사용할 수 있다. 사용이 끝난 연결은 콘텍스트 매니저에 의해 닫힐 것이기 때문이다.

클라이언트에서 연결을 하기 전에 여러 가지 설정이 필요할 때도 있다. 미리 설정된 클라이언트를 생성하는 함수를 만든다면 편리하게 사용할 수 있을 것이다.

대표적으로는 set_missing_host_policy() 함수로 인증 정책을 설정하는 것이 있다.

```python
import paramiko
client.set_missing_host_key_policy(paramiko.WarningPolicy())
```

여기서는 정책을 WarningPolicy()로 설정했다. 이 정책은 모르는 호스트 키를 받게 되면 경고warning 로그를 남기며 키를 수용하고 접속한다.

policy는 policy.missing_host_key(클라이언트, 호스트명, 키) 메서드를 구현한 객체다. 이 메서드는 정책을 위반한 접근에 대해 오류를 발생시켜야 하며, 반환 값이 있다면 정책을 위배하지 않는 연결로 간주한다.

이미 알고 있는 호스트를 가져오고자 다음 2가지 메서드를 사용할 수 있다.

- **load_system_host_keys()**: 시스템의 호스트 키 파일을 불러온다. 불러온 호스트 키의 변경은 불가능하다.
- **load_host_keys()**: 특정 호스트 키 파일을 불러온다. 불러온 호스트 키는 변경할 수 있다..

두 메서드는 거의 같은 방식으로 작동하며 매개변수도 동일하다. 파일을 수정할 수 있는지만 다르다.

```
from paramiko import SSHClient
import os

client.load_host_keys(os.path.expanduser( "~/.ssh/known_hosts" ))
```

위의 코드는 SSH 도구(ssh 명령과 같은)에서 사용하는 기본 디렉터리의 known_hosts 파일을 불러온다. 정책을 paramiko.AutoAddPolicy()로 설정했다면 키는 자동으로 업데이트된다.

또한 명시적으로 키를 저장할 수도 있다.

```
client.save_host_keys(os.path.expanduser( "~/.ssh/known_hosts" ))
```

주의할 점은 load_host_keys()로 불러온 키만 다시 저장된다는 것이다. load_system_host_keys()로 불러온 키는 다시 저장되지 않으며 클라이언트를 만들 때마다 다시 불러와야 한다.

connect 메서드에는 몇 가지 인자가 있지만 호스트명을 제외한 나머지는 모두 선택 사항이다. 인자에 대한 설명은 다음과 같다.

- **hostname**: 접속할 서버 이름이다.
- **port**: SSH 기본 포트인 22가 아닌 다른 포트를 사용하려면 인자를 전달한다. 종종 보안 강화를 위해 SSH를 다른 포트로 서비스하고 22번 포트

로 접속을 시도하는 IP는 차단하기도 한다. 실제 SSH의 포트 정보는 다른 특정 포트나 별도 API로 제공하기도 한다.

- **username**: 접속 대상 서버의 사용자명이다. 기본값은 클라이언트의 로컬 사용자명을 쓰지만 사용자명이 같은 경우는 드물 것이다. 클라우드의 가상 머신 이미지에서는 동일한 사용자명이 쓰이기도 한다.

- **pkey**: 인증을 위한 개인키다. 개인키를 보안 관리자에서 불러오는 등 프로그램적으로 개인키를 가져와야 할 때 활용할 수 있다.

- **allow_agent**: 기본값은 True다. 로컬에 설치된 별도의 SSH 에이전트를 사용하면 파라미코가 개인키를 불러오지 않는다. 따라서 무슨 일이 있더라도 개인키는 파이썬 프로세스에서 보이지 않게 되며 개인키가 유출될 위험을 줄일 수 있다.

- **look_for_keys**: 기본값은 True이며 개인키를 찾고자 디렉터리를 탐색한다. False로 설정하고 키를 제공하지 않으면 에이전트 사용을 강제할 수 있다.

9.5 명령 실행

SSH는 원래 텔넷을 대체하고자 만들어졌으며, 여전히 원격 호스트에서 명령을 실행하는 용도로 많이 사용한다. 원격의 의미는 물리적으로 다른 호스트만을 뜻하지 않는다. 가상 머신이나 컨테이너 또한 원격 호스트로 볼 수 있다.

접속이 완료되면 파라미코 클라이언트의 **exec_command** 메서드를 호출해 원격 호스트에 명령을 보낼 수 있다. 명령을 리스트가 아닌 문자열로 받기 때문에 주의를 요한다. 특히 명령과 여러 인자를 보간^{interpolating}할 때는 사용자가 권한을 침범하지 않게 각별히 주의해야 한다.

다음은 파라미코를 사용해 **"hello world"**를 출력하는 코드다.

```
 # 클라이언트 접속
stdin, stdout, stderr = client.exec_command( "echo hello world" )
print(stdout.read().decode( "ascii"))
```

exec_command() 함수는 표준 입력과 표준 출력, 표준 에러를 반환한다. 입출력의 권한이 모두 사용자에게 있으므로 문제가 생기지 않게 주의해야 한다. 표준입력은 대기를 발생시키므로 가급적 사용하지 않는 것이 좋다. 차라리 파일을 만들고 그것을 읽게 하는 편이 낫다.

클라이언트에는 원격 셸을 만들고 접근할 수 있게 해주는 invoke_shell 메서드도 있다. 만들어진 셸에 직접 연결된 Channel 객체를 반환하며 send 메서드로 마치 터미널에 타이핑하듯 셸에 데이터를 보낼 수 있다.

채널의 출력은 recv 메서드로 가져온다. 하지만 타이밍[timing] 문제가 생기기 쉽다. 일반적으로 exec_command를 사용하는 것이 안전하다. 원격으로 visudo[2] 명령을 실행하는 상황처럼 상호작용이 필요한 명령을 실행할 때를 제외하고는 새로운 셸을 만들어야 할 필요는 드물다.

9.6 원격 파일

원격으로 파일을 관리하려면 클라이언트의 open_sftp 메서드를 사용한다. 이 메서드는 SFTPClient 객체를 반환하며 이 객체를 사용해 필요한 파일 작업을 할 수 있다.

내부적으로는 동일한 TCP 연결상에 새로운 SSH 채널을 만든다. 따라서 파일을 주고받으면서도 동시에 명령을 보낼 수 있다. SSH 프로토콜 자체는 현재 위치(작업 디렉터리) 정보를 관리하지 않는다. SFTPClinet는 마치 셸에 있는 것처럼 현재 위치를 에뮬레이트하지만 이에 의존하기보다는 전체 경로를 기준으로 하는 편

---

2. sudoers 파일 수정을 위한 명령이다. – 옮긴이

이 낫다. 코드를 리팩터링하기도 쉬워지고 명령의 순서에도 의존하지 않는 장점이 있기 때문이다.

9.6.1 메타정보 관리

데이터는 그대로 둔 채 파일의 속성만 바꿔야 할 때도 있다. SFTPClient에는 이를 위한 메서드가 있다.

chmod 메서드는 파이썬의 os.chmod와 같은 역할을 하며 동일한 인자를 받는다. 두 번째 인자는 정수로 표현한 권한 정보이며 8진수를 사용하는 것이 직관적이다. 그러므로 다음의 코드처럼 하는 것이 편리하다.

```
client.chmod("/etc/some_config", 0o644)
```

파이썬에서는 C 언어와 같이 0644로 표현해서는 안 된다(파이썬 2 버전에서 폐기됐다). 0o644로 8진수를 표기하는 것이 더 명확하고 파이썬답다.

주의할 점은 다음 코드처럼 잘못된 경우 안전장치가 없다는 것이다.

```
client.chmod("/etc/some_config", 644)
```

-w----r? 권한으로 설정되며 위험할 뿐만 아니라 혼란스럽다.

이외에도 메타정보와 관련된 다음의 메서드가 있다.

- **chown**: 파일 소유자 변경
- **listdir_iter**: 디렉터리의 파일명과 메타정보 조회
- **stat, lstat**: 파일의 메타정보 조회
- **posix_rename**: 원자적으로 파일명을 수정한다. rename 메서드는 운영체제의 파일명 변경이 아닌 SFTP 프로토콜의 파일명 변경을 따른다. 동작 방식이 다른 부분은 주의를 필요로 한다.

- **mkdir, rmdir**: 디렉터리 생성과 삭제
- **utime**: 파일의 접근 및 수정 시간 변경

9.6.2 업로드

파라미코로 원격 호스트에 파일을 업로드할 수 있는 방법은 크게 2가지가 있다. 하나는 put 메서드를 사용하는 것이다. 복사할 파일의 로컬 경로와 원격 호스트의 경로를 전달하면 된다. 추가로 콜백^{callback} 함수를 전달할 수 있다. 이는 주로 업로드의 진행을 알기 위한 용도로 사용한다. 두 번째 업로드 방법은 좀 더 제어가 필요한 상황에서 쓸 수 있다.

SFTPClient의 open 메서드는 파일 같은 객체를 반환한다. 해당 객체에 블록 단위로 또는 줄 단위로 쓰기를 하는 것으로 업로드를 할 수 있다. 이때는 쓰기를 하는 반복문 안에서 직접 업로드의 진행을 파악할 수 있을 것이다.

9.6.3 다운로드

업로드와 마찬가지로 크게 2가지 방법으로 원격 호스트의 파일을 받을 수 있다. 첫 번째는 get 메서드를 사용하는 것이다. 파일명만 제공하면 나머지는 알아서 해준다.

두 번째는 open 메서드를 사용하는 것이다. 이는 원격 호스트에 쓰기 대신 읽기를 하고 로컬에 쓰기를 한다. 다운로드 진행 확인이나 사용자와 상호작용이 필요하다면 이 방법이 나을 것이다.

9.7 정리

유닉스 기반의 서버는 대부분 SSH 프로토콜로 원격 관리를 할 수 있다. SSH가 실행 중인 서버가 있고 로그인 권한이 있다면 파라미코를 사용해 많은 관리 업무를 자동화할 수 있을 것이다.

## 10장

솔트스택

솔트스택^{Saltstack} 또는 솔트^{Salt}는 구성 관리^{configuration management} 시스템으로, 많은 수의 컴퓨터 시스템을 쉽게 관리하게 도와준다. 하나의 동일한 규칙을 서로 다른 시스템에 적용하며, 구성에 있는 차이점이 의도적인지 확인하는 방식으로 동작한다.

솔트는 파이썬으로 작성됐으며 파이썬으로 쉽게 확장할 수 있다. 예를 들어 YAML 파일이 사용되는 곳이라면 솔트를 통해 파이썬 파일의 딕셔너리를 사용할 수 있다.

또한 솔트는 오픈소스로 개발 중이므로 소스 저장소에서 코드를 복제^{clone}할 수 있다. PyPI에는 2가지 패키지가 등록돼 있다.

- salt 패키지는 클라이언트와 서버 코드를 포함한다. pyzmq에 의존성을 가지므로 libzmq C 라이브러리가 필요하다.
- salt-ssh 패키지는 로컬 클라이언트와 SSH 기반 클라이언트만을 포함한다. 따라서 libzmq 라이브러리가 필요 없다. 로컬에서만 사용하거나 에이전트 없이 SSH로 사용한다면 salt-ssh 패키지를 이용하는 편이 낫다.

이러한 차이점 외에는 두 패키지가 거의 같다.

10.1 솔트 기본

솔트는 시스템 구성 관리 프레임워크로, 운영체제가 특정한 구성을 만족하게 구성하는 역할을 한다. 기본 개념은 현재 구성과 목표 구성 사이의 차이를 찾아내고 이를 줄여가는 것이다. 솔트는 기본적으로 다음의 3가지 동작을 한다.

- 목표로 하는 구성을 산출한다.
- 목표로 하는 구성과 현재 시스템의 구성 사이의 차이를 산출한다.
- 목표 구성을 만족시키고자 필요한 명령을 실행한다.

확장 프로그램[extension] 중에는 서비스형 소프트웨어[SaaS, Software as a Service] 제품을 설정하는 등 운영체제의 범위를 벗어난 것들도 있다. 예를 들어 아마존 웹 서비스나 페이저 듀티[PagerDuty][1], DNS 서비스를 다루는 확장 프로그램도 있다.

보통 모든 운영체제를 동일하게 설정하지는 않을 것이다. 따라서 솔트는 대상 시스템의 속성과, 어떤 설정이 어느 시스템에 적용돼야 하는지 등을 파악한다. 솔트는 이 정보를 바탕으로 시스템이 최종적으로 어떤 상태여야 하는지 결정하고 이를 적용한다.

몇 가지 방법으로 솔트를 사용할 수 있다.

- **로컬에서 실행:** 원하는 단계[desired steps]를 수행하는 로컬 명령을 실행한다.
- **SSH 기반:** 솔트 서버에서 클라이언트에 SSH로 접속하고 원하는 단계를 수행하는 명령을 실행한다.
- **네이티브 프로토콜:** 클라이언트가 서버로 접속하며 서버가 지정하는 단계를 수행한다.

SSH 모드에서는 설정 대상 시스템에 솔트 클라이언트를 설치하지 않아도 된다. SSH 서버만 실행 중이면 되기 때문이다. 하지만 이보다는 여러 장점을 제공하

---

1. IT 사고 대응 플랫폼이다. - 옮긴이

는 솔트 네이티브 프로토콜을 사용하는 편이 낫다.

우선 네이티브 프로토콜을 사용하면 클라이언트가 서버로 접속한다. 따라서 클라이언트에게 서버의 정보만 알려주면 된다. 또한 확장하기도 쉽다. 게다가 클라이언트에 파이썬 모듈을 설치할 수 있는 장점도 있다. 솔트 확장 프로그램 중에는 이 기능을 꼭 사용해야 하는 것도 있다.

확장 프로그램 중에는 특정 모듈의 사전 설치를 요구하는 것도 있다. 이때는 하이브리드 접근법을 고려할 수 있다. 먼저 SSH 기반으로 클라이언트에 에이전트 설치와 서버 정보 등록, 필요한 모듈 설치 등 기본적인 설정을 한다. 그리고 네이티브 프로토콜로 이후 과정을 진행한다.

이는 서버에 두 부분이 있음을 의미한다. 하나는 SSH를 사용해 시스템에 솔트 클라이언트 설치 등 기본적인 구성을 하는 것이다. 다른 한 부분은 준비된 클라이언트가 접속하면 나머지 구성에 필요한 명령을 보내는 역할을 한다.

이 접근법에는 보안과 관련된 장점도 있다. 우선 별도의 방법으로 클라이언트의 SSH 키를 검증하고, 솔트로 연결할 때에는 클라이언트가 마스터로 접속할 수 있게 솔트의 비밀키를 주입한다.

하이브리드 접근법을 쓰려면 우선 호스트를 찾을 수 있어야 한다. 클라우드 환경이라면 제공되는 API를 사용할 수 있을 것이다. 그리고 해당 정보를 솔트에게 제공한다.

이 정보는 로스터[roster]를 이용해 솔트에게 제공한다. 로스터는 YAML 파일이며, 최상위 값은 시스템의 이름으로서 솔트에서 특정 시스템을 지정할 때 사용하는 중요한 정보다.

```
file_server:                  # 시스템의 논리적 이름
    user: moshe               # 계정명
    sudo: True                # sudo 사용 여부
    priv: /usr/local/key      # 개인키 위치
```

```
print_server:                    # 시스템의 논리적 이름
    user: moshe                  # 계정명
    sudo: True                   # sudo 사용 여부
    priv: /usr/local/key2        # 개인키 위치
```

이상적인 상황이라면 모든 인자가 동일할 것이다. user는 SSH 사용자명이며 sudo는 sudo 명령을 사용해야 하는지 선택하는 불리언 값으로 대부분 True다. 예외적으로 관리자 계정(보통 root)일 때는 False로 설정하는 것이 좋다. root 계정으로 SSH를 사용하는 것은 보안상 좋지 않기 때문이다.

priv 필드는 개인키의 경로를 나타낸다. 대신 값을 agent-forwarding으로 설정하면 SSH 에이전트에게 맡긴다. 에이전트를 사용하는 것이 보안 측면에서 나을 수 있다.

로스터 파일은 어느 위치에나 둘 수 있지만 솔트가 검색하는 기본 위치는 /etc/salt/roster다. 파일을 다른 위치에 두려면 별도의 설정을 해야 한다. salt-ssh는 기본 설정을 /etc/salt/master에서 찾는다. -c 옵션으로 설정 디렉터리를 명시할 수 있다. 설정 파일이 저장되는 기본 위치인 /etc/salt 디렉터리를 변경하지 않고자 다른 디렉터리에 설정 파일을 보관하는 것은 흔히 있는 일이다.

대신 Saltfile을 써도 된다. salt-ssh는 현재 디렉터리의 Saltfile을 참조해 실행 옵션을 설정하기 때문이다.[2]

```
salt-ssh:
    config_dir: some/directory
```

config_dir 필드를 .으로 설정하면 현재 디렉터리에서 마스터 파일을 찾는다. 또한 마스터 파일의 roster_file 필드를 설정해 특정 디렉터리에서 로스터 파일을 찾게 할 수 있다. 솔트와 관련된 설정 파일을 버전 관리한다면 기본 위치

---

2. https://bit.ly/devopspy-saltfile을 참고하길 바란다. - 옮긴이

보다는 별도 위치로 하는 것이 편할 것이다.

로스터를 사용해 시스템 정보를 등록했다면 다음으로는 솔트가 잘 작동하는지 점검하는 것이 좋다. 로컬에서 명령을 실행해서 솔트 설정을 점검할 수 있다.

로컬에서 테스트를 하려면 salt '*' 대신 salt-call --local을 한다. 특권 접근^{privileged access}이 필요하므로 VM이나 컨테이너에서 하는 편이 안전할 것이다

점검 결과 이상이 없으면 로스터에 등록된 시스템에 실제 명령을 보내보자. 다음은 ping 명령을 보낸다.

```
$ salt '*' test.ping
```

문제가 없다면 True를 출력할 것이다. 반대로 시스템에 접근할 수 없거나 SSH 인증 정보가 잘못됐거나 설정에 문제가 있다면 명령은 실패할 것이다.

ping 명령을 보내는 것은 시스템에 아무런 영향을 끼치지 않으므로 설정에 문제가 없는지 테스트하기에 적당하다.

솔트는 여러 상황을 테스트하기 위한 함수를 제공한다.

그중 test.false 명령은 의도적으로 실패하는 명령이다. 개발 파이프라인에 솔트를 도입한다면 솔트가 실패했을 때 어떤 일이 생기는지도 테스트를 해봐야 할 것이다. 이 명령은 그런 상황에서 쓸모 있다.

test.collatz와 test.fib 함수는 시스템에 부하가 큰 연산을 발생시키고 실행에 걸린 시간과 결괏값을 반환한다. CPU 속도가 전력이나 온도에 따라 유동적이라면 이로 인해 시스템에 문제가 발생하지 않는지 테스트하는 데 이 함수를 사용할 수 있을 것이다.

salt 명령은 전달된 인자 중 상당수를 파이썬 객체로 해석^{parse}한다. 종종 이 과정에서 셸과 파이썬의 인자 해석 규칙이 달라 문제가 생기기도 한다. test. kwarg 명령은 인자가 어떻게 해석됐는지를 확인할 때 유용하다. 키워드로 전달

된 인자가 딕셔너리로 해석된 결과를 출력한다.

```
$ salt '*' test.kwarg word="hello" number=5 \
    simple_dict='{thing: 1, other_thing: 2}'
```

다음은 salt-call --local test.kwarg으로 위의 명령을 로컬로 실행했을 때의
결과다.

```
local:
    ----------
    __pub_fun:
        test.kwarg
    __pub_jid:
        20220221233400575283
    __pub_pid:
        858
    __pub_tgt:
        salt-call
    number:
        5
    simple_dict:
        ----------
        other_thing:
            2
        thing:
            1
    word:
        hello
```

앞에서도 썼듯이 셸의 인자 해석 규칙과 파이썬의 규칙이 섞이면 복잡해질 수
있다. 전달된 내용을 정확히 보려면 테스트를 해보자.

'*' 대신 논리명으로 특정 머신을 타깃할 수 있다. 특정한 머신에만 문제가 발
생한다면 유용하게 사용할 수 있을 것이다. 문제 해결을 위해 여러 해결책을

시도해볼 때(예: 방화벽 설정 변경, SSH 개인키 변경) 빠른 피드백 메커니즘을 제공한다.

연결에 문제가 없는지 테스트하는 것도 중요하지만 솔트를 사용하는 이유는 시스템을 원격으로 제어하기 위해서다. 솔트의 주 용도는 여러 시스템을 특정 상태로 동기화하는 것에 있지만 애드혹 명령을 실행하는 데도 쓸 수 있다.

```
$ salt '*' cmd.run 'mkdir /src'
```

위의 명령은 연결된 모든 시스템에 /src 디렉터리를 만든다. 좀 더 복잡한 명령의 실행도 가능하며 특정 시스템만 지정할 수도 있다.

솔트에서는 시스템의 원하는^{desired} 상태를 높은 상태^{highstate}라고 부른다. 이는 고수준 상태$^{high-level\ state}$의 줄임말이며, 목적하는 상태를 의미한다. 이 이름은 종종 혼동을 일으킨다. 어디에도 설명돼 있지 않은 낮은 상태$^{low\ state}$와 반대되는 것처럼 보이기 때문이다.

낮은 상태 또는 저수준 상태$^{low-level\ state}$는 목표 상태로 가고자 솔트가 취하는 단계다. 낮은 상태를 컴파일하는 것은 내부적으로 이뤄지기 때문이며 문서화에 이 부분이 생략돼 있어 혼동을 일으킨다.

다음은 목표 상태를 적용하는 명령이다.

```
$ salt '*' state.highstate
```

highstate 대신 apply로 호출할 수도 있다.

```
$ salt '*' state.apply
```

둘은 사실상 동일하다. 둘 모두 연결된 모든 시스템의 상태를 파악하고, 각 시스템을 목적 상태로 만들기 위한 명령을 개별 시스템에 전달한다.

상태를 기술^{describe}하고자 보통 YAML 형식으로 작성하는 SLS 파일을 사용한다.

보통은 하나의 top.sls 파일을 두고 해당 파일에서 각각의 시스템에 필요한 상태를 기술하는 다른 파일을 참조하게 만든다. 솔트에서 참고하는 기본 파일이기 때문이다.

복잡하지 않은 환경이라면 다음과 같은 형태일 것이다.

```
# top.sls
base:
    '*':
        - core
        - monitoring
        - kubelet
```

여기서는 모든 시스템에 core.sls 파일과 monitoring.sls, kubelet.sls 파일을 적용하게 만든다. 예를 들어 설명하자면 core.sls는 패키지 설치와 계정 생성에 관한 것이다. monitoring.sls는 시스템을 모니터링하기 위한 도구가 설치됐고 실행 중인지 확인하는 것일 수 있다. 마지막으로 kubelet.sls는 kubelet[3]의 설치와 실행을 다루는 것이다.

실제로 쿠버네티스나 도커 스웜 등 컨테이너 오케스트레이션 도구를 설치하고 설정할 때 솔트와 같은 도구를 많이 사용한다.

10.2 솔트의 기본 개념

솔트는 많은 용어와 개념을 정의하고 있다.

우선 미니언^{minion}은 솔트의 에이전트를 의미한다. 에이전트가 설치되지 않은 SSH 기반의 통신에서도 미니언은 있다. 솔트가 하는 첫 번째 일이 미니언 코드

---

3. 쿠버네티스의 노드 에이전트다. – 옮긴이

를 보내고 실행하는 것이기 때문이다.

다음으로 솔트 마스터[master]는 미니언에게 명령을 보내는 노드를 말한다.

솔트에서 상태란 .sls 확장자를 가진 파일이며, 다음과 같은 형태로 상태 정의를 작성한다.

```
name_of_state:
    state.identifier:
        - parameters
        - to
        - state
```

다음의 상태 정의의 예를 보자.

```
process_tools:
    pkg.installed:
        - pkgs:
            - procps
```

이는 **procps** 패키지(ps, top 등 프로세스 상태 관리 명령을 제공)가 설치되게 정의한다.

상태는 보통 **멱등성**[idempotent]을 지키게 작성된다. 즉, 이미 정의된 상태를 충족한다면 아무런 영향을 끼치지 말아야 한다는 의미다. 예를 들어 이미 설치된 패키지라면 솔트는 아무것도 하지 않는다.

솔트에도 모듈이 있으며 파이썬의 모듈과는 차이가 있다. 내부적으로 파이썬 모듈과 관계가 있지만 모두 그런 것은 아니다.

상태와는 달리 모듈은 무언가를 실행한다. 이는 모듈이 멱등성을 보장하거나 지키게 하기 어렵다는 것을 뜻한다.

상태 중에는 모듈과 함께 그것을 실행할지 결정하는 로직을 포함할 때도 있다. 대표적으로 **pkg.installed** 상태는 패키지를 설치하기 전에 이미 설치됐는지 확인한다.

필라^{pillar}란 특정 미니언에 인자를 결합하는 방법을 제공하며 다른 상태에서 재사용할 수 있다.

필라에서 일부 미니언을 거르도록 정의하면 해당 미니언에게는 필라에서 정의한 값들이 노출되지 않는다. 그렇기 때문에 특정 미니언에게만 전달돼야 하는 비밀정보를 저장하기에 적합하다.

보안을 더 강화하려면 gpg '명령⁴으로 필라에 있는 비밀정보를 암호화할 수 있다. gpg는 비대칭 암호화이므로 소스 저장소에 상태와 필라, 공개키를 함께 올릴 수도 있다.

누구나 비밀정보를 설정에 추가할 수는 있지만 설정을 실제로 적용하려면 솔트 마스터에 있는 개인키가 있어야만 한다.

gpg는 유연하므로 복수의 키로 암호화 대상을 지정할 수 있다. 추천하는 방법은 gpg-agent에 사용할 키를 넣는 것이다. 솔트 마스터에서 개인키가 필요하면 gpg-agent를 통해 접근할 수 있다.

이처럼 구성하면 개인키가 솔트 마스터에 직접 노출되지 않게 할 수 있다.

솔트는 상태에 있는 지시^{directive}들을 순서대로 처리하는 것이 기본이지만 의존성을 require로 지정해 실행 순서를 조정할 수 있다. 이때는 가독성을 높이고자 의존성에 별도의 설명적 이름을 붙이는 것이 좋다.

```
Extract archive:
  archive.extracted:
    - name: /src/some-files
    - source: /src/some-files.tgz
    - archive_format: tar
    - require:
```

---

4. GNU Privacy Guard로, 공개키 기반 암호화 프로그램이다. https://www.gnupg.org/를 참고하길 바란다. - 옮긴이

```
            - file: Copy archive
    Copy archive:
        file.managed:
            - name: /src/some-files.tgz
            - source: salt://some-files.tgz
```

적절한 이름을 붙여주면 어떤 상태가 어디에 의존하고 있는지 쉽게 파악할 수 있다. 예제에서는 파일을 압축 해제^{extract archive}하기 전에 우선 복사^{copy archive}하게 지정했다.

require_in은 의존성을 반대로 지정할 수도 있다.

```
    Extract archive:
        archive.extracted:
            - name: /src/some-files
            - source: /src/some-files.tgz
            - archive_format: tar
    Copy archive:
        file.managed:
            - name: /src/some-files.tgz
            - source: salt://some-files.tgz
            - require_in:
                - archive: Extract archive
```

성능상의 이점 때문에 의존성을 반대로 지정하는 것은 아니다. 그보다는 유지보수를 할 때 변경의 영향을 줄이는 데 도움을 줄 수 있다.

이외에도 상태 사이에 다른 연관 관계를 만들 수 있으며 require와 마찬가지로 반대로 지정할 수도 있다. onchanges는 상태에 변경이 있을 때만 다시 적용되게 할 때 쓰인다. onfail은 상태의 적용이 실패했을 때만 적용된다. 이는 알림을 주거나 적용에 실패한 상태를 복구하는 데 사용할 수 있다.

좀 더 독특한 연관 관계로는 watch, prereq 등이 있다.

미니언은 솔트 프로토콜을 이용할 때 키를 만든다. 마스터는 이 키들을 수용하거나 거절해야 한다. 이 과정을 처리하는 한 가지 방법은 salt-key 명령을 이용하는 것이다.

앞에서도 설명했듯이 마스터와 미니언의 신뢰 부트스트래핑^{trust bootstrapping} 과정에서 SSH를 사용할 수 있다. salt-key -F master의 출력을 미니언에 전송하고자 솔트를 사용하고 미니언 설정의 master_finger 필드에 값을 추가한다.

유사하게 원격으로 미니언에서 salt-call key.finger --local을 실행하고 대기 중인 키와 비교한 뒤 수용한다. 이 과정은 자동화할 수 있으며 검증 체인을 구성하는 데 사용할 수 있다.

보안 인프라의 구성에 따라 다른 방식으로 신뢰 초기 설정을 할 수 있다. 예를 들어 하드웨어 키 관리^{HKM, Hardware Key Management} 장치를 사용할 수 있다면 미니언과 마스터의 키에 서명하는 데 쓸 수 있다. TPM^{Trusted Platform Module}도 같은 역할을 할 수 있다.

그레인^{grain}은 시스템에 대한 정보를 관리한다. 이 정보들은 미니언에서 관리된다는 점에서 필라와는 차이가 있다.

fqdn^{fully qualified domain name}과 같은 특정 그레인은 미니언이 자동으로 탐지한다. 혹은 미니언 설정 파일에 그레인을 정의해도 된다.

마스터에서 그레인을 주입^{push}할 수도 있다. 또는 다른 출처로부터 그레인 정보를 가져가게 할 수도 있다. 예를 들어 AWS의 UserData 필드에 그레인 정보를 미리 담아두는 것이다.

솔트 환경^{Salt environment}이란 각각의 최상위 파일^{top file}을 정의하는 디렉터리 계층 구조다. 미니언은 특정 환경에 배정되거나 salt '*' state.highstate saltenv=... 명령을 사용해 상태를 적용할 때 환경을 선택할 수 있다.

file_roots란 경로처럼 작동하는 디렉터리의 리스트다. 솔트는 필요한 파일을 찾을 때 파일 루트를 순서대로 탐색한다. 파일 루트는 환경마다 설정할 수 있으며, 이는 환경을 구분 짓는 주요한 요소다.

10.3 솔트 형식

지금까지 예에서 사용한 sls 파일은 YAML 포맷이었다. 사실 솔트는 진자[5] 템플릿으로 YAML 파일을 해석한다. 이 특징을 활용해 그레인이나 필라의 필드를 커스터마이징할 수 있다.

예를 들어 운영체제가 CentOS인지 데비안인지에 따라 설치해야 하는 패키지가 다를 수 있다.

다음의 sls 코드 조각은 위의 문제를 다루는 한 가지 방법이다.

```
{% if grains['os'] == 'CentOs' %}
python-devel:
{% elif grains['os'] == 'Debian' %}
python-dev:
{% endif %}
   pkg:
       - installed
```

진자 처리 단계에서는 YAML의 형식에 대해 전혀 관여하지 않으며 일반 텍스트처럼 다룬다. 솔트는 진자에서 처리한 결과를 받아 YAML로 해석한다.

따라서 종종 진자가 잘못된 결과를 만들어내기도 한다. 사실 앞의 코드에도 이런 버그가 숨어있다(CentOS도 데비안도 아닌 OS라면 비정상 YAML이 출력된다). 이를 보완해보자.

```
{% if grains['os'] == 'CentOs' %}
python-devel:
{% elif grains['os'] == 'Debian' %}
```

---

5. 파이썬에서 많이 사용하는 템플릿 엔진이다. https://jinja.palletsprojects.com을 참고하길 바란다. – 옮긴이

```
python-dev:
{% else %}
{{ raise('Unrecognized operating system', grains['os']) }}
{% endif %}
   pkg:
       - installed
```

로스터에 새로 등록된 시스템이 정의되지 않은 운영체제를 사용하고 있다면 예외가 발생할 것이다. 이전 코드에서는 같은 상황일 때 잘못된 형식의 YAML 파일이 만들어졌다. 진자가 만들어낸 오류는 바로 보이지 않기 때문에 솔트에서 발생한 에러를 찾기 어려웠을 것이다.

진자와 YAML 해석은 각각 독립된 단계로 동작하므로 위와 같은 오류를 발생시키지 않게 주의해야 한다. 진자는 자신이 YAML을 만든다는 것을 모르고 YAML 파서는 진자에 대해 모르기 때문이다.

진자는 값을 처리하기 위한 필터를 지원한다. 진자 내장 필터와 솔트가 추가한 커스텀 필터 모두 사용할 수 있다.

흥미로운 필터 중 하나로 YAML_ENCODE가 있다. 종종 sls 파일에 YAML 자체를 값으로 써야 할 때가 있다. 예를 들어 다른 YAML 파일을 만들고자 내용을 복제하는 경우도 있다.

YAML 안에 YAML을 넣는 것이 가능하지만 이스케이핑 처리 등 신경 써야 할 것이 많다. YAML_ENCODE를 사용하면 YAML 형식의 값을 인코딩할 수 있다.

JSON을 다룰 때는 JSON_ENCODE_DICT와 JSON_ENCODE_LIST 필터가 유용하다. 이 외에도 많은 필터가 있으며 자세한 것은 공식 문서(https://docs.saltproject.io)를 참고하자.

앞에서는 sls 파일이 진자를 먼저 거치고 YAML로 처리된다고 했지만, 이는 기본 처리 방식이며 다른 방식을 정의할 수도 있다.

지켜야 할 것은 최종 결과가 YAML과 같은 형식이어야 한다는 것뿐이다. 자료 구조가 딕셔너리 형식이며 다른 딕셔너리나 리스트, 문자열 그리고 숫자를 값으로 가질 수 있다는 것을 지키면 된다.

텍스트 파일을 이런 자료 구조로 만드는 것을 솔트에서는 렌더링^{rendering}이라 한다. 일반적인 렌더링의 의미와는 반대로 보일 수도 있다. 보통 텍스트로 변환하는 것을 렌더링이라고 하고, 그 반대를 파싱이라고 하기 때문이다. 솔트 문서를 읽을 때는 이것을 잊지 말자.

렌더링을 처리할 수 있는 것은 렌더러^{renderer}라 부르며, 직접 만들 수 있다. 내장된 여러 렌더러가 있지만 여기서는 가장 흥미로운 파이^{py} 렌더러를 살펴본다.

파이 렌더러로 렌더링을 하려면 sls 파일의 첫 번째 줄에 **#!py**로 표시를 해야 한다.

이제 sls 파일은 파이썬 코드로 해석된다. 솔트는 파일에서 **run** 함수를 찾아 실행한다. 함수에서는 반환값을 통해 솔트에게 상태 정보를 전달한다.

함수 안에서 그레인과 필라 데이터는 **__grains__**, **__pillar__** 변수로 참조할 수 있다.

파이 렌더러를 사용한다면 앞의 예제 코드는 다음처럼 쓸 수 있다.

```
#!py
def run():
    if __grains__['os'] == 'CentOS':
        package_name = 'python-devel'
    elif __grains__['os'] == 'Debian':
        package_name = 'python-dev'
    else:
        raise ValueError("Unrecognized operating system",
                         __grains__['os'])
    return { package_name: dict(pkg='installed') }
```

파이 렌더러에서는 진자와 YAML 파싱의 두 단계를 거치지 않으므로 문제를 발견하기 조금 쉬워진다.

앞의 예제 중 버그가 있던 버전을 파이 렌더러로 만든다면 다음과 같다.

```py
#!py
def run():
    if __grains__['os'] == 'CentOS':
        package_name = 'python-devel'
    elif __grains__['os'] == 'Debian':
        package_name = 'python-dev'
    return { package_name: dict(pkg='installed') }
```

운영체제 이름에 문제가 있다면 NameError가 발생한다. 문제가 발생해다는 것도 쉽게 찾을 수 있을 것이다.

물론 파이 렌더러로 쓰면 가독성이 떨어진다. 설정 내용이 많고 정적이라면 직관적인 YAML 포맷이 나은 선택일 것이다.

10.4 솔트 확장

솔트는 파이썬으로 작성됐기 때문에 파이썬을 이용해 확장extension할 수 있다. 확장을 통해 새로운 기능을 추가하는 가장 쉬운 방법은 솔트 마스터의 file_roots 디렉터리에 파일을 추가하는 것이다. 아쉽게도 아직 솔트 확장 프로그램을 위한 패키지 매니저는 없다. 솔트에서 state.apply 또는 saltutil.sync_state 명령을 실행하면 올려 둔 파일이 미니언들에게 자동으로 동기화된다. 뒤에 나온 saltutil.sync_state 명령은 변경을 적용하지 않으면서 모듈의 변경만 테스트 또는 드라이 런dry run 해야 할 때도 쓰기 좋다.

10.4.1 상태 모듈

상태[state] 모듈은 환경의 루트 디렉터리 아래에 위치한다. 상태 모듈을 여러 환경에서 공유하려면 별도의 루트 디렉터리를 통해 할 수 있다.

예를 통해 알아보자. 어떤 디렉터리 안에 mean이라는 단어를 포함하는 파일이 없음을 보장하는 기능을 만들고자 한다. 그리 유용한 예는 아니지만 이런 기능이 필요할 때도 있다. 불필요한 파일이 없음을 확인하는 것이 중요할 때도 있다. 예를 들어 하위에 .git 디렉터리가 없도록 강제해야 할 수 있다.

```
def enforce_no_mean_files(name):
    mean_files = __salt__['files.find'](name, path="*mean*")
    # ...아래에 이어짐...
```

sls 파일에서는 함수의 이름을 상태 이름으로 참조한다. 즉, 위의 코드를 mean.py라는 파일에 저장했다면 sls에서는 mean.enforce_no_mean_files를 상태 이름으로 쓸 수 있다.

상태 확장에서 파일을 찾거나 무언가를 실행하는 올바른 방법은 솔트 실행기[executor]를 호출하는 것이다. 실제로 확장 프로그램을 개발한다면 실행기도 함께 개발해야 할 것이다. 예제에서는 예외적으로 이미 존재하는 실행기를 사용했다. files 모듈의 find 메서드를 사용한 부분이다.

```
def enforce_no_mean_files(name):
    # ...앞에서 계속...
    if mean_files == []:
        return dict(
            name=name,
            result=True,
            comment='No mean files detected',
            changes=[],
        )
```

```
# ...아래에 이어짐...
```

상태 모듈에서는 이미 상태를 만족한다면 아무것도 하지 않는 것이 중요하다. 반복을 통해 현재 구성과 목표 구성 사이의 차이를 줄여 나가는 특성을 위해 이는 꼭 필요한 기능이다.

```
def enforce_no_mean_files(name):
    # ...앞에서 계속...
    changes = dict(
        old=mean_files,
        new=[],
    )
    # ...아래에 이어짐...
```

이제 무엇이 변경되는지 알 수 있다. 이곳에서 변경된 부분을 산출하는 이유는 테스트 모드에서도 실행 모드에서와 같은 결과를 반환하기 위한 것이다.

```
def enforce_no_mean_files(name):

    # ...앞에서 계속...
    if __opts__['test']:
        return dict(
            name=name,
            result=None,
            comment=f"The state of {name} will be changed",
            changes=changes,
        )
    # ...아래에 이어짐...
```

이번에는 테스트 모드를 고려해 수정했다. 변경을 실제로 적용하기에 앞서 안전을 위해 테스트를 해보는 것이 좋다. 이를 위해 어떤 변경이 발생하는지 쉽게 알 수 있게 했다.

```
def enforce_no_mean_files(name):
    # ...앞에서 계속...
    for fname in mean_files:
        __salt__['file.remove'](fname)
    # ...아래에 이어짐...
```

보통은 상태 모듈과 짝지어진 실행 모듈의 함수 하나만 호출한다. 여기서는 file 실행 모듈의 remove 함수를 호출하고 있다.

```
def enforce_no_mean_files(name):
    # ...앞에서 계속...
    return dict(
        name=name,
        changes=changes,
        result=True,
        comment=f"The state of {name} was changed",
    )
    # ...아래에 이어짐...
```

딕셔너리를 반환하는 것으로 마친다. 테스트 모드에서 반환하는 내용과 거의 같지만 결괏값과 주석^{comment}을 추가해 실제로 실행했음을 표현했다.

일반적으로 상태 모듈은 위와 같이 이름을 비롯해 몇 개의 인자를 받고 결과를 반환하는 함수들로 구성된다. 변경이 필요한지 확인하는 구조나 테스트 모드에 있는지 확인하는 부분도 많이 사용하는 패턴이다.

10.4.2 실행 모듈

역사적인 이유로 실행 모듈은 루트 아래의 _modules 디렉터리에 위치한다. 상태 모듈과 마찬가지로 state.highstate가 적용되거나 saltutil.sync_all이 호출되면 동기화된다.

예제로 앞 절의 상태 모듈을 단순화하고자 여러 파일을 삭제하는 실행 모듈을 만들어보자.

```
def multiremove(files):
    for fname in files:
        __salt__['file.remove'](fname)
```

상태 모듈에서와 같이 실행 모듈에서도 salt를 사용할 수 있다. 차이점은 다른 실행 모듈을 교차 호출^{cross-call} 할 수 있지만 상태 모듈은 호출할 수 없다는 점이다.

이 코드를 _modules/multifile에 두면 상태 모듈을 다음과 같이 단순화할 수 있다.

```
__salt__['multifile.mutiremove'](mean_files)
```

원래의 코드는 다음과 같았다.

```
for fname in mean_files:
    __salt__['file.remove'](fname)
```

지금까지의 예제처럼 실행 모듈은 보통 상태 모듈보다 단순한 편이다. 앞의 multiremove 모듈은 인자 목록을 받고 다른 모듈을 호출하는 것 이외에는 큰 역할이 없었다.

너무 단순해 보이지만 잘못된 것은 아니다. 솔트에는 이미 많은 기능이 내장돼 있으므로 어떤 실행 모듈은 그저 다른 모듈을 호출하는 것을 조정하는 역할만으로 충분하기 때문이다.

10.4.3 유틸리티

실행 모듈이나 상태 모듈을 만들다 보면 공통적인 코드를 공유하고 싶을 수
있다. 이런 코드들은 루트 파일의 _utils 디렉터리에 저장해 유틸리티 모듈로
관리할 수 있다. 그리고 모듈의 함수는 __utils__ 딕셔너리를 통해 사용할 수
있다.

다음 코드는 상태 모듈 예제의 반환값을 만들어주는 중복된 코드를 함수로 추
출한 예제 코드다.

```python
def return_value(name, old_files):
    if len(old_files) == 0:
        comment = "No changes made"
        result = True
    elif __opts__['test']:
        comment = f"{name} will be changed"
        result = None
    else:
        comment = f"{name} has been changed"
        result = True
    changes = dict(old=old_files, new=[])
    return dict(
        name=name,
        comment=comment,
        result=result,
        changes=changes,
    )
```

앞서 예제로 다룬 실행 모듈을 함께 적용해 기존 상태 모듈을 간결하게 만들었다.

```python
def enforce_no_mean_files(name):
    mean_files = __salt__['files.find'](name, path="*mean*")
    if len(mean_files) == 0 or __opts__['test']:
```

```
        return __utils__['removal.return_value'](name, mean_files)
    __salt__['multifile.mutiremove'](mean_files)
    return __utils__['removal.return_value'](name, mean_files)
```

예제로 다룬 기능은 꼭 유틸리티 모듈에 넣어야 하는 것은 아니다. 일반 함수로
모듈과 함께 있어도 된다. 유틸리티 모듈을 사용하는 방법을 보여주고자 이처
럼 구현한 것이다.

10.4.4 추가 서드파티 의존성

새로운 모듈을 개발할 때 파이썬 의존성이 필요할 수 있다. 이런 의존성은 미니
언을 설치할 때 함께 설치하는 것이 가장 직관적일 것이다. 미니언이 설치되는
환경에 모듈에서 필요로 하는 의존성을 함께 설치한다.

SSH 기반 솔트를 사용할 때는 조금 복잡해진다. 이때는 실제 미니언을 SSH를
통해 부트스트랩하는 편이 좋다. 한 가지 방법은 SSH 미니언 디렉터리에 영구
상태persistent state를 만들어주고, 그레인의 completely_disable 속성을 설정하는
것이다. 이렇게 하면 SSH 설정이 일반 미니언 설정과 섞이지 않게 만들 수
있다.

10.5 정리

솔트는 파이썬 기반의 구성 관리 시스템이다. YAML 템플릿이나 파이썬을 사용
해 목표로 하는 시스템의 상태를 효율적으로 기술할 수 있다. 또한 파이썬으로
새로운 기능을 정의해 확장할 수 있다.

## 11장

앤서블

앤서블^{Ansible}은 퍼핏^{Puppet}이나 솔트와 같은 구성 관리 시스템이다. 앤서블은 에이전트를 이용하지 않는다. 보통 SSH 기반으로 동작하며 도커나 로컬 모드도 지원한다.

SSH로 작동할 때 앤서블은 호스트 구성에 필요한 명령을 로컬에서 만든다. 그리고 SSH 연결을 통해 명령과 파일을 보낸다.

기본적으로 앤서블은 로컬에 설치된 SSH 명령을 사용한다. 로컬 명령을 쓸 수 없을 때는 파라미코 라이브러리를 대신 사용한다.

11.1 앤서블 기본

앤서블은 `pip install ansible` 명령으로 설치할 수 있다. 설치를 마치고 간단히 해볼 수 있는 것은 로컬에 핑^{ping}을 보내는 것이다.

```
$ ansible localhost -m ping
```

잘 작동한다면 SSH 명령이나 SSH 키, SSH 호스트 키 등에 문제가 없는 것이다.

앤서블을 쓸 때는 로컬에서 암호화한 개인키를 SSH 에이전트에 불러와 사용하는 것이 좋다. 이것은 일반적으로 SSH 명령을 쓸 때에도 마찬가지다. 앤서블은 기본적으로 로컬 SSH 명령을 사용하므로, 로컬에서 `ssh localhost`가 정상 작동한다면(비밀번호를 묻지 않고) 앤서블도 잘 작동할 것이다. 로컬에서 실행 중인 SSH 서비스가 없다면 별도의 호스트(로컬 가상 머신과 같은)를 대상으로 테스트할 수 있다.

접속이 정상이라면 다음과 같은 명령을 보내 실행시킬 수 있다.

```
$ ansible localhost -a "/bin/echo hello world"
```

명령을 보낼 호스트 주소를 명시적으로 지정할 수 있다.

```
$ ansible 10.40.32.195 -m ping
```

`10.40.32.195`로의 SSH 연결을 시도할 수 있다.

앤서블이 기본적으로 접속하려 시도하는 호스트 집합을 인벤토리^{inventory}라고 한다. 정적인 인벤토리로 구성하려면 INI나 YAML 파일을 사용한다. 하지만 보통은 스크립트를 작성해 동적인 인벤토리를 구성한다.

인벤토리 스크립트는 보통의 파이썬 파일로, `--list`와 `--host <호스트명>` 인자를 필수로 처리할 수 있어야 한다. 인벤토리 스크립트를 실행할 때 기본적으로 앤서블이 설치된 환경과 같은 파이썬 인터프리터를 사용하지만, 셔뱅 라인으로 다른 인터프리터를 지정할 수 있다. 그리고 전통적으로 인벤토리 파일은 .py 확장자를 붙이지 않는다. 이는 다른 파이썬 파일에서 임포트하는 것을 방지하기 위한 목적이 크다.

인벤토리 스크립트에 `--list` 인자를 전달하면 인벤토리를 JSON 형식으로 출력한다. `--host` 인자를 전달하면 해당 호스트에 정의된 변수를 JSON 형식으로 출력한다. 출력할 내용이 없을 때는 비어 있는 파이썬 딕셔너리를 출력해도 안전하다.

다음은 간단한 인벤토리 스크립트다.

```python
#!/usr/bin/env python3
import sys
import json

if '--host' in sys.argv[1:]:
    print(json.dumps({}))
else:
    print(json.dumps(dict(all={'hosts': ['localhost']})))
```

이 인벤토리 스크립트가 아주 동적이지는 않지만 샘플로 실행해보자.

```
$ chmod +x ./simple.inv
$ ./simple.inv
```

만든 인벤토리를 다음과 같이 앤서블에 전달할 수 있다.

```
$ ansible -i simple.inv all -m ping
```

이전과 마찬가지로 로컬 호스트에 ping을 보낸다(SSH 사용).

앤서블의 주 용도는 앞의 예제처럼 애드혹 명령을 보내는 것보다는 플레이북 playbook을 실행하는 것이다. 플레이북이란 태스크를 정의하는 YAML 파일이다.

```yaml
---
- hosts: all
  tasks:
  - name: hello printer
    shell: echo "hello world"
```

이 플레이북은 인벤토리의 모든 호스트가 echo "hello world"를 실행하게 정의한다.

echo.yml이란 파일에 플레이북을 저장했다면 다음과 같이 실행할 수 있다.

```
$ ansible-playbook -i simple.inv echo.yml
```

일상적으로 앤서블을 사용할 때는 위와 같은 형태로 많이 이용할 것이다. 그 외의 앤서블 명령은 주로 디버깅이나 트러블슈팅에 사용한다. 정상 상황에서는 플레이북을 여러 번 반복적으로 실행하는 것이 흔히 있는 일이다.

'여러 번'이라고 한 것은, 플레이북은 일반적으로 멱등성을 따르게 작성하기 때문이다. 동일한 환경에서 같은 플레이북을 여러 번 실행하는 것은 어떤 영향도 끼치지 말아야 한다. 앤서블에서 멱등성은 플레이북이 따라야 할 규칙이며, 자체적으로 지원하는 것은 아니다.

다음은 멱등성을 지키지 않는 플레이북의 예다.

```
---
- hosts: all
  tasks:
      - name: hello printer
        shell: echo "hello world" >> /etc/hello
```

이는 다음과 같이 파일이 있는지 미리 확인하도록 고쳐서 멱등성을 따르게 할 수 있다.

```
---
- hosts: all
  tasks:
      - name: hello printer
        shell: echo "hello world" >> /etc/hello
```

```
        args:
                creates: /etc/hello
```

이제 파일이 있으면 명령을 실행하지 않는다.

복잡한 작업을 정의할 때는 플레이북에 태스크를 나열하는 대신 롤^{role}이라는
기능을 사용한다.

롤을 활용하면 관심사를 분리할 수 있으며 작업과 호스트를 유연하게 연결할
수 있다.

```
---
- hosts: all
  roles:
        - common
```

그리고 태스크를 다음과 같이 roles/common/tasks/main.yml 파일로 저장한다.

```
---
- name: hello printer
  shell: echo "hello world" >> /etc/hello
  args:
        creates: /etc/hello
```

기존과 같은 동작을 하지만 이제 롤을 정의하고 플레이북에서 이를 참조하게
했다. 여러 호스트를 설정할 때 서로 같거나 다른 부분을 각각의 부품으로 만들
고 이를 조합하는 효과를 누릴 수 있다.

11.2 앤서블 개념

앤서블에서 볼트^{vault}를 사용해 비밀정보를 관리한다. 볼트는 비밀정보를 암호화해 보관하며 사용할 때는 비밀번호를 통해 복호화한다. 비밀번호는 종종 파일에 저장해 관리하기도 한다(볼륨 암호화가 적용된 곳이 안전할 것이다).

앤서블 롤과 플레이북은 진자2^{Jinja2} YAML 파일이다. 따라서 문자열 보간^{interpolation}이나 진자2의 필터 기능을 일부 사용할 수 있다.

유용한 필터 중에는 from(to)_json(yaml)도 있다. JSON이나 YAML 데이터를 해석하거나 직렬화할 때 쓸 수 있다. map 필터는 파이썬의 map 함수처럼 반복 가능한 객체를 하나씩 처리하는 역할을 한다.

필터에서 사용할 수 있는 여러 변수가 있다. 변수는 볼트(비밀정보 용도)나 플레이북 또는 롤 또는 그 안에 포함된 어떤 것에서도 만들어질 수 있다. 변수는 인벤토리에서 만들어진 것일 수도 있다(같은 플레이북을 여러 인벤토리와 함께 쓸 때 활용할 수 있다). 그중 ansible_facts 변수는 현재 호스트의 운영체제, IP 그 외의 여러 사실에 대한 정보를 담은 딕셔너리다.

변수는 커맨드라인에서 직접 정의할 수도 있다. 물론 실수하기 쉬운 측면도 있지만 빠르게 반복하며 피드백이 필요한 상황에서는 유용하다.

종종 로그인할 사용자와 태스크를 실행할 사용자(보통 루트 사용자)를 따로 정의해야 할 때가 있다. 이는 플레이북에서 설정할 수 있으며 태스크 단위로 재정의할 수도 있다.

로그인할 사용자 계정은 remote_user 필드로 정의한다. 태스크를 실행할 사용자는 become 필드가 거짓(False)일 때는 remote_user로, become 필드가 참(True)일 때는 become_user로 설정된다. become 필드가 참일 때 사용자 전환은 become_method를 통해 이뤄진다.

다음은 사용자와 관련된 기본값이다. 따로 설정하지 않으면 기본값으로 동작한다.

- **remote_user**: 로컬 사용자 계정
- **become_user**: root
- **become**: False
- **become_method**: sudo

become을 빼면 기본값으로 충분할 때가 많다. become 필드는 자주 True으로 설정할 필요가 있다. 일반적으로 become_method를 무엇으로 선택하는지에 관계없이 사용자 전환에는 비밀번호가 필요하지 않게 구성하는 편이 좋다.

다음의 플레이북 예제 코드는 대부분의 클라우드에서 제공하는 우분투 리눅스에서 잘 작동할 것이다.

```
- hosts: databases
  remote_user: ubuntu
  become: True

  tasks:
  - name: ensure that postgresql is started
    service:
      name: postgresql
      state: started
```

실행되지 않는다면 --ask-become-pass 인자를 설정해 비밀번호를 입력하게 해야 한다. 하지만 이는 자동화에 방해되므로 가급적 비밀번호를 입력받지 않을 수 있게 해야 한다.

앤서블은 실행 대상 호스트를 지정하기 위한 패턴을 지원한다. ansible-playbook 에서는 --limit 옵션으로 패턴을 지정할 수 있다. 그룹에 대해서는 집합 연산도 가능하다. :은 합집합을, :!은 차집합을, :&은 교집합을 뜻한다. 기본 집합(그룹)은 물론 인벤토리에서 정의한다. 예를 들어 databases:!mysql은 databases 그룹에서 mysql 호스트를 제외한 모두를 대상으로 지정한다.

또한 정규 표현식으로 호스트명이나 IP를 필터링해 호스트를 지정할 수 있다.

11.3 앤서블 확장

파이썬 코드로 동적 인벤토리를 만들었듯이 파이썬 코드로 앤서블을 확장할 수 있다. 동적 인벤토리 예제에서는 애드혹 스크립트를 작성했다. 하지만 스크립트는 별도의 프로세스로 실행된다. 플러그인을 통해 확장하는 편이 일반적이고 더 나은 방법이다.

그중 인벤토리 플러그인을 살펴보자. 인벤토리 플러그인은 파이썬 파일이다. 파일을 둘 수 있는 위치는 여러 곳이 있지만 플레이북, 롤의 루트 디렉터리 아래에 있는 plugins/inventory_plugins를 많이 사용한다.

인벤토리 플러그인은 BaseInventoryPlugin을 상속하는 InventoryModule 클래스를 정의해 만든다. 클래스 안에서 verify_file과 parse라는 2개의 메서드를 정의한다. verify_file은 대부분 최적화에 관한 것이다. 플러그인에 인벤토리에서 쓸 파일이 아닌 다른 파일이 전달됐을 때 이를 처리하지 않게 막는 역할을 한다. parse 함수가 파일 처리에 실패하면 AnsibleParserError를 일으키고 앤서블은 다른 인벤토리 플러그인을 시도한다.

parse 함수는 다음과 같은 형태다.

```python
def parse(self, inventory, loader, path, cache=True):
    pass
```

다음은 JSON 파일을 해석하는 예제 코드다.

```python
def parse(self, inventory, loader, path, cache=True):
    super(InventoryModule, self).parse(inventory, loader, path, cache)
    try:
```

```
        with open(path) as fpin:
            data = json.loads(fpin.read())
    except ValueError as exc:
        raise AnsibleParseError(exc)

    for host in data:
        self.inventory.add_host(server['name'])
```

inventory 객체를 통해 인벤토리를 관리할 수 있다. add_group, add_child, set_variable 등의 메서드를 제공하며, 이를 사용해 인벤토리에 정보를 추가할 수 있다.

loader를 이용해 여러 형식의 파일을 유연하게 불러올 수 있다. 다음으로 path 는 플러그인에서 사용할 변수가 저장된 파일의 위치다. 플러그인에서 내부적으로 해당 정보를 처리한다면 loader와 path를 사용하지 않을 수도 있다.

룩업^{lookup}도 흔히 만드는 플러그인 중 하나다. 룩업 플러그인은 진자2 템플릿에서 호출할 수 있기 때문에 템플릿의 기능을 확장할 때 쓸 수 있다. 예를 들어 복잡한 템플릿을 단순화하려고 할 때 이 플러그인을 활용할 수 있다. 진자2만으로는 복잡한 알고리듬을 다루거나 서드파티 라이브러리를 호출해 기능을 추가하기 어렵기 때문이다. 룩업 플러그인은 복잡한 계산에 사용되기도 하고, 때로는 롤의 매개변수를 계산하는 라이브러리를 호출하는 데 사용되기도 한다. 또 다른 예로는 환경의 이름을 전달해 이 환경과 연관된 객체를 특정 규칙에 따라 가져오게 만들 수 있다.

클래스와 메서드의 형태는 다음과 같다.

```
class LookupModule(LookupBase):
    def run(self, terms, variables=None, **kwargs):
        pass
```

다음 예제는 여러 경로를 전달받고 **공통 최대 경로**$^{largest\ common\ path}$를 계산한다.

```
class LookupModule(LookupBase):
    def run(self, terms, variables=None, **kwargs):
        return os.path.commonpath(terms)
```

룩업 모듈을 사용할 때 진자2에서 lookup과 query 함수를 사용할 수 있다. 기본적으로 lookup 함수는 반환값을 문자열로 바꾼다. 반환값이 리스트라면 wantlist 매개변수를 전달해 문자열 변환을 막을 수 있다. 하지만 이때에도 정수^{integer}나 부동소수^{float}, 문자열이나 리스트와 딕셔너리 등으로 구성된 가급적 단순한 객체를 반환하는 것이 좋다. 사용자 정의 클래스는 종종 이상한 방식으로 문자열 변환될 수 있기 때문이다.

11.4 정리

앤서블은 SSH 접근만 가능하면 쉽게 사용할 수 있는 구성 관리 도구다. 또한 인벤토리나 룩업 플러그인으로 어렵지 않게 기능을 확장할 수 있다.

12장

컨테이너

최근 들어 많은 애플리케이션이 컨테이너로 배포되고 있다. 컨테이너 기술은 애플리케이션이 격리된 상태로 실행될 수 있게 해준다. 격리된 실행을 위해 각 애플리케이션은 필요한 의존성이 포함된 이미지로 빌드된다.

컨테이너를 실행할 수 있는 몇 가지 방법이 있다. 가장 많이 사용되는 것은 쿠버네티스Kubernetes와 도커Docker에서 사용하는 containerd다.

컨테이너 실행기runner로 애플리케이션을 실행하려면 OCIOpen Container Initiative 이미지로 만들어야 한다.

이미지를 여러 방법으로 빌드할 수 있다. buildkit에 들어있는 buildctl과 docker build, nerdctl build를 많이 사용한다.

내부적으로 buildkit은 저수준 빌더LLB, Low-Level Builder라고 하는 형식을 사용한다. 하지만 이것은 컨테이너의 빌드 명세specification를 작성하려는 목적으로 만들어지지 않았다. 대신 많은 LLB 프론트엔드가 이미지 명세를 저수준 빌더에 맞게 컴파일한다.

흔히 사용하는 LLB의 프론트엔드로는 dockerfile.v0가 있다. 이 프론트엔드를 Dockerfile이라고도 한다. 기본적으로 Dockerfile이라는 파일을 찾아 빌드 명세로 사용하기 때문이다.

파이썬 코드를 컨테이너에서 실행하고자 보통 Dockerfile로 빌드 명세를 작성한다. 그다음으로 작성한 Dockerfile을 buildkit에 전달해 OCI 이미지를 만든다.

파이썬 애플리케이션을 빌드하기 위한 Dockerfile을 작성하는 것과, 좋은 Dockerfile을 작성하는 것에는 차이가 있다. 컨테이너 이미지를 잘 만들려면 신경 써야 할 것이 많기 때문이다.

우선 컨테이너 이미지는 작아야 하며 빠르게 빌드할 수 있어야 하고, 재생산 가능^{reproducible}해야 하며 보안 패치를 적용하기 쉬워야 한다. 이 많은 목표는 서로 상충하기도 한다.

파이썬 애플리케이션을 위한 Dockerfile을 만들 때는 좋은 선택과 적절한 절충이 필요하며, 그것은 좋은 Dockerfile을 만들기가 쉽지 않은 이유이기도 하다. 좋은 Dockerfile을 만들려면 명령에 따라 어떤 영향이 있는지 그리고 어떻게 파이썬 애플리케이션이 설치되고 실행되는지에 대해서도 알고 있어야 한다.

12.1 기반 이미지 선택

dockerfile.v0 빌드 명세의 첫 번째 줄은 FROM으로 시작한다. 이것은 기반 이미지^{base image}를 지정한다. 이미지는 바닥부터 만들 수도 있지만 보통은 리눅스 배포판을 많이 이용한다. 대부분의 리눅스 배포판이 공식 이미지를 제공한다.

12.1.1 GNU C 라이브러리 지원

파이썬의 이식성 바이너리 휠_(manylinux wheels)은 GNU C 라이브러리_(glibc)만 지원하기 때문에 glibc를 포함하고 있는 배포판의 이미지를 사용하는 것이 좋다. glibc 기반이 아닌 배포판에는 대표적으로 알파인^{Alpine} 리눅스가 있다. 파이썬 애플리케이션 이미지를 만들 때 알파인 리눅스를 사용할 수는 있지만 쉽지는 않다.

12.1.2 장기 지원

이미지에 포함되거나 관리자를 통해 설치한 패키지에도 버그나 보안 이슈가 있기 마련이다. 이런 업데이트를 적용하려면 컨테이너 이미지를 다시 빌드해야 한다.

긴급한 문제라면 빨리 재빌드해야 할 것이다. 수정을 적용하기 위한 변경이 적으면 적을수록 배포에 필요한 시간도 줄어들 것이다. 또한 상대적으로 적은 테스트만 필요로 하며, 변경 때문에 애플리케이션을 바꿔야 할 일도 줄어들 것이다.

롤링 배포(업스트림 버전이 계속 통합되는)를 하는 배포판은 파이썬 기반 이미지로 적합하지 않다. 현재의 버전에 변경을 추가하는 것에 보수적인 배포 정책을 취하고 보안과 버그 패치는 장기 지원^{long-term support}하는 배포판이 더 적합하다. 따라서 아치^{Arch}나 페도라^{Fedora} 같은 배포판은 기반 이미지로 사용하는 것을 자제해야 한다.

12.1.3 예상치 않은 변경 피하기

공개 레지스트리에서 제공하는 공식 배포 이미지는 자주 업데이트된다. registry.hub.docker.com/_/debian과 같은 일반 공개 레지스트리뿐만 아니라 registry.suse.com/suse/sle15와 같은 특수 목적의 레지스트리도 마찬가지다.

registry.suse.com/suse/sle15:15.3과 같이 특정 태그가 붙어있어도 이미지가 변경될 수 있다. 이것은 **15.3.17.8.25**버전일 수도 **15.3.17.8.24**버전일 수도 있다.

다음처럼 이미지가 가진 시그니처를 지정할 수도 있다.

```
FROM \
registry.hub.docker.com/library/debian@sha256:8a71adf557086b1f0379142a24cb
ea502d9bc864b890f48819992b009118c481
```

하지만 해당 이미지가 언제까지 레지스트리에 있을지는 알 수 없다. 같은 태그를 가진 새로운 이미지로 교체될 수 있기 때문이다.

안정적으로 기반 이미지를 관리하려면 로컬 레지스트리를 사용하는 것이 좋다. 주기적으로 업데이트하되 태그와 버전은 직접 관리하는 것이다. 예를 들어 이미지를 가져온 날짜로 태그를 지정하고 최소 60일간의 보관 주기를 갖는 것이다. 이미지 이름과 태깅 규칙, 원격 레지스트리에서 가져오는 주기 그리고 보관 기간은 명확히 문서화해야 할 것이다. 이 프로세스를 확장해 조직 단위에서 사용하는 중앙화된 이미지 레지스트리를 만드는 것도 좋다.

조직의 규모나 규정, 사용자의 요구 사항 등을 고려해 확장 방법을 정해야 한다. 과정상에 논쟁이 생길 수 있지만 갈등을 줄이는 하나의 방법은 프로세스와 트레이드오프, 결정 사항 등을 명확히 문서화하는 것이다.

12.2 파이썬 인터프리터 설치

이미지에 파이썬 인터프리터를 설치하는 몇 가지 방법이 있다. 그중 네이티브로 파이썬을 설치하는 것에는 몇 가지 단점이 있다.

- 파이썬 배포판은 파이썬 패키지를 배포하는 데 최적화돼 있으며, 개발 플랫폼으로 사용하는 데에는 최적화돼 있지 않다.
- 새 배포판이 나오기 전까지는 패치를 포함해 새로운 버전의 파이썬을 사용할 수 없다.

12.2.1 콘다

선택할 수 있는 한 가지 옵션은 콘다^{conda}를 먼저 설치하고 콘다 환경에 파이썬을 설치하는 것이다. 콘다 사용에 익숙하다면 좋은 선택일 것이다.

콘다는 파이썬 이외에도 미리 빌드된 다양한 바이너리를 제공하기 때문에 여러 모로 편리하다. 특히 데이터 과학이나 머신러닝 애플리케이션을 위한 컨테이너를 만든다면 관련 라이브러리를 쉽게 설치할 수 있다.

하지만 애플리케이션 개발자가 이미 콘다를 개발 환경에서 일상적으로 사용하고 있는 것이 아니라면 개발자가 반드시 익숙해져야 하는 도구를 추가하는 것은 부담이 될 수 있으므로 콘다가 최선의 선택은 아닐 것이다.

12.2.2 서드파티 저장소

우분투의 데드스네이크^{deadsnakes}와 같은 서드파티 저장소에서 제공하는 파이썬은 개발을 위한 용도로 만들어졌다. 컨테이너 이미지에 파이썬을 설치하는 방법 중 하나는 이런 저장소를 업스트림에 추가하고 그로부터 파이썬을 설치하는 것이다.

서드파티 저장소를 통해 설치한 파이썬이 애플리케이션에 적합한지 확인해야 하며, 그 과정에서 해당 파이썬의 빌드 과정과 사용된 옵션을 확인해야 할 수 있다. 또한 파이썬의 새 버전이 나온 뒤 해당 저장소에 언제쯤 올라오는지도 알고 있어야 한다.

12.2.3 컨테이너에서 파이썬 빌드

pyenv 도구를 사용해 파이썬을 설치하는 방법도 있다. 컨테이너를 포함해 유닉스 계열 운영체제에서는 대부분 사용할 수 있다.

pyenv가 파이썬을 빌드하고 배포할 때 심^{shims}도 설치된다. 심은 여러 파이썬 버전을 전환하고자 만들어졌다.

컨테이너 이미지는 보통 단 하나의 파이썬 버전만 사용하므로 심은 없어도 된다. 대신 pyenv의 서브프로젝트인 python-build를 사용해 파이썬을 직접 빌드할 수 있다.

python.org에서 파이썬의 소스코드를 다운로드해 빌드하는 방법도 있다.

어떤 방법을 선택하건 빌드에는 시간이 걸리며 필요한 것도 많다. 그렇기 때문에 내부^{internal} 기반 이미지를 만들고, 이를 바탕으로 애플리케이션을 위한 이미지를 만든다. 도커의 다단계^{multistage} 빌드를 이용하면 파이썬 인터프리터 디렉터리가 첫 번째 이미지 빌드로부터 두 번째 단계로 복사되므로 파이썬 빌드 의존성이 생기는 것을 피할 수 있다.

파이썬이 설치된 디렉터리에는 테스트 코드와 정적 라이브러리 등 런타임에는 필요하지 않은 파일들도 포함돼 있다.

그리고 파이썬을 빌드한다면 내장 모듈이 정상적으로 빌드됐는지 검증해야 한다. 종종 `ssl`, `sqlite3`, `lzma`와 같은 모듈이 문제를 일으키곤 한다.

12.2.4 파이썬 기반 이미지

데비안을 기반 이미지로 선택해도 된다면 도커 허브의 파이썬 이미지[1]를 사용하는 방법도 있다. 런타임을 위한 이미지는 `-slim` 태그를 가진 것을 사용하는 것이 적합하다.

12.3 파이썬 애플리케이션 설치

기반 이미지가 준비됐으면 다음으로 애플리케이션을 설치해야 한다. 일부를 제외하면 전용 가상 환경이나 콘다 환경을 사용하는 것이 좋다.

하나의 애플리케이션만 실행하는 컨테이너 이미지라도 가상 환경은 적은 비용으로 애플리케이션 실행에 필요한 일부 단계를 단순화해주는 장점이 있다. 가장 중요한 것은 가상 환경이 빌드의 한 단계에서 다음 단계로 복사될 수 있다는 것이다.

---

1. https://hub.docker.com/_/python을 참고하길 바란다. — 옮긴이

이 특징을 활용해 애플리케이션을 빌드하기 위한 단계와 실행하기 위한 단계를 분리할 수 있다. 빌드 단계에서 필요한 빌드 도구와 의존성이 런타임에는 필요하지 않을 때도 많기 때문이다.

가상 환경을 만들고 파이썬 이외의 의존성을 설치한 다음, 애플리케이션에 필요한 의존성을 설치한다. 의존성은 requirements.txt 파일을 이용해 설치한다.

Poetry나 Pipenv를 쓴다면 해당 시스템에서 requirement.txt를 추출하는 것이 좋을 것이다. 아니라면 `pip-compile`을 사용할 수 있다.

어떤 방법으로 requirement.txt를 만들던 파일을 체크인해야 하며, 이를 빌드 과정에서 생성하는 것은 좋지 않다. 이렇게 해야 이미지 재생산이 쉬워진다. 나중에 다시 이미지를 빌드하더라도 동일한 의존성이 설치될 것이기 때문이다.

의존성을 설치한 뒤에는 애플리케이션을 설치한다. 가장 좋은 방법은 두 단계로 진행하는 것이다.

- `python -m build`로 휠을 만든다.
- `pip install --no-dependencies`(또는 `--no-deps`)로 앞의 단계에서 만든 휠을 설치한다.

빌드 단계와 설치 단계를 분리한 것은 런타임 가상 환경에는 빌드 모듈이 필요 없기 때문이다. `--no-deps` 옵션으로 설치하면 불필요한 의존성이 설치되는 것을 피할 수 있다.

설치 후 `pip check`로 필요한 의존성이 빠지지 않았는지, 버전 호환성은 문제가 없는지 확인한다.

`pip check`의 결과는 휠과 requirements.txt에만 영향을 받는다. 따라서 소스코드에만 영향을 받는다고 할 수 있다.

컨테이너 이미지의 빌드 단계는 **지속적인 통합**[CI, Continuous Integration] 시스템의 작업 흐름에 추가될 수 있다. 이때는 관문[gating] 단계로서 역할을 할 수 있다. 즉, 컨테이너 이미지 빌드를 실패하게 만드는 코드 변경은 병합될 수 없게 만드는 것이다. 소스코드에 기술된 버전의 의존성을 설치하고, CI 시스템을 통과한 컨테이너 빌드를 사용하면 좀 더 안정적으로 메인 브랜치에서 이미지를 만들 수 있다. 일반적으로 메인 브랜치의 소스코드를 운영 환경에서 사용하므로 이는 중요한 목표라 할 수 있다.

다음은 피라미드를 사용하는 애플리케이션용 Dockerfile로, 앞에서 설명한 내용을 종합하는 예제 코드다.

```
FROM python:bullseye as venv-builder

RUN pip install build
RUN mkdir /src/
WORKDIR /src
RUN python -m venv /opt/pyr-venv/
COPY requirements.txt /src/
RUN /opt/pyr-venv/bin/pip install -r /src/requirements.txt
COPY setup.cfg pyproject.toml /src/
# 소스코드 복사
RUN python -m build
RUN /opt/pyr-venv/bin/pip install --no-dependencies dist/*.whl
RUN /opt/pyr-venv/bin/pip check

FROM python:slim-bullseye as runtime
COPY --from=venv-builder /opt/pyr-venv /opt/pyr-venv
```

setup.cfg 파일은 느슨한 의존성만 정의한다.

```
[metadata]
name = pyrapp
version = 0.0.1

[options]
install_requires =
    pyramid
```

```
gunicorn
```

완전하며[complete] 고정된[pinned] 의존성은 pip로 생성한 requirements.txt 파일에 있다.

```
$ wc -l requirements.txt
33 requirements.txt

$ egrep 'pyramid|gunicorn' requirements.txt |grep -v '#'
gunicorn==20.1.0
pyramid==2.0
```

setup.cfg에 의존성이 추가되면 빌드는 실패한다.

```
$ tail -4 setup.cfg
install_requires =
    pyramid
    gunicorn
    attrs

$ docker build .
...
Step 11/13 : RUN /opt/pyr-venv/bin/pip check
---> Running in 6a186bd1f533
pyrapp 0.0.1 requires attrs, which is not installed.
The command '/bin/sh -c /opt/pyr-venv/bin/pip check' ...
```

12.4 컨테이너 빌드 캐시 최적화

buildkit 컨테이너 이미지 빌드에는 정교한 캐시 기능이 있다. 이 기능을 활용하면 빌드를 빠르게 만들 수 있다.

기반 이미지부터 고려해보자. 배포 패키지나 파이썬 인터프리터 모두 자주 변경되지 않는 편이다. 보안 패치 또한 공개된 당일에 바로 적용할 정도로 급한 경우는 많지 않다.

달리 말하면 최신 배포 패키지와 사용할 버전의 파이썬으로 이미지를 하루에 한 번만 만들어도 충분하다. 그리고 빌드된 이미지에 날짜 태그를 붙여 구분할 수 있다.

예를 들어 internal-registry.example.com/base-python-image:3.9-2022-03-10 과 같은 명명 규칙을 사용하는 것이다. 빌드된 지 60일 이상된 이미지는 사용하지 못하게 하는 등의 정책은 ONBUILD로 강제할 수 있다.

이와 같은 정책을 적용하면 Dockerfile의 첫 번째 줄을 특정 FROM 이미지로 시작하게 만드는 장점이 있다.

```
FROM internal-registry.example.com/base-python-image:3.9-2022-03-10
```

이미지가 변경되기 전까지는 빌드 캐시가 유효할 것이다. 이미지가 변경됐을 때는 로컬의 구성에 따라 캐시의 동작이 달라질 수 있다. 캐시 전체가 무효화될 수도 있고 이미지 변경을 감지하지 못할 수도 있다.

두 번째 상황이라면 빌드가 느리고 불편하더라도 종종 캐시를 사용하지 않고 빌드하는 것이 낫다.

캐시에 있어 Dockerfile의 첫 번째 줄(FROM)은 매우 중요하다. 이 부분이 바뀌면 캐시를 사용할 수 없게 되고 빌드 전체를 재실행해야 하기 때문이다. 컨테이너 빌드 시간을 절약하려면 이 부분에 신경을 많이 써야 한다.

FROM 이후 단계에서 주의를 기울여야 할 것은 COPY다. COPY 명령 사이에서 최대한 많은 일을 해야 한다.

다음 예제 코드로 알아보자.

```
COPY requirements.txt setup.cfg ... /app/sources/
RUN python -m venv /app/runtime/
RUN /app/runtime/bin/pip install -r /app/sources/requirements.txt
RUN pip install build
RUN cd /app/sources/ && python -m build
RUN /app/runtime/bin/pip install --no-dependencies /app/sources/dist/*.whl
```

pip install build 줄은 기반 빌드로 옮기는 편이 낫다. 빌드 의존성에 신경을 덜 써도 되기 때문이다.

나머지 줄도 정리해보자.

```
RUN python -m venv /app/runtime/
```

가상 환경은 빠르게 만들 수 있다. 하지만 굳이 늦출 필요도 없다. 가상 환경은 파일에 의존하지 않으며 FROM 줄이 바뀌지 않는 이상 계속 캐시해도 되기 때문이다.

```
COPY requirements.txt /app/sources/
RUN /app/runtime/bin/pip install -r /app/sources/requirements.txt
```

requirements.txt만 복사하면 해당 파일이 변경되기 전까지 캐시가 pip install 을 실행하는 것을 막을 수 있다. 의존성 목록을 갱신하는 것은 자주 생기는 일이 아니므로 이 또한 빌드를 빠르게 해준다.

```
COPY setup.cfg ... /app/sources/
RUN cd /app/sources/ && python -m build
RUN /app/runtime/bin/pip install --no-dependencies /app/sources/dist/*.whl
```

이 부분은 소스 파일에 직접적인 영향을 받는 부분으로 캐시하기 어렵다. 대부분은 빠르게 동작할 것이다. 가장 오랜 시간이 걸릴 부분은 python -m build일 것이다. 가상 환경에 의존성 설치가 발생할 수 있기 때문이다.

이게 문제가 된다면 해결 방법이 있다. 다음은 목 빌드를 하는 코드로 pyproject.toml와 setup.cfg만으로 빌드를 한다(빌드는 실패할 수도 있다).

```
COPY setup.cfg pyproject.toml /app/sources/
RUN cd /app/sources/ && (python -m build --no-isolation || true)
RUN rm -rf /app/sources/dist
COPY setup.cfg ... /app/sources/
RUN cd /app/sources/ && python -m build --no-isolation
RUN /app/runtime/bin/pip install --no-dependencies /app/sources/dist/*.whl
```

--no-isolation을 추가하면 build 모듈이 설치된 환경에 빌드 의존성을 설치한다. 첫 번째 부분(2번 줄)은 필요한 빌드 의존성을 설치하는 역할을 한다.

pyproject.toml와 setup.cfg 파일은 소스코드보다는 적게 변경된다. 따라서 이 부분은 빌드 의존성이 캐시될 수 있게 해준다.

python -m build 단계에서 의존성을 재설치할 필요는 없다. 파이썬 코드만 변경 됐다면 컨테이너 이미지를 빌드할 때 의존성을 다시 설치하지 않아도 된다는 뜻이다.

어떤 파일이 얼마나 자주 변경되는지 파악하고 파일의 복사 순서를 적절히 배치하면 빌드 시간을 개선할 수 있다.

CI에서 이미지를 빌드할 때는 영속성이 있는 저장소를 통해 캐시를 가져오고 내보내는^{export} 것도 도움이 된다. CI 워커^{worker}는 보통 짧은 수명을 갖기 때 문이다. 어떤 저장소를 쓸지는 가용성과 CI 시스템에 따라 정하면 된다.

캐시를 이용하게 Dockerfile을 최적한 뒤에는 어떻게 CI 시스템에서 캐시를 쓸지 고려해보는 것이 좋다. buildkit 공식 문서는 registry, inline, local, gha(깃허브 액션) 등 캐시에 관한 내용을 다루고 있다.

12.5 컨테이너 재빌드

재생산 가능하고 캐시 친화적인 컨테이너 빌드를 만드는 것은 의존성이 업그레이드되지 않는다는 것을 뜻하기도 한다. 이는 안정적이지만 결국은 의존성을 업그레이드해야 한다.

따라서 업그레이드가 쌓여 큰 영향을 미치지 않게 지속적으로 업그레이드하는 편이 좋다.

많은 오픈소스 프로젝트는 API의 변경과 폐기^{deprecate}에 주의를 기울이는 편이다. 의존성 업그레이드로 인해 변경이 필요할 때도 있지만 영향이 큰 경우는 많지 않다. 하지만 일년 동안 쌓아 두면 영향이 클 것이다.

보안 수정과 같은 업그레이드는 빠르게 적용해야 할 때도 있다. 지속적인 업그레이드를 적용한다면 훨씬 수월하게 작업할 수 있을 것이다.

따라서 1~2주 정도를 주기로 최신 의존성을 사용해 재빌드를 하는 것이 좋다.

업그레이드는 다음의 순서로 진행한다.

1. requirements.txt를 재생성해 최신 버전으로 고정한다.
2. 최신 또는 하루 전의 날짜 이미지로 FROM 헤더를 업데이트한다.

Dockerfile과 requirements.txt 파일 모두 변경 관리를 할 것이므로 일반적인 병합 요청과 마찬가지로 다룰 수 있으며, 완전 자동 또는 반자동으로 만들 수 있다.

두 파일이 만들어진 이후에는 보통의 개발 사이클을 거치게 해야 한다. CI 과정에서 정상 결과를 만들어야 하며 스테이징 환경의 테스트도 거쳐야 한다. 실패할 경우 해당 브랜치는 메인 브랜치에 병합돼서는 안 된다. 팀에서는 해당 문제점을 찾아내고 수정해야 한다.

바로 수정하기 어려울 때는 보통 하나 이상의 의존성이 걸려있을 때다. 이때는 문제가 생긴 의존성의 버전을 소스(setuptools에서는 setup.cfg, pipenv에서는 Pipfile)에 고정해 우회할 수 있다.

하지만 이는 임시방편으로 써야 하며 이슈 관리에 우선순위로 등록해야 한다.

의존성을 업그레이드하는 이런 과정을 자동화하는 도구도 있다. 이를 활용하면 주기적으로 체크해야 할 필요성을 줄일 수 있다. 하지만 CI 결과를 확인하고, 의존성 변경으로 인해 무엇을 더 테스트할지 고려하고, 문제를 수정하는 과정은 자동화하기 어렵다.

12.6 컨테이너 보안

컨테이너 이미지의 보안을 개선하려면 다음 3가지를 중요하게 다뤄야 한다.

- 불필요한 파일 피하기
- 의존성 최신화
- 최소 권한 원칙principle of least privilege 따르기

불필요한 파일이 컨테이너에 포함되는 것을 줄이려면 앞에서 다룬 것과 같이 다단계 빌드를 적용하고 가상 환경을 복제하는 방법이 있다. 의존성을 최신화하는 것은 앞에서 다룬 것과 같이 주기적인 업데이트를 한다.

마지막으로 최소 권한 원칙을 알아보자. 우선 컨테이너 안에서는 루트 계정으로 프로세스를 실행하면 안 된다. 이미지를 빌드에서 제어할 수 있는 부분으로, 적은 권한을 가진 계정(예를 들어 runtime)으로 프로세스가 실행되게 해야 한다.

```
USER runtime
```

이것만으로도 많은 잠재적인 공격을 막거나 매우 어렵게 만들 수 있다. 예를 들어 대부분의 컨테이너 탈출 공격container-escape attack은 루트 권한에 의존한다. 루

트가 아닌 계정으로 컨테이너의 프로세스를 실행하면 공격자는 다른 방법으로 루트 권한을 탈취해야 하며, 그 과정은 어렵고 시간도 오래 걸린다. 그 동안 보안 팀이 감지할 증거를 남기게 될 가능성도 높아진다.

실행 계정의 파일 시스템 접근 권한을 최소화하는 것도 보안을 강화할 수 있는 한 방법이다. 해당 계정에 쓰기 권한이 아예 없다면 최적일 것이다. 쓰기 권한을 완전히 제거하지는 못하더라도 프로세스를 실행하는 가상 환경에 쓰기 권한을 주는 것은 위험하므로 피해야 한다.

안전한지 확인하려면 해당 컨테이너 이미지에서 `pip install`을 해보면 된다. 정상 실행이 된다면 가상 환경에 쓰기 권한이 있는 것으로, 제거해야 한다.

12.7 정리

파이썬은 머신러닝이나 일반 웹 앱 등 여러 종류의 백엔드 애플리케이션을 위한 인기 있는 언어다. 이런 애플리케이션은 컨테이너 이미지로 빌드돼 다양한 종류의 컨테이너 런타임에 배포된다.

파이썬 애플리케이션을 제공하고자 컨테이너 이미지를 빌드할 때는 개발 속도, 긴급 패치(핫픽스hotfix)나 새로운 보안 패치의 적용 용이성 등 여러 종류의 지역 관심사local consideration를 균형 있게 다뤄야 한다.

컨테이너 이미지의 빌드 프로세스는 미리 요구 사항을 파악하고 만드는 것이 그때그때 고치는 것보다 낫다. 긴급한 상황에서 결정하기보다는 미리 여러 기준에서 절충안을 만들어가는 편이 낫기 때문이다.

빌드 프로세스를 잘 수립하면 컨테이너 이미지는 소프트웨어 개발 라이프사이클 안에서 개발자 경험의 일부가 될 수 있다. 이것은 개발 환경과 운영 환경의 차이라고 하는 중대한 충돌 원인을 제거할 수 있다. 컨테이너 이미지를 잘 만드는 것이 이를 완전히 해결하지는 못하더라도 해결에 꼭 필요한 부분이다.

## 13장

AWS

아마존 웹 서비스^{AWS, Amazon Web Services}는 인기 있는 클라우드 플랫폼으로, 컴퓨팅과 스토리지 서비스 등 다양한 서비스를 제공한다.

일반적으로 사용한 만큼 요금이 부과되지만 일부 서비스는 부분 무료로 사용할 수 있다.

참고

AWS를 사용해 테스트할 때는 요금이 발생할 수 있음에 주의하자. 과금을 모니터링해야 하며, 불필요한 요금을 내지 않으려면 사용하지 않는 리소스를 끈다.

이 책은 AWS의 모든 서비스를 소개하기 위한 것이 아니다. 대신 파이썬을 사용해 AWS의 서비스를 다루는 방법과 AWS API를 쓸 때의 일반적인 테크닉을 설명한다.

AWS의 원칙 중 하나는 모든 상호작용을 API로 할 수 있어야 한다는 것이다. 클라우드 리소스를 제어할 수 있는 웹 콘솔도 API를 사용하기 위한 하나의 프론트엔드일 뿐이다. 이런 특징 덕분에 인프라 구성을 자동화할 수 있다. 이를 코드형 인프라^{IaC, Infrastructure as Code}라고도 하며, 컴퓨팅에 필요한 인프라스트럭처를 프로그램적으로 저장하고 제어하는 것을 말한다.

AWS 팀에서는 이에 필요한 패키지를 PyPI에 제공하고 있으며, 이름은 boto3이다. 이 패키지를 쓰는 것은 AWS와 상호작용하는 프로그램을 만들기 위한 가장 좋은 방법이다.

참고

boto3를 설정하는 데는 몇 가지 방법이 있다. 예를 들어 AWS_DEFAULT_REGION 환경 변수를 설정하면 boto3의 설정 함수에 사용 리전(region)을 전달하지 않아도 된다. 예제에서는 라이브러리나 AWS의 특징을 잘 설명하고자 이런 설정 방법을 활용했다.

AWS는 웹 콘솔 UI를 제공하지만 읽기 전용으로만 쓰는 편이 낫다. 콘솔 UI는 반복할 수 있는 기록으로 만들기 어렵기 때문이다. 콘솔 UI에 로그를 남기게 설정할 수는 있지만 재사용하기는 어렵다.

boto3와 주피터를 함께 사용하면 강력한 AWS 운용 콘솔로 쓸 수 있다. 주피터에서 한 작업 기록은 반복할 수 있고, 자동화할 수 있으며, 필요하면 매개변수화도 하기 쉽기 때문이다.

또한 문제 해결을 위해 AWS 설정을 즉석에서 변경할 때에도 노트북으로 작업 과정을 기록해 이후 참고하기도 좋아진다.

노트북을 기록용으로 쓰는 것은 좋지만 감사용으로는 적합하지 않다. boto3의 접근을 허용했을 때 노트북을 통하게 강제할 수는 없기 때문이다. 대신 AWS에 감사 로그^audit log가 남게 할 수 있다. 노트북은 의도를 문서화하고 반복할 수 있게 만드는 데 써야 한다.

13.1 보안

AWS 자동화를 개발하려면 액세스 키^access key가 있어야 한다. 루트 계정으로 액세스 키를 만들 수 있지만 권장되는 방법은 아니다. 루트 계정은 권한에 제한이 없기 때문이다.

AWS 플랫폼은 역할과 권한^{roles and permissions} 관리를 위해 IAM^{Identity and Access Management} 서비스를 제공한다. 이곳에서 사용자와 역할, 정책 등을 관리할 수 있다.

보통 개별 사용자와 자동화 작업에 각각의 IAM 사용자를 만드는 편이 좋다. 같은 접근 권한을 갖더라도 사용자를 분리해두면 키 관리가 쉬워지며, 누가(또는 어떤 작업이) 무엇을 했는지 정확한 감사 로그를 남기기도 쉽기 때문이다.

13.1.1 액세스 키 구성

보안 정책을 올바르게 설정하면 사용자가 본인의 액세스 키를 직접 관리하게 할 수 있다. 액세스 키는 ID와 비밀^{secret} 액세스 키로 구성된다. ID는 보안 요소가 아니며 생성 후에도 IAM UI를 통해 접근해 액세스 키를 비활성화하거나 삭제할 수 있다.

사용자는 최대 2개의 액세스 키를 만들 수 있다. 2개의 키를 사용하는 것은 특히 키를 교체할 때 유용하다. 우선 새로운 키를 만든다. 그다음 기존 키가 사용된 모든 곳을 새로운 키로 교체한다. 마지막으로 기존 키를 비활성화한다. 이제 기존 키를 사용한 접근은 모두 실패한다. 기존 코드를 테스트해보고 이전 키를 사용하고 있어 실패하는 경우에는 기존 키를 활성화하거나 코드가 새로운 키를 사용하도록 변경한다.

적당한 시간을 두고 기존 키를 사용한 실패가 더 안 나타나면 그때 키를 삭제한다.

보통 로컬 보안 정책으로 키 로테이션 주기를 결정한다. 교체 주기를 1년 이상으로 하는 경우는 드물며, 일반적으로는 조직 내의 API 키 관리 보안 정책을 따른다.

AWS에서는 클라우드 리소스와 작업에 따라 각각의 IAM 자격증명^{credential}을 가질 수 있다.

예를 들어 EC2^{Elastic Computing Cloud}를 IAM 역할에 배정할 수 있다. 다른 컴퓨팅 작업

에 대해서도 역할을 배정할 수 있다. ECS^Elastic Container Service에 대한 작업 권한도 IAM 역할에 배정할 수 있다. 서버리스인 람다^Lambda도 마찬가지로 IAM 역할에 배정할 수 있다.

해당 작업에서 실행되면 boto3 클라이언트는 그 자격증명을 자동으로 사용한다. 명시적으로 자격증명을 관리하지 않아도 되며, 보안 측면에서도 좋은 방식이다.

13.1.2 임시 토큰 만들기

AWS는 임시 토큰^short-term token으로 사용할 수 있는 STS^Security Token Service를 제공한다. 이 서비스를 여러 용도로 사용할 수 있다. 예를 들어 인증 방식을 대체하는 용도가 있다. 만들어진 토큰을 환경 변수에 담고 이를 boto3 프로그램에서 활용할 수 있다.

다음 코드는 설정된 기본 자격증명을 사용해 필요한 역할에 대한 임시 토큰을 받아오는 예제 코드다.

```python
import boto3

response = client.assume_role(
    DurationSeconds=120,
    RoleArn='arn:aws:iam::123456789012:role/demo',
)
credentials = response['Credentials']
session = boto3.Session(
    aws_access_key_id=credentials['AccessKeyId'],
    aws_secret_access_key=credentials['SecretAccessKey'],
    aws_session_token=credentials['SessionToken'],
)
print(session.client('ec2').describe_instances())
```

이런 방식은 감사[auditing] 측면에서도 나은 방식이며 자격증명의 손실이나 탈취의 영향도 줄일 수 있다.

`assume_role_with_saml` 함수를 사용해 SSO를 구현한 예는 다음과 같다.

```python
import boto3
import base64

def credentials_from_saml_assertion(assertion):
    assertion = base64.b64encode(assertion.encode("ascii")).decode("ascii")
    response = boto3.client('sts').assume_role_with_saml(
        RoleArn='arn:aws:iam::123456789012:role/demo',
        PrincipalArn='arn:aws:iam::123456789012:role/principal',
        SAMLAssertion=assertion,
        DurationSeconds=120
    )
    return response['Credentials']
```

위의 코드에서 인증 서비스는 AWS의 계정에 접근하지 않는다. 사용자가 로그 인하고 나서 SAML 어써션을 사용해 작업을 위한 임시 토큰을 만든다.

계정 간 접근이 허용된 계정에서는 **assume_token** 함수를 사용해 승인 계정[granting account]에서 자격증명을 가져올 수 있다.

단일 계정만 쓸 때도 임시 토큰이 유용할 때가 있다. 예를 들어 권한에 제한이 필요할 때는 강화된 보안 정책을 적용한 STS 토큰을 만들 수 있다. 사용자의 직접적인 입력을 받는 등 잠재적 취약점이 있는 코드에서는 제한된 토큰을 사용해 보안을 강화할 수 있다.

13.2 EC2

EC2는 가장 기본적인 AWS 자원이다. EC2는 여러 유형의 머신을 제공한다. 대부분은 가상 머신으로 물리적 호스트에서 다른 가상 머신[VM, Virtual Machine]들과 함께 실행된다. AWS의 인프라가 VM 사이의 리소스 균형을 관리한다.

EC2 서비스 또한 VM이 정상 작동하는 데 필요한 운영체제 이미지나 스토리지 연결, 네트워크 설정 등 리소스를 조작한다.

13.2.1 리전

EC2 머신은 리전[region] 안에서 작동한다. 리전은 이름(예: 서울, 싱가포르, 오레곤 등)과 프로그램에서 사용하기 위한 식별자(예: ap-northeast-2)를 가진다.

미국 안에는 북 버지니아(us-east-1), 오하이오(us-east-2), 북 캘리포니아(us-west-1), 오레곤(us-west-2) 등 여러 리전이 있다. 유럽이나 아시아 태평양 등 다른 리전도 있다.[1]

AWS에 접속할 때는 작업을 할 리전을 선택해야 한다. `boto3.client("ec2", region_name="ap-northeast-2")`는 AWS 서울의 데이터 센터에 연결된 클라이언트를 반환한다.

기본 리전을 환경 변수나 설정 파일에서 설정할 수 있지만 코드에서 명시적으로 하거나 상위 단계의 애플리케이션 설정 파일에서 읽어오게 하는 편이 더 나을 때가 많다.

각 리전 아래에는 실제 데이터 센터인 **가용 영역**[AZ, Availability Zone]이 있다. 리전은 절대적인 반면 가용 영역은 사용자에 따라 다르게 매핑된다. 특정 사용자에게 **ap-northeast-2a**는 다른 사용자에게 **ap-northeast-2c**로 보일 수 있다.

모든 EC2 머신은 가상 네트워크인 VPC[Virtual Private Cloud] 안에서 작동한다. 단순한

---

1. 서울 리전의 식별자는 ap-northeast-2다. - 옮긴이

경우에는 계정 하나에 리전당 하나의 VPC를 갖고 있고, 해당 계정의 모든 EC2
는 같은 VPC에 있을 것이다.

서브넷subnet을 사용해 VPC를 나눌 수 있다. 같은 서브넷 안에 있는 머신은 같은
영역에 위치한다. 그리고 VPC에는 하나 이상의 **보안 그룹**security groups이 있다. 보안
그룹을 사용해 방화벽 규칙을 적용할 수 있다.

13.2.2 AMI

EC2를 만들려면 우선 운영체제 이미지가 있어야 한다. 직접 아마존 머신 이미
지AMI, Amazon Machine Image를 빌드할 수도 있지만 보통 이미 만들어진 이미지를 사용
한다.

많이 사용하는 리눅스 배포판은 AMI로 제공된다. 같은 배포판이더라도 리전에
따라 AMI ID가 다를 수 있다. 머신을 실행한 리전과 배포판을 선택했다면 AMI
ID를 찾아야 한다.

종종 ID를 찾기 어려울 때도 있다. 프로덕트 코드product code를 알고 있다면
`describe_images` 함수로 이미지를 검색할 수 있다.

```
client = boto3.client('ec2', region_name='us-west-2')
description = client.describe_images(Filters=[{
    'Name': 'product-code',
    'Values': ['aw0evgkw8e5c1q413zgy5pjce']
}])
print(description)
```

CentOS 위키에는 배포판 버전에 따른 프로덕트 코드가 있으므로 참고하면
된다.[2]

---

2. URL은 https://wiki.centos.org/Cloud/AWS다. 데비안은 https://wiki.debian.org/Cloud/AmazonEC2Image, 우
분투는 https://cloud-images.ubuntu.com/locator/ec2/다. – 옮긴이

데비안도 위키에서 AMI ID를 찾을 수 있다. 우분투는 웹 사이트에서 리전과 버전별 AMI ID를 검색할 수 있는 도구를 제공하고 있다. 아쉽게도 자동화되고 중앙화된 레지스트리는 없다. AWS 웹 사이트에서 AMI를 검색할 수 있지만 안전하지 않을 때도 있다. 가장 좋은 방법은 해당 배포판을 제공하는 웹 사이트를 통하는 것이다.

13.2.3 SSH 키

종종 문제 해결이나 애드혹 관리 업무를 위해 SSH 접속이 필요할 수 있다. 접속 방법은 수동일 수도 있고 파라미코 또는 앤서블, 솔트 등 프로그램을 통한 접속일 수 있다.

이를 위해 좋은 방법 중 하나는 AMI를 빌드할 때 cloud-init을 사용해 EC2 머신을 초기 설정하는 것이다. cloud-init은 대부분의 리눅스 배포판에서 지원하는 방법으로, 머신의 사용자 데이터를 이용해 사전 설정된 사용자가 SSH 공개키로 로그인하게 할 수 있다.

SSH 공개키는 리전과 계정에 따라 저장할 수 있다. SSH 키는 2가지 방법으로 추가할 수 있다. 하나는 AWS가 키 쌍을 생성하게 하고, 만들어진 개인키를 받는 것이다. 다른 하나는 키 쌍을 직접 만들고 공개키를 AWS에 등록하는 것이다.

첫 번째 방법은 다음 코드로 할 수 있다.

```python
key = boto3.client("ec2").create_key_pair(KeyName="high-security")
fname = os.path.expanduser("~/.ssh/high-security")

with open(fname, "w") as fpout:
    os.chmod(fname, 0o600)
    fpout.write(key["KeyMaterial"])
```

예제 코드에서 언급할 부분이 몇 가지 있다.

- 키^{key}는 ASCII로 인코딩돼 있다. 따라서 바이트 함수가 아닌 문자열 함수를 사용하는 것이 안전하다.
- 파일에 기록하기 전에 권한을 미리 설정하는 것이 안전하다.
- ~/.ssh 디렉터리는 권한 설정이 강하게 되는 경우가 많으므로 권한 문제가 생길 수 있다.
- 앞 코드는 한 번만 작동한다. 같은 리전에 같은 이름의 키를 만들 수 없기 때문이다. 다시 실행하려면 키를 삭제하거나 키가 유일한 식별자를 갖게 해야 한다.

13.2.4 머신 가동

EC2 클라이언트의 `run_instances` 메서드는 새로운 인스턴스를 시작시킨다. `IMAGE_ID` 인자로 시작시키려는 이미지를 선택한다.

웹 콘솔에서 머신을 만든 적이 있다면 메서드의 `SECURITY_GROUP`에 쓸 수 있는 보안 그룹이 있을 것이다. 제대로 된 보안 그룹을 바닥부터 만들기는 쉽지 않다. boto3와 AWS 양쪽에 사용 경험이 적다면 콘솔에서 EC2 인스턴스를 만들고 바로 삭제한 후 과정 중에 생성된 보안 그룹을 사용한다.

```
client = boto3.client("ec2")
client.run_instances(
    ImageId=IMAGE_ID,
    MinCount=1,
    MaxCount=1,
    InstanceType='t2.micro',
    KeyName=ssh_key_name,
    SecurityGroupIds=[SECURITY_GROUP]
)
```

API에는 조금 독특한 부분도 있다. 예를 들어 거의 모든 경우에 `MinCount`와 `MaxCount`는 1로 지정한다. 동일한 머신을 여러 개 실행하려면 오토스케일링 그룹^{ASG, AutoScaling Group}을 사용하는 것이 낫기 때문이다. EC2는 AWS의 첫 클라우드 서비스이고 가장 오래된 API를 갖고 있다 보니 최신 API에 비해 좋은 설계를 갖고 있지 못하다.

API로 인스턴스를 가동할 수 있지만 이게 끝은 아니다. `SecurityGroupIds`는 머신을 어떤 VPC에서 실행할지 결정한다. 웹 콘솔에서 자동으로 생성된 보안 그룹은 취약할 수 있으니 제한적으로만 사용하고 가급적 직접 만들어 써야 한다.

예제 코드에서는 CentOS의 AMI를 가정했다. `KeyName`은 필수가 아니지만 키 쌍을 생성하거나 가져와서 쓰는 편이 낫다.

`InstanceType`은 사용할 인스턴스 유형을 선택한다. 코드에서 사용한 `t2.micro`는 거의 최소한의 머신이다. 프로토타이핑의 용도로는 적당하지만 실제 서비스에 쓰기에는 부족하다.

13.2.5 안전하게 로그인하기

SSH로 로그인할 때는 어떤 공개키를 쓸지 미리 알아두는 것이 좋다. 잘못되면 중간자에 의해 연결이 가로채질 수 있다. 클라우드 환경에서는 TOFU 접근법이 문제를 일으킬 수 있다. 만들어진 머신을 오래 쓰기보다는 필요할 때 만들어 쓰는 것이 보통이므로 대부분은 TOFU가 보안에 도움이 안 된다.

대신 사용할 수 있는 기법을 소개한다. 이는 인스턴스가 부팅될 때 키가 콘솔에 출력되는 점을 활용한다. 그리고 API를 통해 콘솔 출력을 가져올 수 있다.

```
client = boto3.client('ec2')
output = client.get_console_output(InstanceId=sys.argv[1])
result = output['Output']
```

부팅 시에 출력되는 진단 메시지는 잘 구조화돼 있지 않은 편이다. 따라서 조금 반응적인 코드를 사용해야 한다.

```
rsa = next(line
          for line in result.splitlines()
          if line.startswith('ssh-rsa'))
```

코드는 ssh-rsa로 시작하는 첫 번째 줄을 찾는다. 이곳에 공개키가 있으며 여러 용도로 사용할 수 있다. SSH로 접속을 한다면 EC2의 퍼블릭 IP 주소를 known_hosts에 저장해야 한다.

이것으로 TOFU를 대신할 수 있다. boto3는 AWS에 안전한 접속을 제공하고자 인증기관을 사용하고 있으며, 이는 SSH 키의 안전성을 보장하기 때문에 신뢰할 수 있다.

```
resource = boto3.resource('ec2')
instance = resource.Instance(sys.argv[1])
known_hosts = (f'{instance.public_dns_name},'
               f'{instance.public_ip_address} {rsa}')
with open(os.path.expanduser('~/.ssh/known_hosts'), 'a') as fp:
    fp.write(known_hosts)
```

13.2.6 이미지 빌드

나만의 이미지를 만들면 여러 가지로 유용하다. 그중 한 가지는 인스턴스의 준비 상태를 빠르게 할 수 있다는 것이다. 기본 상태의 리눅스 배포판에서 머신을 시작하고 필요한 패키지를 설치한 뒤 각종 설정을 하는 대신, 앞의 작업을 한 번만 하고 이를 이미지로 만들어 AMI에 저장한 후 해당 이미지에서 새로운 인스턴스를 시작할 수 있다.

또 다른 이유로는 업그레이드 시간을 알 수 있다는 점이다. apt-get update && apt-get upgrade를 실행하는 것은 최신의 패키지로 업그레이드하는 것을 의미한다. 각 인스턴스에서 명령을 실행하는 대신, AMI 빌드에서 이를 실행한다면 같은 AMI 이미지에서 만들어진 모든 인스턴스의 업그레이드 시간을 알 수 있다. 패키지를 업그레이드한 새로운 이미지로 몇 개의 인스턴스를 교체한 후 상태를 확인하고 이후 모든 인스턴스에 적용한다. 넷플릭스[Netflix] 등에서 사용하는 이 방식을 **불변 이미지**[immutable image]라고 한다. 불변성을 만들기 위한 다른 접근법도 있지만 이 방법은 운영 환경에서 사용된 첫 사례 중 하나다.

머신을 준비하기 위해 구성 관리 시스템을 사용하는 방법도 있다 앤서블과 솔트는 서버와 클라이언트 연결을 통하는 대신에 명령을 로컬로 실행하는 로컬 모드를 갖고 있다.

이때는 다음과 같은 단계를 거친다.

1. 적절한 이미지를 골라 EC2 머신을 시작한다.
2. 보안 연결을 위해 호스트 키를 가져온다.
3. 솔트 코드를 복사한다.
4. 솔트 구성을 복사한다.
5. EC2에 SSH로 접속하고 솔트를 실행한다.
6. 마지막으로 client("ec2").create_image를 호출해 현재 상태를 AMI 이미지로 저장한다.

```
$ pex -o salt-call -c salt-call salt-ssh
$ scp -r salt-call salt-files $USER@$IP:/
$ ssh $USER@$IP /salt-call --local --file-root /salt-files
(botovenv)$ python
...
>>> client.create_image(....)
```

이런 접근법으로 로컬에서 간단한 스크립트를 실행하거나 CI 환경을 사용해 소스코드에서 AMI 이미지를 만들 수 있다.

13.3 S3 서비스

AWS S3^{Simple Storage Service}는 객체 저장소 서비스다. 여기서 객체란 바이트 스트림으로 저장되고 읽어올 수는 모든 것이다. 백업이나 압축된 로그 파일, 비디오 등 여러 가지를 저장할 수 있다.

S3는 객체를 버킷^{bucket}에 키로 구분해 저장한다. 객체를 저장하고 조회하고 삭제할 수 있지만 그 자리에서 수정할 수는 없다.

버킷 이름은 전역에서 유일해야 한다. 유일성을 확보하고자 `large-videos.production.example.com`과 같이 도메인 이름을 붙이기도 한다.

버킷은 공개 상태로 만들 수 있으며, 이때는 버킷의 이름과 객체의 이름이 조합된 URL로 접근할 수 있다. 이런 특징을 활용해 정적 웹 사이트를 만드는 데 S3를 사용하기도 한다.

13.3.1 버킷 관리

버킷을 새로 만드는 일은 드물다. 새로운 버킷을 만든다는 것은 보통 새로운 애플리케이션을 만들 때이기 때문이다. 이는 버킷이 유일한 이름을 가져야 한다는 점에서 일부 기인한다. 하지만 병렬 테스트 환경을 만드는 등 버킷을 자동으로 생성하는 것이 유용할 때도 있다.

```
response = client("s3").create_bucket(
    ACL='private',
    Bucket='my.unique.name.example.com',
)
```

다른 옵션도 있지만 사용하는 일은 드물다. 그중에는 권한과 관련된 것도 있다. 하지만 일반적으로 버킷의 권한을 관리할 때는 IAM의 롤이나 사용자의 정책으로 하는 편이 낫다.

버킷에서 사용할 수 있는 객체의 키 목록은 다음 코드로 가져올 수 있다.

```
response = client("s3").list_objects(
    Bucket=bucket,
    MaxKeys=10,
    Marker=marker,
    Prefix=prefix,
)
```

첫 번째와 두 번째 인자가 가장 중요하다. 버킷 지정은 필수이며, 또한 가능하면 응답의 최대 크기(MaxKeys)를 지정하는 편이 좋다.

Prefix 매개변수는 버킷을 파일 시스템처럼 사용하고자 할 때 쓸모가 있다. 이것은 S3로 정적 웹 사이트를 서비스할 때에도 사용하는 방식이다. 클라우드와치 CloudWatch 로그를 S3로 내보낼 때에도 디렉터리 구조를 흉내 내고자 접두어를 지정할 수 있다. 내부적으로 버킷은 1차원flat이다. 하지만 접두어를 "2018/12/04/" 형태로 만들면 마치 디렉터리처럼 사용할 수 있다.

최대 크기를 넘어가는 키는 잘린다. 이때는 응답의 IsTruncated 필드 값이 True 이고, NextMarker 필드가 설정된다. 다음 조회에 Marker 객체를 NextMarker의 값으로 설정해 list_objects를 호출한다. 이를 사용해 페이지 처리pagination를 할 수 있으며, 버킷에 변경이 있더라도 일관된 응답을 제공한다.

get_object를 호출해 하나의 객체를 가져올 수 있다.

```
response = boto3.client("s3").get_object(
    Bucket=BUCKET,
    Key=OBJECT_KEY,
)
value = response["Body"].read()
```

value는 바이트 객체다.

몇 메가바이트 정도 크기의 객체라면 이와 같이 쉽게 가져올 수 있다.

버킷에 객체를 올릴 때의 예는 다음과 같다.

```
response = boto3.client("s3").put_object(
    Bucket=BUCKET,
    Key=some_key,
    Body=b'some content',
)
```

메모리에 한 번에 불러올 수 있는 크기라면 잘 작동할 것이다.

비디오나 데이터베이스 덤프 등 큰 객체를 업로드하고 다운로드할 때는 모든 것을 메모리에 넣어두기보다는 점진적으로^{incrementally} 하는 편이 좋을 것이다.

boto3는 upload_fileobj, download_fileobj 메서드로 해당 기능을 제공한다. 다음과 같이 사용할 수 있다.

```
client = boto3.client('s3')
with open("meeting-recording.mp4", "rb") as fpin:
    client.upload_fileobj(
        fpin,
        my_bucket,
        "meeting-recording.mp4"
    )
```

다운로드 코드의 예는 다음과 같다.

```
client = boto3.client('s3')
with open("meeting-recording.mp4", "wb") as fpout:
    client.download_fileobj(
        my_bucket,
        "meeting-recording.mp4",
```

```
        fpin,
    )
```

마지막으로 비인가 접근은 막으면서도 별도의 코드를 거치지 않고 S3의 객체를 다운로드하거나 업로드하는 방법을 살펴보자. 이것이 종종 필요할 때가 있다.

예를 들어 지속적인 통합 과정에서 특정 결과물^{artifact}을 S3로 업로드하는 작업이 있을 수 있다. CI의 웹 인터페이스를 통해 해당 결과물을 다운로드할 수 있겠지만 큰 파일의 처리는 CI 서버에 부담을 줄 수 있다.

이때는 미리 서명된^{pre-signed} URL을 활용해 객체와 연결된 URL을 게시하거나 메일로 보내 사용자가 직접 S3에서 다운로드할 수 있게 만든다.

```
url = s3.generate_presigned_url(
    ClientMethod='get_object',
    Params={
        'Bucket': my_bucket,
        'Key': 'meeting-recording.avi'
    }
)
```

사용자는 제공된 URL로 S3의 객체에 직접 접근할 수 있다. 이로써 별도의 웹 서버 없이도 파일을 제공할 수 있다.

미리 서명된 URL을 이용해 업로드도 할 수 있다. 이를 활용하면 파일 업로드 구현에 필요한 웹 서버와 애플리케이션 서버 사이의 복잡한 구성을 피할 수 있다.

대신 사용자에게 URL을 제공하고 S3로 직접 업로드하게 만든다.

```
post = boto3.client("s3").generate_presigned_post(
    Bucket=my_bucket,
```

```
    Key='meeting-recording.avi',
)
post_url = post["url"]
post_fields = post["fields"]
```

만들어진 URL로 다음과 같이 업로드를 할 수 있다.

```
with open("meeting-recording.avi", "rb"):
    requests.post(post_url,
                  post_fields,
                  files=dict(file=file_contents))
```

이로써 S3 접근 권한이 없는 장치에서도 업로드를 할 수 있다. 필요하다면 업로드 파일의 크기를 제한할 수도 있다.

미리 서명된 URL은 여러 번 사용될 수 있다. 따라서 업로드 이후 객체가 바뀌는 것을 방지하려면 URL에 유효 시간을 두는 편이 좋다. 유효 시간을 1초로 설정한다면 그 시간이 지나기 전까지는 업로드된 객체를 사용하지 못하게 한다.

13.4 정리

AWS는 인기 있는 클라우드 서비스 플랫폼이다. 그리고 AWS가 제공하는 boto3 라이브러리를 사용하면 인프라 관리 업무의 상당 부분을 자동화할 수 있다.

쿠버네티스

쿠버네티스^{Kubernetes}는 많이 사용되는 컨테이너 오케스트레이션 프레임워크다. 쿠버네티스는 컨테이너를 설정하고 이를 리눅스 머신(가상 또는 물리)에서 실행한다.

쿠버네티스(줄여서 K8s)를 오픈소스 프로젝트로 직접 운영할 수 있다. 또한 여러 클라우드 제공자도 쿠버네티스 운영 부담을 줄여주는 관리형 서비스를 제공한다.

파이썬은 크게 2가지 방식으로 쿠버네티스와 함께한다. 첫째, 쿠버네티스로 파이썬 애플리케이션을 실행하는 것이다. 이를 위해 파이썬 애플리케이션을 패키징할 때는 고려해야 할 몇 가지 중요한 사항이 있다. 둘째, 쿠버네티스의 자동화를 위해 파이썬으로 API를 사용하는 것이다.

14장에서는 둘 모두를 다룬다.

14.1 파드

파드^{pod}는 쿠버네티스의 핵심 개념 중 하나다. 파드란 같은 네트워크 네임스페이스를 공유하지만 파일 시스템은 서로 공유하지 않는 컨테이너의 집합이다. 같은 파드의 컨테이너는 항상 함께 실행된다.

대부분의(혹은 모든) 파드는 하나의 컨테이너만 갖는다. 파드에 하나 이상의 컨테이너가 있다면 주 컨테이너와 사이드카[sidecar]라고 부르는 보조 컨테이너일 것이다. 사이드카 컨테이너는 SSL 트래픽 중계나 메트릭 노출 등 다양한 것을 할 수 있다.

14.1.1 활성 상태와 준비 상태

파드를 설정할 때 중요한 2가지 개념[1]이 있다.

- 준비 상태[readiness]
- 활성 상태[liveness]

활성 상태는 컨테이너를 재시작할 필요가 있는지 표시한다. 활성 상태 확인이 실패하면 쿠버네티스는 파드를 재시작한다.

쿠버네티스 서비스[kubernetes service]는 조건에 따라 파드를 선택한다. 준비 상태 확인을 통과한 파드만이 서비스에 포함된다.

서비스는 종종 부하 분산에 사용되기도 한다. 이때는 트래픽을 어디로 보낼지 결정하는데, 서비스가 사용되며 준비 상태 확인에 실패한 파드로는 트래픽을 보내지 않는다. 웹 애플리케이션에서는 일반적으로 특정 엔드포인트를 통해 상태를 검사할 수 있게 설정한다.

활성 상태 확인이 컨테이너의 초기 부트 시간을 기다리게 만들 수 있지만 가장 좋은 방법이라고 보긴 어렵다.

애플리케이션의 부팅에 오랜 시간이 걸린다면 활성 상태 확인에 미리 응답할 수 있게 만드는 것이 낫다. 애플리케이션이 초기 설정을 마치고 나서(즉, 작동 준비를 마치고 나서) 준비 상태 확인에 응답할 수 있게 한다. 이제 애플리케이션이 트래픽을 받을 수 있는 상태가 된다.

---

1. 보통 Liveness probe, Readiness probe로 표현한다. – 옮긴이

부팅 시간을 늦추는 요소 중에는 초기 데이터도 있다. 데이터를 가져오는 데 오래 걸리는 것일 수도 있고 데이터의 처리에 오랜 시간이 걸리는 것일 수도 있다. 이를 보여주는 다음 예제는 애플리케이션 부분을 단순화하고 시작에 오랜 시간이 걸리는 부분에 집중했다.

이 예제 코드는 1000으로 나눈 40번째 피보나치 수만큼 같은 문자열을 반복해서 반환하는 웹 서비스다. 시작에 오랜 시간이 걸리도록 일부러 느린 알고리듬으로 만들었다.

```
def fibonacci(n):
    if n < 2:
        return 1
    return fibonacci(n - 1) + fibonacci(n - 2)
```

피보나치 수를 계산하는 더 빠른 방법이 많다. 하지만 이 함수는 최적화하기 어려운 느린 계산을 위한 대용품으로 쓰기 유용하다.

시작은 느리더라도 애플리케이션의 실행은 빠르게 하려고 캐시를 적용했다.

```
fibonacci_results = {}
```

애플리케이션의 부트 시간에 다음과 같은 연산을 한다면 시간이 꽤 걸릴 것이다.

```
fibonacci_results[40] = fibonacci(40)
```

테스트했을 때 약 10~20초 정도 걸렸다.

활성 상태 확인은 짧은 타임아웃으로 설정하는 것이 좋다. 애플리케이션을 시작한 다음 활성 상태 확인에 1초 이상이 소요된다면 뭔가 잘못된 것이다.

하지만 활성 상태 확인에 1초 타임아웃을 설정하는 것은 크래시 루프^{crash loop}를 만들 수도 있다. 이때는 활성 상태 확인과 준비 상태 확인을 분리하고 부트 시간을 개선하면 도움이 된다.

예제 애플리케이션은 Twisted에 기반을 둔 klein 웹 프레임워크를 사용한다.

초기화 로직은 스레드로 연기^{deferred}시키고 준비가 완료되면 캐시에 값을 저장한다.

```python
import functools, operator
from twisted.internet.threads import deferToThread

set_40 = functools.partial(operator.setitem, fibonacci_results, 40)
d = deferToThread(fibonacci, 40)
d.addCallback(set_40)
```

핵심 비즈니스 로직은 캐시 값을 사용해 구현할 수 있다.

```python
from klein import route, run

@route("/")
def fibonacci_40(request):
    stuff = fibonacci_results[40] // 1000
    return "a line\n" * stuff

run("localhost", 8080)
```

캐시에 아직 값이 없으면 에러가 반환된다. 따라서 파드는 준비 상태 확인을 따로 제공하도록 설정돼야 한다.

루트 경로(/)를 준비 상태 확인 엔드포인트로 사용할 수 있지만, 이는 좋은 선택이 아니다. 상태 확인과 별개로 추가적인 연산을 해야 하기 때문이다.

현실적으로는 해당 엔드포인트에서 다른 서비스를 호출하거나 원치 않는 부작용을 발생시키는 등 다른 문제도 있을 수 있다.

따라서 준비 상태 확인을 위한 별도의 엔드포인트를 만드는 것이 낫다.

```
@route("/ready")
def ready(request):
    if 40 in fibonacci_results:
        return "Yes"
    raise ValueError("still initializing")
```

여기서는 예외를 일으켜 실패하게 했다. 현실적으로는 문제 해결에 도움이 될 만한 특정 HTTP 상태 코드와 상세한 정보를 함께 반환하게 하는 편이 좋다.

끝으로 앞의 엔드포인트들은 활성 상태 확인에는 적합하지 않으므로 이를 위한 별도의 엔드포인트를 만드는 것이 좋다.

이런 엔드포인트는 웹 프레임워크가 동작하는지 확인하는 것보다 많은 것을 할 수 있다. 각종 설정이나 연결성(DB, 외부 서비스 등)을 확인하는 데 쓸 수 있다.

```
@route("/health")
def healthy(request):
    return "Yes"
```

이 애플리케이션을 쿠버네티스 파드로 정의하면 다음과 같다.

```
apiVersion: v1
kind: Pod
# ...
spec:
    containers:
    - name: fibonacci
    # ...
     livenessProbe:
        httpGet:
            path: /health
```

```
            port: 8080
        periodSeconds: 3
      readinessProbe:
        httpGet:
            path: /ready
            port: 8080
        periodSeconds: 3
```

이 패턴은 시작은 빠르게 하지만 준비되기 전까지는 트래픽이 전달되지 않도록 따로 준비 상태 확인을 한다. 이 예제에서는 파드에 직접 설정했다. 현실적인 상황에서는 이 부분이 디플로이먼트^{deployment}의 일부가 되기도 한다.

청록^{blue/green} 배포를 적용하기 쉬운 것도 이 패턴의 장점이다. 준비 상태의 노드 수에 따라 어떤 색상을 활성 상태로 할지 정할 수 있다. 쿠버네티스의 **initialDelaySeconds** 설정과는 다르게 애플리케이션의 시작 시간을 최적화하면 컴퓨팅 자원을 절약하는 효과도 있다.

더 좋은 점은 애플리케이션 시작 시간의 저하가 컴퓨팅 자원 사용의 효율은 떨어뜨리지만 장애를 일으키지는 않는다는 것이다. 성능 저하를 고쳐야 하는 것과는 별개로 쿠버네티스의 설정에 따르는 것이 아닌 사람의 판단에 따라 배포가 진행될 수 있는 것도 운영상의 장점이다.

14.1.2 설정

쿠버네티스상에서 실행하려는 목적으로 애플리케이션을 만들 때는 설정 정보^{configuration}를 어디에 둘지 고려해야 한다. 여기서 설정 정보란 환경(개발, 스테이징, 운영 등)에 따라 달라져야 하는 것들을 말한다. 환경에 관계없이 모두 동일한 것은 컨테이너에 포함시키면 된다.

환경 변수

환경 변수^{environment variable}는 설정 정보를 전달하는 데 많이 사용하는 방식이다. 12 팩터 앱^{twelve-factor app} 방법론은 이 방식을 표준으로 한다.

환경 변수는 애플리케이션 코드의 어디에서나 접근할 수 있으며, 임의의 값을 저장할 수 있는 작은 네임스페이스로 기능한다고 볼 수 있다. 쿠버네티스에서는 컨테이너 스펙의 env를 통해 환경 변수를 설정한다.

```
env:
- name: GEM_LEVEL
  value:  "diamond"
```

환경 변수는 유사 딕셔너리 객체인 os.environ을 사용해 접근할 수 있다.

```
gem_level = os.environ["GEM_LEVEL"]
```

코드의 어느 부분에서나 사용할 수 있지만 가급적 높은 레벨의 코드에서만 사용하는 것이 테스트 편의성을 높여준다. 웹 애플리케이션이라면 WSGI 애플리케이션이 생성되는 곳이 적절하다.

Pyramid 웹 프레임워크라면 다음과 같은 모습일 것이다.

```python
from pyramid import config as configlib, response

def gem_level(request):
    level = request.registry.settings["gem_level"]
    return response.Response(f"Level: {level}")

def make_app(environ):
    settings = dict(gem_level=environ["GEM_LEVEL"])
    with configlib.Configurator(settings=settings) as config:
        config.add_route('gem_level', '/')
```

```
        config.add_view(gem_level, route_name='gem_level')
    app = config.make_wsgi_app()
    return app
```

보다시피 코드에서 os.environ 객체에 직접 접근하지 않는다. 대신 make_app() 함수에서 매개변수로 받을 수 있게 만들었다.

직접 환경 변수를 가져오지 않으므로 테스트하기 쉬워진다. WSGI 앱을 생성하는 엔트리포인트 코드는 다음 예제 코드와 같을 것이다.

```
import os

application = make_app(os.environ)
```

application 객체는 WSGI 호환 애플리케이션이다. 파일을 gem_level.py에 저장했다면 다음과 같이 실행할 수 있다.

```
(gem-testing) $ pip install gunicorn pyramid
(gem-testing) $ GEM_LEVEL=2 gunicorn gem_level
```

로컬로 실행할 때는 pip install 명령을 실행하기 전에 가상 환경을 만들자.

gunicorn은 모듈의 application 변수를 사용하는 것이 기본 동작이므로 코드는 정상 실행될 것이고 GEM_LEVEL 환경 변수도 올바르게 참조할 것이다.

컨테이너를 정의하는 Dockerfile의 마지막 줄은 다음과 같은 모습일 것이다.

```
ENTRYPOINT ["gunicorn", "gem_level"]
```

다음은 전체 Dockerfile의 예다.

```
FROM python
RUN pip install gunicorn pyramid
COPY gem_level.py /
ENTRYPOINT ["gunicorn", "gem_level"]
```

단순화한 버전이라 운영 환경에서 사용하기에는 부족한 부분이 많으므로 12장
을 참고한다.

설정 파일

쿠버네티스 파드와 디플로이먼트는 컨피그맵^{configmap}을 지원한다. 컨피그맵 설
정^{setting}으로 환경 변수나 커맨드라인 매개변수를 설정할 수 있지만 사용 방법에
는 차이가 있다.

컨피그맵의 고유 역할은 쿠버네티스 설정을 통해 파드의 컨테이너 내부에 파일
로 나타나는 데이터를 설정하는 것이다.

이는 특히 설정 파일로 인자를 전달하는 기존 파이썬 프로그램을 쿠버네티스로
포팅하는 상황에서 유용하다. 예를 들어 WSGI 애플리케이션을 실행할 때 필요
한 Paste[2]와 호환되는 설정 파일을 읽는 데 gunicorn을 사용할 수 있다.

다음 예제 코드는 Paste 기반의 Pyramid 애플리케이션 생성 코드다.

```
def make_app_ini(global_config, **settings):
    with configlib.Configurator(settings=settings) as config:
        config.add_route('gem_level', '/')
        config.add_view(gem_level, route_name='gem_level')
        app = config.make_wsgi_app()
    return app
```

이를 이전의 예제 코드에 적용한다면 gem_level.py의 application = make_app

---

2. https://docs.gunicorn.org/en/stable/run.html#paste-deployment를 참고하길 바란다. - 옮긴이

(os.environ)은 앞의 함수로 대체할 수 있다.

환경 변수 gem_level을 다이아몬드[diamond] 레벨로 설정한다면 다음과 같을 것이다.

```
[app:main]
use = call:gem_level:make_app_ini

[DEFAULT]
gem_level = diamond
```

파드 설정은 다음과 같이 할 수 있다.

```
apiVersion: v1
kind: ConfigMap
metadata:
    name: gem-level-config-diamond
data:
    paste.ini: |
        [app:main]
        use = call:gem_level:make_app_ini
        [DEFAULT]
        gem_level = diamond
---
apiVersion: v1
kind: Pod
metadata:
    name: configmap-demo-pod
spec:
    containers:
        - name: gemlevel
          image: ...
          command: ["gunicorn", "--paste", "/etc/gemlevel/paste.ini"]
          volumeMounts:
                - name: config
```

```
                    mountPath: "/etc/gemlevel"
                    readOnly: true
        volumes:
          - name: config
            configMap:
                name: gem-level-config-diamond
                items:
                - key: "paste.ini"
                  path: "paste.ini"
```

애플리케이션이 `paste.ini`에서 많은 매개변수를 받아온다면 쿠버네티스로 전환할 때 환경 변수를 하나씩 옮기는 것보다 앞의 예제처럼 하는 것이 빠를 것이다. 여기에서 `paste.ini`의 일부는 정의한 대로 설정되지 않는다. 처음 두 줄은 모든 환경에서 동일하게 설정된다.

```
[app:main]
use = call:gem_level_ini:make_app
```

이는 애플리케이션의 설정 파일에 애플리케이션 설정과 환경 설정이 함께 들어 있을 때 흔히 생기는 이슈다.

이를 피하기 위한 해결책은 환경에 따라 다르지만 한 가지 방법은 설정 파일을 합치는 것이다.

시크릿

시크릿secret은 컨피그맵과 유사하다. 가장 큰 차이는 (쿠버네티스가 제대로 설정됐다면) 시크릿이 암호화돼 API 서버에 저장된다는 것이다.

주의할 점은 이것이 쿠버네티스의 기본 동작by default은 아니라는 것이다. 시크릿의 암호화 설정은 단순하지 않은 주제다. 종종 쿠버네티스가 동작하는 환경(클라우드 또는 온프레미스)에 영향을 받기도 한다.

하지만 시크릿이 정상적으로 설정됐다면 데이터베이스 암호나 API 토큰과 같은 정보를 저장하기 적합한 곳이다.

예를 들어 파드에서 행성 방어 시스템^{planetary defense system} 코드(즉, 비밀정보)나 누군가의 짐^{luggage}에 있는 코드에 접근한다면 다음과 같이 설정할 수 있다.

```yaml
apiVersion: v1
kind: Secret
metadata:
    name: luggage
type: Opaque
data:
    code: MTIzNDU=
```

여기에서 code는 12345라는 값을 base64로 인코딩한 것이다. 커맨드라인에서 시크릿을 확인하려면 다음과 같이 한다.

```
$ kubectl get secret luggage -o=jsonpath='{.data.code}'| base64 decode
```

운영 수준의 쿠버네티스 디플로이먼트라면 시크릿은 암호화한 상태로 저장하고 접근 제어도 해야 한다. 앞의 명령은 로컬 디버깅이나 쿠버네티스 클러스터를 테스트하기 위한 것이다.

쿠버네티스 시크릿은 파일이나 환경 변수로 설정할 수 있다. 보통은 파일로 컨테이너에 전달하는 방식을 사용한다.

환경 변수는 의도와 관계없이 다양한 경로로 유출될 수 있다. 예를 들어 많은 오류 보고^{error reporting} 시스템은 디버깅 정보로 환경 변수를 출력하기도 한다.

컨테이너에 컨피그맵을 연결하는 것과 비슷한 방식으로 시크릿 정보를 파일로 마운트할 수 있다.

```
spec:
  containers:
  - name: acontainer
      # ...
      env:
      - name: SECRET_CODE
        value: /etc/secrets/code
      volumeMounts:
      - name: secrets
        mountPath: "/etc/secrets"
        readOnly: true
  volumes:
    - name: secrets
      secret:
        secretName: luggage
        items:
        - key: code
          path: code
```

이는 일반적인 설정 방법이다. 여전히 애플리케이션 설정은 환경 변수로 하고 있다. 환경 변수 자체는 /etc/secrets/code라는 리터럴 값일 뿐이며, 이는 민감한 정보가 아니기 때문이다. 애플리케이션에서 읽어오는 부분은 다음과 같을 것이다.

```
with open(os.environ["SECRET_CODE"]) as fpin:
    code = fpin.read()
```

시크릿 자체는 파일 시스템과 애플리케이션의 메모리에만 위치할 뿐 환경 변수로는 노출되지 않는다.

14.1.3 파이썬 사이드카

지금까지 예제의 파드는 컨테이너 하나로만 돼 있었다. 파드의 장점 중 하나는 여러 컨테이너를 포함할 수 있다는 것이다.

파드에 속한 모든 컨테이너는 네트워크 네임스페이스를 공유한다. 실제로 파드의 컨테이너는 서로 다른 스택과 이미지로 만들어진 것일 수 있다. 그리고 127.0.0.1을 엔드포인트로 서로 통신할 수 있다.

메인 컨테이너와 함께 작동하게 설계된 컨테이너를 사이드카^{sidecar}라 한다. 쿠버네티스의 관점에서는 아무것도 컨테이너를 만들지 않는다. 하지만 파드를 관리할 때 실제 작업은 하나의 컨테이너가 하고 나머지 컨테이너는 지원하는 역할을 한다.

단순한 예제로 진단을 위해 /status를 JSON 엔드포인트로 갖는 애플리케이션을 가정해보자. HTTP 상태 코드는 항상 200을 리턴한다. 응답 필드 중 하나는 "database-connected": BOOLEAN이다.

데이터베이스가 연결되기 전까지 애플리케이션은 준비된 것이 아니다. httpGet 프로브만으로는 부족하다. 엔드포인트가 항상 성공(200)을 리턴하기 때문이다.

파드의 모든 컨테이너가 준비 상태에 있어야 파드를 사용할 수 있다. 사이드카 컨테이너의 준비 상태 확인은 메인 컨테이너의 진단 엔드포인트를 통해 상태와 데이터베이스 접속 여부를 확인한다.

```python
def readiness(request):
    result = httpx.get("http://127.0.0.1:8080").json()
    if not result["database-connected"]:
        raise ValueError("database not connected", result)
    return Response("connected")

with configlib.Configurator() as config:
    config.add_route('readiness', '/ready')
```

```
config.add_view(readiness, route_name='readiness')
application = config.make_wsgi_app()
```

이것은 컨테이너 안에서 명령을 실행하는 **exec** 프로브보다 나은 방법이다. 사이드카는 준비 상태 이외에도 메트릭 노출, 프록시, 예약된 정리 작업 등 여러 용도로 쓸 수 있다.

사이드카 컨테이너 이미지를 기존 이미지 위에 즉석으로 만들 때도 있다. 주 컨테이너가 파이썬으로 작성돼 있지 않더라도 사이드카에서 파이썬을 사용하는 것도 좋은 방법이다.

14.2 REST API

쿠버네티스는 OpenAPI 기반의 RESTFul API를 제공한다. API 명세는 OpenAPI로 제공되기 때문에 여러 언어로 클라이언트를 자동 생성할 수 있다.

하지만 완벽한 것은 아니다. 파이썬 쿠버네티스 클라이언트의 문서화는 종종 이해하기 어렵고 잘 정리돼 있지 않다.

그래도 파이썬 프롬프트로 탐색할 수는 있다. 14장에서 API 전체를 다루지는 않는다. 대신 알고 있으면 좋은 몇 가지 핵심 개념에 집중한다.

파이썬 쿠버네티스 API 클라이언트는 `pip install kubernetes`로 설치할 수 있다. 패키지에서 중요하고 자주 사용되는 2개의 모듈이 있다.

`config` 모듈은 kubectl과 호환되는 설정을 읽어올 수 있으며 kubectl과 같은 엔드포인트에 접속할 수 있다. 대부분의 쿠버네티스 관리 도구는 유사한 역할을 하므로 쓸모가 있다.

API 문서에서는 전역 설정global configuration을 불러오는 것을 권장한다. 하지만 묵시적 전역 값은 코드의 이해나 테스트, 디버깅을 어렵게 만든다.

더 나은 방법은 kubernetes.client.new_client_from_config() 함수를 사용하는 것이다. 이 함수를 인자 없이 호출하면 kubectl의 설정을 읽어온다.

코드를 쿠버네티스상의 컨테이너에서 실행하면 쿠버네티스의 서비스 계정[service account]을 사용할 수 있다. 이때 new_client_from_config()는 관련 계정으로 쿠버네티스에 접속한다. 이로써 쿠버네티스의 자동화와 권한 관리를 직접 할 수 있다.

```
from kubernetes import config as k8config

client = k8config.new_client_from_config()
```

쿠버네티스의 하위 패키지는 일반적인[generic] 이름을 가진 경우가 많다. 따라서 import as로 별칭을 붙이는 편이 코드를 읽기 수월할 것이다.

클라이언트 객체를 직접 사용할 일은 많지 않다. 대신 API에 따라 kubernetes.client 패키지 안의 클래스를 사용한다.

예를 들어 core v1 API는 kubernetes.client.CoreV1Api 클래스로 접근한다. 다음 코드와 같이 클라이언트를 전달해 생성하는 방식은 테스트도 용이하고 클라이언트 설정을 집중할 수 있는 장점이 있다.

```
from kubernetes import client as k8client, config as k8config

client = k8config.new_client_from_config()
core = k8client.CoreV1Api(client)
```

이 클래스로 쿠버네티스의 핵심[core] 객체(파드, 네임스페이스 등 저수준 객체)를 다룰 수 있다. 다음 코드는 모든 파드 목록을 가져오는 코드다.

```
from kubernetes import client as k8client, config as k8config

client = k8config.new_client_from_config()
```

```
core = k8client.CoreV1Api(client)

res = core.list_pod_for_all_namespaces()
for pod in res.items:
    for container in pod.spec.containers:
        print(container.image)
```

현재 쿠버네티스에서 실행 중인 모든 파드의 컨테이너 이미지를 출력한다.

14.3 오퍼레이터

오퍼레이터operator로 쿠버네티스를 커스터마이즈할 수 있다. 오퍼레이터는 쿠버
네티스의 개념은 아니고 하나의 패턴이다. 이 패턴에는 몇 가지 구성 요소가
있다.

- 하나 이상의 입력
- 하나 이상의 출력

그리고 오퍼레이터는 조정reconciliation 루프를 실행한다.

- 입력 조회
- 출력 조회
- 출력에 맞는 입력 산출
- 앞 두 단계의 차이 산출
- 차이 교정

다음 2가지 방식으로 차이를 교정한다.

- 존재하지 않는 출력을 삭제하고, 있어야 할 출력은 생성한다.
- 잘못된 출력을 변경한다.

쿠버네티스에는 변경될 수 없는 요소도 있으며, 그런 경우 첫 번째 방식만 적용할 수 있다. 첫 번째 방식으로 오퍼레이터를 작성하는 편이 더 쉽고 초기 개발에 많이 선택된다.

14.3.1 권한

쿠버네티스 오퍼레이터는 입력을 읽고, 출력을 읽고 쓰기 위한 권한을 필요로한다. 오퍼레이터는 정식^{regular} 쿠버네티스 API 클라이언트이므로 다른 클라이언트와 같은 역할 기반 접근 제어$^{RBAC, Role-Based Access Control}$ 방식으로 권한을 획득한다.

쿠버네티스 RBAC에 대해 상세히 다루는 것은 이 책의 범위를 넘어선다. 한 가지 중요한 것은 일반적인 패턴에서는 오퍼레이터가 쿠버네티스 디플로이먼트로 배포된다는 것이다. 이는 오퍼레이터가 파드에서 오퍼레이터의 코드를 실행하는 디플로이먼트를 이용함을 뜻한다.

이 파드는 적절한 권한을 가진 쿠버네티스 서비스로 지정될 수 있다. 이때 API 클라이언트는 자동으로 마운트된 API 구성을 사용하는 한 쿠버네티스에 접근할 때 알맞은 권한을 갖게 된다.

14.3.2 커스텀 리소스

많은 오퍼레이터가 입력에 영향을 미치지 않게 커스텀 리소스 타입$^{custom resource type}$을 정의한다. 쿠버네티스에서는 커스텀 타입을 정의할 수 있다. 오퍼레이터에서 할 수도 있지만 좀 더 일반적인 방식은 오퍼레이터를 만드는 과정에서따로 하는 것이다.

출력 타입은 커스텀 타입이 아닐 수도 있다. 예를 들어 출력이 표준 타입인디플로이먼트 또는 레플리카셋^{ReplicaSet}일 수 있다. 하지만 고수준의 오퍼레이터라면 출력은 저수준 오퍼레이터에 대한 입력일 수 있다. 그럴 경우에는 커스텀타입이다.

커스텀 리소스 타입은 CustomResourceDefinition을 사용해 정의한다.

다음은 <오즈의 마법사>에 등장하는 캐릭터를 타입으로 만들어본 예제다. 여러 버전의 스토리가 있으므로 이를 우주^{universe}에 대입했다. 5번 우주의 도로시는 같은 우주에 있는 캐릭터와 상호작용할 수 있다.

```yaml
apiVersion: apiextensions.k8s.io/v1
kind: CustomResourceDefinition
metadata:
    name: characters.wizardofoz.example.org
spec:
    group: wizardofoz.example.org
    versions:
        - name: v1
          served: true
          storage: true
          schema:
              openAPIV3Schema:
                  type: object
                  properties:
                      spec:
                          type: object
                          properties:
                              name:
                                  type: string
                              universe:
                                  type: integer
    scope: Namespaced
    names:
        plural: characters
        singular: character
        kind: Character
```

가장 중요한 부분은 spec이다. 여기에서는 객체에 name(문자열), universe(정수)라는 2가지 속성을 정의했다.

또한 Character도 kubectl과 YAML 파일로 만들어진다.

```yaml
apiVersion: "wizardofoz.example.org/v1"
kind: Character
metadata:
    name: a-dorothy
spec:
    name: Dorothy
    universe: 42
```

상대적으로 단순한 객체라서 정의가 길지 않다. 앞의 예제는 42번 universe에 있는 Dorothy를 표현한다.

유사하게 Quest 타입도 CustomResourceDefinition으로 정의할 수 있다.

```yaml
apiVersion: apiextensions.k8s.io/v1
kind: CustomResourceDefinition
metadata:
    name: quests.wizardofoz.example.org
spec:
    group: wizardofoz.example.org
    versions:
        - name: v1
          served: true
          storage: true
          schema:
              openAPIV3Schema:
                  type: object
                  properties:
                      spec:
                          type: object
                          properties:
                              goal:
                                  type: string
```

```
                        universe:
                            type: integer

    scope: Namespaced
    names:
        plural: quests
        singular: quest
            kind: Quest
```

14.3.3 검색

오퍼레이터는 모든 입력 객체를 받을 수 있다. 이는 커스텀 타입을 쓰는 장점 중 하나다. 같은 종류[kind]의 객체는 모두 관계가 있다.

커스텀 타입이 아니라면 쿠버네티스 파이썬 클래스는 자동 생성된 클래스를 갖는다. 하지만 커스텀에 대해서는 아니다. 한 가지 대안은 클라이언트를 재생성하는 것이지만, 복잡하고 에러가 발생하기도 쉽다.

대신 애드혹 클래스를 작성하는 것이 빠르지만 조금은 지저분한 방법이다.

쿠버네티스 객체에는 메타데이터가 있다. 메타데이터 구조는 고정돼 있으므로 별도의 클래스를 만드는 것도 좋은 방법이다.

```python
import attr
from typing import AbstractSet, Tuple

@attr.frozen
class Metadata:
    uid: str = attr.ib(eq=False)
    name: str = attr.ib(eq=False)
    namespace: str
    labels: AbstractSet[Tuple[str, str]]

    @classmethod
    def from_api(cls, result):
```

```
        return cls(
            uid=result["metadata"]["uid"],
            name=result["metadata"]["name"],
            namespace=result["metadata"]["namespace"],
            labels=frozenset(result["metadata"].get("labels", {}).items()),
        )
```

메타데이터를 이 클래스로 표현할 수 있다. labels 속성은 frozenset으로 만들고 attr.frozen 데코레이터를 사용해 불변으로 만들었다.

불변 객체는 값으로 해시 가능[hashable]하므로 세트[set]에 추가할 수 있고 딕셔너리의 키로도 사용할 수 있다. 오퍼레이터에서 이를 요구하는 것은 아니지만 복잡한 오퍼레이터에서는 불변성을 지키는 것이 도움 된다.

메타데이터는 오퍼레이터에 중요하다. 조정 루프로 올바른 입력과 출력을 일치시켜야 하기 때문이다. 또한 이는 앞의 예제에서 가장 복잡한 부분이다. character와 quest 객체는 각각 2개의 속성만 갖고 있기 때문이다.

```
@attr.define
class Character:
    crd_plural = "characters"
    metadata: Metadata = attr.ib(repr=False)
    name: str
    universe: int

    @classmethod
    def from_api(cls, result):
        return cls(
            metadata=Metadata.from_api(result),
            **result["spec"],
        )

@attr.define
class Quest:
```

```
    crd_plural = "quests"
    metadata: Metadata = attr.ib(repr=False)
    goal: str
    universe: int

    @classmethod
    def from_api(cls, result):
        return cls(
            metadata=Metadata.from_api(result),
            **result["spec"],
        )
```

객체명으로 된 생성자에 해석 코드를 넣고 딕셔너리를 해석^{interpreting}하면 코드를
좀 더 일반화되고 명료하게 만든다.

```
from kubernetes import client as k8client

def get_custom(client, klass):
    custom = k8client.CustomObjectsApi(client)
    results = custom.list_cluster_custom_object(
        group="wizardofoz.example.org",
        version="v1",
        plural=klass.crd_plural,
    )
    for result in results["items"]:
        yield klass.from_api(result)
```

14.3.4 목표 상태

입력 객체를 가져온 다음 조정 루프는 **목표 상태**^{goal state}를 산출한다. 즉, 입력 객
체에 맞는 출력 객체의 상태를 계산하는 것이다.

이것이 오퍼레이터의 비즈니스 로직이라고 할 수 있다. 지금까지 다룬 것은
쿠버네티스에서 데이터를 가져오거나 표현하는 일종의 연결 작업이었다.

앞으로 다룰 부분은 앞의 예제와 같이 <오즈의 마법사>를 기반으로 했다.

- 도로시는 집으로 가고 싶어 한다.
- 허수아비는 뇌를 갖고 싶어 한다.
- 양철 나무꾼은 마음을 갖고 싶어 한다.
- 겁쟁이 사자는 용감해지고 싶어 한다.

소설에는 다른 캐릭터도 많이 등장하지만 그들에게 퀘스트[3]는 없다.

오퍼레이터가 이런 캐릭터(예를 들어 남쪽의 마녀 글린다)를 다룰 때는 따로 퀘스트를 생성하지 않는다.

```python
import uuid

def quests_from_characters(characters):
    name_to_goal = dict(
        Dorothy="Going home",
        Scarecrow="Brain",
        Tinman="Heart",
        Lion="Courage",
    )
    for character in characters:
        name = character.name
        try:
            goal = name_to_goal[name]
        except KeyError:
            continue
        quest = Quest(
            Metadata(
                uid="",
                name=str(uuid.uuid4()),
                labels=frozenset([("character-name", character.metadata.
                name)]),
```

---

3. 달성 목표를 말한다. – 옮긴이

```
                namespace=character.metadata.namespace,
            ),
            goal=goal,
            universe=character.universe,
        )
        yield quest
```

주목할 것은 이름의 충돌을 방지하고자 UUID로 자동 생성한 부분이다. 내장 루프를 포함해서 많은 쿠버네티스 조정 루프는 UUID 형식의 이름을 생성한다.

14.3.5 비교

이처럼 퀘스트 제너레이터로 목표 상태를 표현하는 것은 불편한 부분도 있다. 대신 원래 캐릭터와 비교하는 것이 현재 퀘스트와 목표 퀘스트를 비교하는 가장 쉬운 방법이다.

```
def by_character(quests):
    ret_value = {
        dict(quest.metadata.labels).get("character-name"): quest
        for quest in quests
    }
    if None in ret_value:
        del ret_value[None]
    return ret_value
```

character-name 라벨이 붙지 않은 퀘스트는 수동으로 추가된 것으로 가정한다. 오퍼레이터는 이런 퀘스트를 그대로 둔다. 좀 더 현실적인 상황이라면 라벨을 추가해 퀘스트가 오퍼레이터에 의해 만들어진 것을 표시하고, 오퍼레이터가 만든 것이 아니라면 제외할 것이다.

데이터를 가공한 뒤 오퍼레이터는 현재 상태와 목표 상태를 비교한다.

```python
import enum

@enum.unique
class Action(enum.Enum):
    delete = enum.auto()
    create = enum.auto()

def compare(*, existing, goal):
    for character, quest in goal.items():
        try:
            current_quest = existing[character]
        except KeyError:
            pass
        else:
            if current_quest == quest:
                continue
            yield Action.delete, current_quest
        yield Action.create, quest
    for character, current_quest in existing.items():
        if character in goal:
            continue
        yield Action.delete, current_quest
```

비교 결과 현재 있지만 없어져야 할 퀘스트는 Action.delete로, 반대라면 Action.create로 만들어진다. 오퍼레이터 중에는 즉시 지우는 대신 먼저 비활성화하고 나중에 가비지 컬렉션 단계에서 지우는 것도 있다. 트러블슈팅에는 이 방식이 도움이 될 수 있다.

14.3.6 조정

현재 상태를 목표 상태로 조정^{reconcile}하려면 쿠버네티스 API 클라이언트에서 동작이 이뤄져야 한다. 여기에는 CustomObjectsApi와 DynamicClient라는 2가지 방식이 있다.

DynamicClient는 쉬운 코드로 객체를 생성할 수 있지만 설정이 복잡한 편이다. 예제와 같은 간단한 오퍼레이터라면 설정이 쉬운 CustomObjectsApi를 쓰는 편이 효율적이다.

다음 예제는 CustomObjectsApi를 사용해 객체를 삭제/생성하는 코드다.

```python
def perform_actions(actions):
    custom = k8client.CustomObjectsApi(client)
    for kind, details in actions:
        if kind == Action.delete:
            custom.delete_namespaced_custom_object(
                "wizardofoz.example.org",
                "v1",
                "default",
                "quests",
                details.metadata.name,
            )
        elif kind == Action.create:
            body = dict(
                apiVersion="wizardofoz.example.org/v1",
                kind="Quest",
                metadata=dict(
                    name=details.metadata.name,
                    labels=dict(details.metadata.labels)
                ),
                spec=dict(goal=details.goal, universe=details.universe),
            )
            custom.create_namespaced_custom_object(
                "wizardofoz.example.org",
                "v1",
                "default",
                "quests",
                body
            )
```

CustomObjectsApi를 사용할 때는 생성 로직이 body와 create_namespaced_ custom_object 호출에서 일부 인자를 복제해야 한다.

14.3.7 하나로 합치기

이제 모든 조각이 준비됐다. reconcile() 함수는 미리 설정된 클라이언트 객체를 전달받아 데이터를 가져오고 조정 API를 호출하는 코드를 실행한다.

```python
def reconcile(client):
    goal_quests = by_character(
        quests_from_characters(get_custom(client, Character))
    )
    existing_quests = by_character(get_custom(client, Quest))
    actions = compare(existing=existing_quests, goal=goal_quests)
    perform_actions(actions)
```

마지막으로 코드를 실행하는 것은 오퍼레이터 설정에 따라 다를 수 있다. 다음 예제에서는 기본 설정으로 문제가 없을 것을 가정했다. 그렇지 않다면 필요할 설정 정보를 명시적으로 전달해야 한다.

```python
from kubernetes import config as k8config
import time

client = k8config.new_client_from_config()
while True:
    reconcile(client)
    time.sleep(30)
```

watch API를 사용하면 코드는 조금 복잡해지지만 폴링^{polling}을 대신할 수 있다. 폴링은 부하가 적고 코드 작성과 문제 해결도 쉬운 편이므로 watch API는 꼭 필요한 상황에만 사용하는 것이 좋다.

14.4 정리

쿠버네티스는 컨테이너 오케스트레이션에 많이 사용하는 도구다. 실제로 많은 파이썬 애플리케이션이 컨테이너화돼 쿠버네티스에서 작동한다. 쿠버네티스가 제공하는 기능을 이해하면 이를 활용하는 컨테이너를 만들 수 있다.

쿠버네티스가 제공하는 API를 이용해 이를 자동화할 수 있다. API로 데이터를 검색하고 변경할 수 있다. 이는 CI/CD 시스템에서 배포를 트리거하거나 이슈를 찾고자 트러블슈팅 스크립트를 만드는 데도 쓸 수 있다.

오퍼레이터는 자동화의 한 가지 패턴으로, 조정 루프를 통해 여러 객체를 기반으로 쿠버네티스 API 객체를 생성, 삭제, 변경한다. 오퍼레이터의 입출력은 외부화될 수 있다. 예를 들어 데이터베이스의 데이터 변경으로 오퍼레이터를 트리거할 수 있으며, 웹 서비스의 값을 변경할 수도 있다.

파이썬은 오퍼레이터를 만들고자 충분한 기능을 제공한다. 파이썬 오퍼레이터로 헬름 차트^{helm chart}나 템플릿 저장소^{template repository}와 같은 동기화 도구를 사용하지 않으면서도 쿠버네티스 클러스터를 설정할 수 있다.

## 15장

테라폼

테라폼^{Terraform}은 해시코프^{HashiCorp} 사에서 운영 중인 오픈소스 프로젝트[1]로, 클라우드 서비스에 **코드형 인프라**$^{IaC, Infrastructure as Code}$를 적용할 수 있게 해준다.

IaC의 배경에는 클라우드 인프라를 콘솔 UI나 API 호출로 생성/삭제/변경하는 대신 원하는 상태를 코드로 정의하는 것에 있다.

테라폼과 같은 IaC 시스템은 실제 클라우드 인프라를 원하는 상태로 조정하는 역할을 한다. 이는 인프라가 코드로 관리됨을 의미하며, 인프라에 대한 변경은 코드로서 리뷰되고 승인되고 병합된다.

테라폼은 강력하지만 복잡한 프로젝트다. 사용법에 대한 자료는 **terraform.io**와 같은 공식 튜토리얼이나 유튜브의 영상 튜토리얼 등 많은 곳에 있다.

테라폼은 HCL[2]이라고 하는 **도메인 특화 언어**$^{DSL, Domain Specific Language}$를 사용해 인프라 설정을 정의한다. 하지만 이는 복잡한 상황까지 다루기에는 한계가 있다.

예를 들어 HCL은 유사하지만 매개변수에 따라 차이가 있는 여러 객체를 생성하는 데 쓸 수 있는 **for**와 같은 반복문을 제공한다. 하지만 조건문은 빠져있다.

---

1. 2023년 8월 비즈니스 소스 라이선스로 정책을 변경했다. – 옮긴이
2. https://github.com/hashicorp/hcl을 참고하길 바란다. – 옮긴이

즉, 여러 AWS S3 버킷을 만들 수 있지만 인자에 따라 TTL^{Time To Live} 설정 여부를 정할 수는 없다는 뜻이다. 이 예제에서는 객체에 긴 TTL을 설정할 수 있다.

이런 우회법과 각종 조정 방법은 빠르게 누적되고, 해당 부분에 대한 주석으로 HCL 소스를 복잡하게 만든다. 이런 때는 프로그램적으로 테라폼 설정^{configuration}을 생성하는 편이 낫다.

네이티브 CDK^{Cloud Development Kit}는 테라폼 설정을 생성하는 방법 중 하나로, 파이썬 등 여러 언어를 지원한다. 집필 시점에 CDK와 파이썬 패키지인 cdktf는 아직 베타다.

설정을 생성하는 또 다른 방법은 테라폼의 잘 알려지지 않은 부분을 활용하는 것이다. 테라폼은 입력으로 HCL뿐만이 아니라 JSON도 지원한다. 그리고 파이썬을 포함한 대부분의 언어에서 JSON을 지원한다.

테라폼을 제대로 쓰려면 시간과 연습이 필요하다. 이번 장의 예제는 테라폼 사용법 대신 파이썬을 사용해 테라폼 설정을 자동화하는 것에 집중했다. 따라서 예제는 실제 클라우드 환경을 구성하는 것보다 상당히 단순하게 테라폼의 사용법을 다룬다.

테라폼에는 로컬 파일을 읽고 쓰는 기능을 제공하는 로컬 제공자^{provider}가 포함돼 있다. 이는 테라폼의 원래 용도와는 거리가 있지만 테라폼 설정 자동화의 예시로 쓰기에는 좋다.

이제부터 다룰 예제는 환영 메시지가 들어간 파일과 디렉터리를 만든다. 여기서 파일은 AWS S3 버킷이나 구글 GKS 클러스터 등 클라우드 자원을 대신한다고 보면 된다.

예제는 추가로 환영받을 사람의 이름을 다룬다. 이는 서로 다른 환경을 대신한다고 볼 수 있다. 따라서 하나의 테라폼 설정 파일을 각각 다른 환경에 적용할 수 있음을 보여준다.

15.1 JSON 문법

직접 테라폼 설정을 작성하는 것보다는 네이티브 테라폼 HCL을 쓰는 것이 편리하다. JSON 설정을 자동 생성하는 것을 다루기 전에 손으로 작성하는 방법을 살펴보자.

일반적으로 제공자 설정은 환경에 관계없이 동일하므로 생성할 필요가 없다.

주로 설정하는 것은 테라폼 자원과 테라폼 변수다. JSON을 사용할 때는 HCL과는 다르게 각각의 자원과 변수는 각자의 파일에서 정의한다. 이 특징 때문에 직접 작성하는 것보다 생성하는 편이 좋다.

테라폼에서 변경을 반영하려면 제공자가 있어야 한다. 대부분은 실제 클라우드 제공자일 것이다. 다음 예제에서는 로컬 제공자를 사용했다. 로컬 제공자는 매개변수가 없어도 된다. 제공자는 보통 main.tf 파일에서 설정한다.

```
terraform {
    required_providers {
        local = {
            source = "hashicorp/local"
            version = "2.1.0"
        }
    }
}
provider "local" {
}
```

예제는 환영 메시지를 파일에 쓰는 것을 보여준다. 우선 환영받을 사람의 이름은 person.tf.json 파일을 통해 변수로 설정한다.

```
{
    "variable": {
```

```json
        "person": {
            "default": "Person"
        }
    }
}
```

환영 메시지는 greeting.tf.json 파일에 정의한다.

```json
{
    "resource": {
        "local_file": {
            "simple": {
                "content": "hello ${var.person}\n",
                "filename": "${path.module}/sandbox/greeting"
            }
        }
    }
}
```

테라폼을 실행해 환영 메시지를 생성한다.

```
$ terraform init
...
$ TF_VAR_person=me terraform apply -auto-approve
...
$ cat sandbox/greeting
hello me
```

15.2 테라폼 설정 생성

앞의 예제에는 하나의 환영 메시지만 있었다. 조금씩 다르게 작동하는 여러 개의 환영 메시지를 만들려면 .tf.json 파일을 코드에서 생성하는 편이 나을 것이다.

같은 코드로 여러 설정을 만들고 매개변수의 일부가 설정 소스에서 나온다면 관련된 매개변수를 코드에 넣는 것도 한 가지 방법이다. 테라폼의 매개변수화 기능을 사용하는 것이 유용할 때도 있다. 예제의 person 변수는 테라폼 수준의 변수로 유지하며 코드에서 생성하지 않는다.

앞에서 직접 작성한 것처럼 local_file 리소스를 생성하려면 우선 적절한 자료 구조를 만들어야 한다.

다음의 resource_from_content 함수는 내용[content]과 인덱스를 받아 해당 내용을 담는 greeting-<index> 파일을 생성한다.

```python
def resource_from_content_idx(content, idx):
    filename = "${path.module}/sandbox/greeting-" + str(idx)
    resource = dict(resource=dict(
        local_file={
            f"greeting_{idx}": dict(
                filename=filename,
                content=content,
            )
        }
    ))
    return resource
```

함수는 일반적이며 환영 메시지를 직접 다루지 않는다. 대신 문제를 추상화해 테라폼 리소스의 형태[shape]에 집중한다. 설정이 복잡해지면 이와 같은 추상화를 적용해 테라폼 제너레이터 라이브러리로 리팩토링하는 것도 좋을 것이다.

제너레이터가 특정 코드를 사용해야 할 때가 있을 수 있다. 다음 예제에서는 작별 인사로 see you later를 추가했다. 종종 생성된 객체에는 조건부가 있을 수 있다. 이는 제너레이터를 활용해 쉽게 다룰 수 있다.

HCL 언어로 간단한 반복문을 만들 수 있다. 하지만 조건부 반복문은 제공하지 않으며, 이는 제너레이터를 사용하는 것이 더 나은 부분이다.

```python
def content_from_greeting(greeting):
    content = greeting + " ${var.person}"
    if greeting.endswith("bye"):
        content += ", see you later!"

    content += "\n"
    return content
```

두 함수를 결합하고 환영 메시지를 전달해 JSON으로 사용할 수 있는 객체를 생성한다.

```python
def resources_from_greetings(all_greetings):
    for idx, greeting in enumerate(all_greetings):
        content = content_from_greeting(greeting)
        resource = resource_from_content_idx(content, idx)
        yield resource
```

yield는 각 객체를 순환할 수 있는 이터레이터를 반환한다. yield는 지역 상태 local state를 유지하므로 명시적으로 함수를 직접 호출하는 것보다 나은 추상화를 제공한다. 예제에서 지역 상태는 인덱스로 파일이 충돌하지 않게 만든다.

끝으로 JSON의 내용을 파일에 쓴다. 어떤 리소스가 어느 파일에 들어가는지는 중요하지 않으므로 enumerate()를 사용했다. 테라폼은 파일명이 아닌 파일의 내용만을 보기 때문이다.

```
import json

resources = resources_from_greetings(["hello", "hi", "goodbye", "bye"])
for idx, resource in enumerate(resources):
    with open(f"greeting-{idx}.tf.json", "w") as fpout:
        fpout.write(json.dumps(resource))
```

설정을 생성하고 나서 테라폼을 실행한다. 이 부분은 생성 단계 이후의 흐름에 따라 달라질 수 있다. 영속성persistent 디렉터리에서 실행한다면 terraform init 을 매번 실행할 필요는 없다. 반면 테라폼 클라우드Terraform Cloud를 사용한다면 리포지터리를 추적하게 하는 대신 생성 후에 TF Cloud API를 써서 만들어진 .tf.json 파일을 업로드하면 된다.

예제는 단순하므로 만들어진 설정을 바로 적용할 수 있다.

```
$ terraform init
$ TF_VAR_person=me terraform apply -auto-approve
```

이것으로 sandbox 디렉터리 아래에 모든 환영 파일과 작별 인사 파일이 만들어 진다.

15.3 정리

언젠가 cdktf가 안정적이고 운영 수준에서 사용할 수 있는 라이브러리가 될 수도 있다. 하지만 아직 IaC 파이프라인의 기반으로 쓸 만큼 안정적이진 않다.

테라폼은 기본적으로 JSON으로 정의된 설정을 처리할 수 있기 때문에 파이썬으로 JSON 파일을 생성하고 테라폼을 실행해 인프라에 적용할 수 있다. 이 방법은 HCL을 생성하기 위해 여러 텍스트 템플릿 언어를 사용하는 것보다 안정적이고 덜 복잡하다. 다음의 2단계를 거치지 않아도 되기 때문이다.

- 텍스트 템플릿 언어는 종종 기능에 제약이 있고 파이썬으로 확장하는 것이 어려울 수 있다. 파이썬을 직접 사용하면 한 단계의 의존성을 제거할 수 있다.
- 텍스트 템플릿 언어는 HCL을 알지 못하며 잘못된 결과를 만들 수도 있다. 반면 JSON으로 생성하면 적어도 유효한 JSON이 출력된다. 파이썬이 제공하는 추상화를 통해 문법 오류도 줄일 수 있다.

이 방식은 테라폼 생태계가 대부분 JSON 설정을 지원하기 때문에 호환성도 좋다. 테라폼을 콘솔에서 직접 실행하는지, CI로 자동 실행하는지, 테라폼 클라우드나 테라폼 엔터프라이즈를 사용하는지에 관계없이 사용할 수 있는 방식이다. 또한 계획과 실행 단계를 분리하고 미리 설정된 계획을 사용할 때도 적용할 수 있다.

찾아보기

파이썬 데브옵스 프로그래밍 2/e

파이썬으로 하는 인프라 자동화

2판 발행 | 2024년 6월 28일

지은이 | 모세 자드카
옮긴이 | 이 승 윤

펴낸이 | 옥 경 석
편집장 | 황 영 주
편 집 | 김 진 아
　　　　임 지 원
　　　　김 은 비
디자인 | 윤 서 빈

에이콘출판주식회사
서울특별시 양천구 국회대로 287 (목동)
전화 02-2653-7600, 팩스 02-2653-0433
www.acornpub.co.kr / editor@acornpub.co.kr

한국어판 ⓒ 에이콘출판주식회사, 2024, Printed in Korea.
ISBN 979-11-6175-854-1
http://www.acornpub.co.kr/book/devops-in-python-2nd

책값은 뒤표지에 있습니다.